바르셀로나 홀리데이

바르셀로나 홀리데이

2024년 6월 25일 개정 3판 1쇄 펴냄

지은이 맹지나·오한결
발행인 김산환
책임편집 윤소영
편집 박해영
디자인 윤지영
지도 글터
펴낸 곳 꿈의지도
인쇄 다라니
종이 월드페이퍼

주소 경기도 파주시 경의로 1100, 604호
전화 070-7535-9416
팩스 031-947-1530
홈페이지 www.dreammap.co.kr
출판등록 2009년 10월 12일 제82호

979-11-6762-101-6-14980
979-11-86581-33-9-14980(세트)

지은이와 꿈의지도 허락 없이는 어떠한 형태로도 이 책의 전부, 또는 일부를 이용할 수 없습니다.
※ 잘못된 책은 구입한 곳에서 바꿀 수 있습니다.

BARCELONA
바르셀로나 홀리데이

맹지나·오한결 지음

꿈의지도

CONTENTS

- 010 프롤로그
- 012 〈바르셀로나 홀리데이〉 100배 활용법
- 014 바르셀로나 주요 지하철역 부분 확대도
- 016 스마트한 여행 준비

BARCELONA BY STEP
여행 준비&하이라이트

STEP 01
Preview
바르셀로나를 꿈꾸다
026

- 028 01 바르셀로나 MUST SEE
- 034 02 바르셀로나 MUST DO
- 038 03 바르셀로나 MUST EAT

STEP 02
Planning
바르셀로나를 그리다
040

- 042 01 바르셀로나 오리엔테이션
- 044 02 짧지만 강렬한 첫인상을 남길 2박 3일 바르셀로나
- 048 03 열심히 구석구석 모두 보고 가는 5박 6일 바르셀로나
- 052 04 감수성을 깨우는 ART IN 바르셀로나+2 days
- 055 05 에너지가 솟구치는 FUN IN 바르셀로나+2 days
- 058 06 바르셀로나 먹방 찍기 FOOD IN 바르셀로나+2 days
- 061 07 바르셀로나 근교 여행
- 064 08 바르셀로나 여행 만들기
- 068 09 바르셀로나 대중교통 완전 정복

STEP 03
Enjoying
바르셀로나를 즐기다
072

- **074** 01 온 도시가 그의 거대한 야외 미술관, 천재 건축가 가우디
- **079** 02 바르셀로나를 정의하는 역동적인 거리, 람블라스 거리 대탐험
- **088** 03 스페인 사람들의 흥, 플라멩코
- **092** 04 FC 바르셀로나의 모든 것, 캄프 누
- **095** 05 감성을 자극하는 예술의 보고, 바르셀로나 대표 미술관
- **098** 06 불타는 밤을 위한 바르셀로나의 핫한 클럽
- **100** 07 일 년 내내 흥겨운 축제의 도시, 바르셀로나 축제
- **105** 08 향긋한 포도 향으로 더욱 풍요로운 바르셀로나 근교 와이너리
- **108** 09 편안함 100점, 정보력 100점! 현지 한인 투어 업체
- **110** 10 테마별, 시간대별로 다양한 바르셀로나 투어 버스
- **114** 11 자전거&세그웨이로 즐기는 바르셀로나
- **116** 12 내 손으로 직접 만드는 바르셀로나 요리 쿠킹 클래스

STEP 04
Eating
바르셀로나를 맛보다
118

- 120 **01** 우리에게 익숙하고도 생소한 카탈루냐 요리
- 124 **02** 진짜배기 파에야를 찾아서
- 127 **03** 스페인 음식 문화의 정점 타파스의 모든 것
- 131 **04** 신선함으로 승부하는 마켓 푸드
- 133 **05** 바르셀로나에서 만나는 노 스패니시 푸드
- 136 **06** 알고 보면 유명한 와인 산지 카탈루냐 와인 맛보기
- 139 **07** 새콤달콤 상그리아&칵테일
- 142 **08** 여름 여행자라면 물처럼 들이킬 바르셀로나 맥주
- 146 **09** 달콤한 디저트, 커피 한 잔, 그리고 브런치! 바르셀로나 카페
- 149 **10** 평생 기억에 남을 식사, 미쉐린 레스토랑

STEP 05
Shopping
바르셀로나를 남기다
152

- 154 **01** 예상치 못한 쇼핑 천국, 바르셀로나 공항 쇼핑
- 156 **02** 스페인 부동산 몸값 1위 쇼핑 스트리트, 그라시아 거리
- 160 **03** 현지에서 훨씬 싼 스페인 스파 브랜드 쇼핑
- 163 **04** 꼭 쇼핑해야 하는 스페인 로컬 브랜드
- 166 **05** 바르셀로나 백화점 쇼핑
- 172 **06** 알뜰살뜰 쇼퍼들을 위한 아웃렛 쇼핑
- 176 **07** 스페인 남자들은 어디서 옷을 살까? 남자들을 위한 쇼핑 가이드
- 177 **08** 친구들이 열광하는 바르셀로나 기념품

STEP 06
Sleeping
바르셀로나에서 자다
180

- 182 **01** 여행자들이 가장 많이 애용하는 2~3성급 호텔
- 186 **02** 특별한 밤을 보내고 싶은 그대 4~5성급 디자인 부티크 호텔
- 190 **03** 혼자 여행해도 외롭지 않아 호스텔

STEP 07
Suburbs Travel
바르셀로나 근교를 가다
194

- 198 **01** 바르셀로나에서 여행하기 좋은 근교 지역 티비다보
- 202 **02** 바르셀로나에서 여행하기 좋은 도시 No.1 마드리드
- 212 **03** 바르셀로나에서 여행하기 좋은 도시 No.2 세비야
- 218 **04** 바르셀로나에서 여행하기 좋은 이비사섬

BARCELONA BY AREA
바르셀로나 지역별 가이드

01 시우타트 베야 *230*
- *232* 미리보기
- *233* 1일 추천 코스
- *234* MAP
- *236* SEE
- *247* ENJOY
- *250* BUY
- *257* EAT

02 에이샴플라 *266*
- *268* 미리보기
- *269* 1일 추천 코스
- *270* MAP
- *272* SEE
- *276* BUY
- *281* EAT

03 몬주익 *288*
- *290* 미리보기
- *291* 1일 추천 코스
- *292* MAP
- *294* SEE
- *298* ENJOY
- *299* BUY
- *300* EAT

04 그라시아 *304*
- *306* 미리보기
- *307* 1일 추천 코스
- *308* MAP
- *310* SEE
- *315* BUY
- *316* EAT

05 바르셀로네타 *318*
- *320* 미리보기
- *312* 1일 추천 코스
- *322* MAP
- *324* SEE
- *327* ENJOY
- *329* BUY
- *330* EAT

06 산 마르티 *334*
- *336* 미리보기
- *337* 1일 추천 코스
- *338* MAP
- *339* SEE
- *344* ENJOY
- *345* BUY
- *346* EAT

- *348* 여행 준비 컨설팅
- *362* 인덱스

Prologue

◇

바르셀로나에 살면서 가장 좋은 것이 무엇이냐고 현지인들에게 물으면 열이면 열 모두 가장 먼저 '날씨'를 꼽습니다. 실제로 바르셀로나는 다른 지역보다 햇빛을 많이 받는 곳에 자리 잡고 있어, 그 어떤 곳보다 사람에게 최대의 행복감을 가져다줍니다. 일 년 내내 태양이 작열하는 바르셀로나에 도착하면 정말 충만한 햇살을 만끽할 수 있습니다. 해마다 찾아가 이제 내 집처럼 편안한데도, 비행기가 엘 프랏 공항에 도착하는 순간 벅차오르는 설렘은 이루 말할 수가 없습니다.

고유의 색을 간직하면서도 빠르게 변화하는, 매일이 새로우면서도 따뜻하고 익숙한 반전 매력을 가진 바르셀로나를 사랑하지 않을 수 없습니다. 고딕 양식의 높은 건물들 사이로 매력을 뽐내는 가우디의 수많은 작품들, 울퉁불퉁한 돌길을 걷는 수고로움도 충분히 보상해 주는 파에야와 타파스, 상그리아 그리고 흥을 폭발하게 하는 축구, 플라멩코, 대형 클럽 등 밤새 이 도시를 즐길 수 있는 것들로 넘쳐납니다. 또한 개성 있는 근교 도시들도 바르셀로나 여행을 더욱 풍성하게 만들어 줍니다. 독자님들, 부디 이 멋진 도시를 오래 충분히 여행해 주세요.

Special Thanks to

◇

한국에서 장시간 날아온 여행자들이 좋아할 만한 것은 무엇일지, 가장 실수하기 쉬운 점은 무엇일지 고민하며 책을 만들었습니다. 여행할 때마다 매번 새로운 모습을 보여주는 바르셀로나를 모두 다 안다고 말하기 부끄럽지만, 같은 길을 수십 번 걷고 또 걸으며 여행한 노하우를 정성껏 담았습니다. 독자로, 저자로, 여행자로 여러 관점과 시야로 바르셀로나를 바라보며 수없이 고쳐 쓴 원고가 결과물로 무사히 나오게 되어 감사할 뿐입니다.

작업 기간 내내 길잡이가 되어 준 꿈의지도, 현지에서 많은 도움을 준 한인 투어 업체와 숙박 업소에도 감사의 말 전합니다. 〈바르셀로나 홀리데이〉를 들고 여행할 독자분들께도 감사하다는 인사 전합니다.

맹지나 · 오한결

〈바르셀로나 홀리데이〉 100배 활용법

바르셀로나 여행 가이드로 〈바르셀로나 홀리데이〉를 선택하셨군요. '굿 초이스'입니다. 바르셀로나에서 뭘 보고, 뭘 먹고, 뭘 하고, 어디서 자야 할지 더 이상 고민하지 마세요. 친절하고 꼼꼼한 베테랑 〈바르셀로나 홀리데이〉와 함께라면 당신의 바르셀로나 여행이 완벽해집니다.

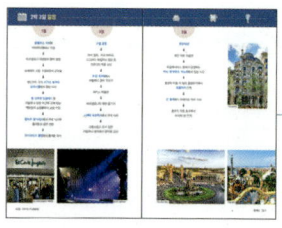

01 바르셀로나를 꿈꾸다

❶ STEP 01 » PREVIEW 를 먼저 펼쳐보세요. 여행을 위한 워밍업. 바르셀로나에서 놓치면 안 될 재미와 매력을 소개합니다. 당신이 바르셀로나에 왔다면 꼭 봐야 할 것, 해야 할 것, 먹어야 할 것을 알려줍니다. 놓쳐서는 안 될 핵심 요소들을 사진으로 정리했어요.

02 여행 스타일 정하기

❷ STEP 02 » PLANNING 을 보면서 나의 여행 스타일을 정해 보세요. 바르셀로나에서 관광을 할 것인지, 쇼핑을 즐길 것인지 또는 누구와 함께 갈 것인지, 얼마나 머물 것인지, 무엇을 가장 하고 싶은지에 따라 여행 계획이 달라집니다.

03 할 것, 먹을 것, 살 것 고르기

여행의 밑그림을 다 그렸다면 구체적으로 여행을 알차게 채워갈 단계입니다. ❸ STEP 03 » ENJOYING 에서 ❹ STEP 05 » SHOPPING 까지 펜과 포스트잇을 들고 꼼꼼히 체크하세요. 가우디의 멋진 건축물, 플라멩코 공연, 미술관, 클럽, 꼭 먹고 싶은 음식, 꼭 사야 할 아이템 등을 찜해 놓으면 됩니다.

04 숙소 정하기

어디서 자느냐가 여행의 절반을 좌우합니다. 숙소가 어디냐에 따라 여행 일정이 달라집니다. ⑤ STEP 06 》 SLEEPING 을 보면서 내가 묵고 싶은 바르셀로나 숙소들을 찜해 놓으세요. 무려 2,000여 개가 넘는 숙박 시설 중 교통비와 이동 시간, 안전까지 고려해 숙소를 제시합니다.

05 근교 도시 소개

한국에서 장시간 비행해 왔는데 바르셀로나만 여행하기 아쉽다면, ⑥ SUBURBS TRAVEL 을 참고해 바르셀로나 근교에 위치한 도시 여행을 계획해 보세요. 바르셀로나에서 당일치기로 다녀올 수 있는 도시부터 2박 3일, 3박 4일 일정까지 안내합니다.

06 지역별 일정 짜기

바르셀로나 여행의 콘셉트와 목적지를 정했다면 이제 지역별로 묶어 동선을 짜 봅니다. ⑦ BARCELONA BY AREA 에 모아놓은 바르셀로나의 구역별 관광지와 즐길 거리, 쇼핑할 곳, 레스토랑을 참고하면 이동 경로를 짜는 것이 수월해집니다.

07 D-day 미션 클리어

여행 일정까지 완성했다면 〈바르셀로나 홀리데이〉 마지막의 ⑧ 여행 준비 컨설팅 을 보면서 혹시 빠뜨린 것은 없는지 체크해 보세요. 여행 60일 전부터 출발 당일까지 날짜 별로 챙겨야 할 것들을 리스트 업 해 놓았습니다.

08 홀리데이와 최고의 여행 즐기기

이제 모든 여행 준비가 끝났으니 〈바르셀로나 홀리데이〉가 필요 없어진 걸까요? 여행에서 돌아올 때까지 내려놓아서는 안 돼요. 여행 일정이 틀어지거나, 계획하지 않은 모험을 즐기고 싶다면 언제라도 〈바르셀로나 홀리데이〉를 펼쳐야 하니까요. 〈바르셀로나 홀리데이〉는 당신의 여행을 끝까지 책임집니다.

바르셀로나 주요 지하철역 부분 확대도

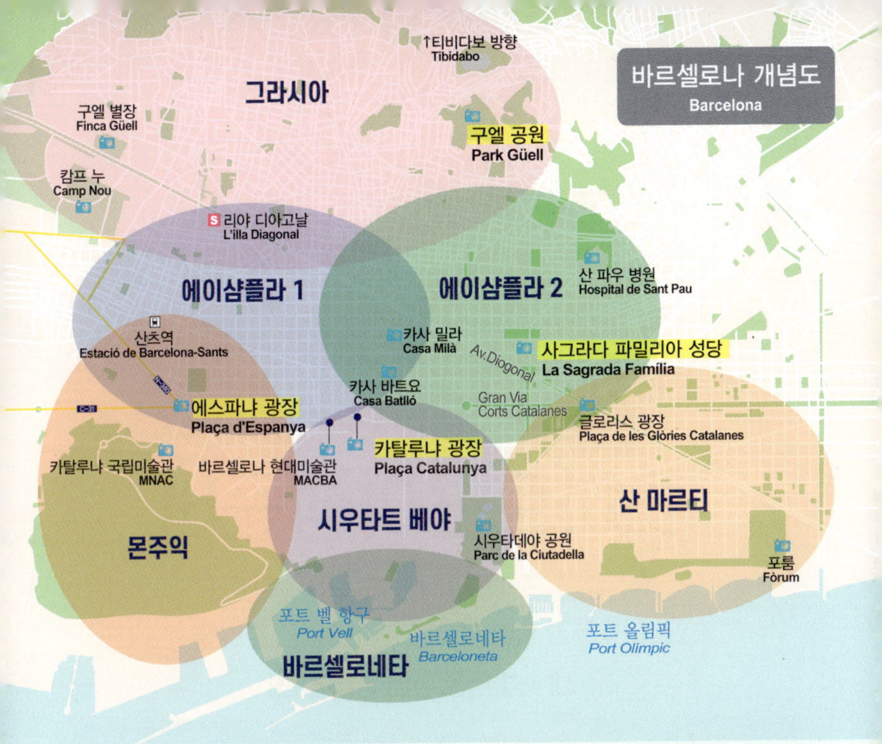

바르셀로나 개념도
Barcelona

- 그라시아
- 구엘 별장 / Finca Güell
- 캠프 누 / Camp Nou
- ↑티비다보 방향 / Tibidabo
- 구엘 공원 / Park Güell
- 리야 디아고날 / L'illa Diagonal
- 에이샴플라 1
- 에이샴플라 2
- 산 파우 병원 / Hospital de Sant Pau
- 산츠역 / Estació de Barcelona-Sants
- 카사 밀라 / Casa Milà
- Av. Diogonal
- 사그라다 파밀리아 성당 / La Sagrada Familia
- 에스파냐 광장 / Plaça d'Espanya
- 카사 바트요 / Casa Batlló
- 카탈루냐 광장 / Plaça Catalunya
- Gran Via Corts Catalanes
- 글로리스 광장 / Plaça de les Glòries Catalanes
- 카탈루냐 국립미술관 / MNAC
- 바르셀로나 현대미술관 / MACBA
- 산 마르티
- 몬주익
- 시우타트 베야
- 시우타데야 공원 / Parc de la Ciutadella
- 포트 벨 항구 / Port Vell
- 바르셀로네타 / Barceloneta
- 포트 올림픽 / Port Olimpic
- 포룸 / Fòrum
- 바르셀로네타

바르셀로나 교통의 핵심 지하철역 이해하기

바르셀로나 여행의 시작점은 언제나 카탈루냐 광장(Plaça de Catalunya)이다. 공항으로 가는 아에로부스도 이곳에서 타고, 투어 버스도 이곳에서 시작한다. 카탈루냐 광장과 바로 이어진 카탈루냐역은 메트로 L1과 L3, 카탈루냐 철도 FGC 환승이 이루어지는 핵심 역! 특히 메트로 L3의 카탈루냐(Catalunya)역-리세우(Liceu)역-드라사네스(Drassanes)역에는 주요 관광지인 구엘 저택과 보케리아 시장, 산타 마리아 델 피 성당 등이 모여 있다. 리세우역이나 드라사네스역에 내리면 람블라스 거리가 나오기 때문에 거기서부터 도보로 이동하며 관광 명소를 둘러보면 된다.

또 그라시아 광장으로 이어지는 그라시아 거리(Passeig de Gràcia)역도 메트로 L3번의 환승역이다. 그라시아 거리는 바르셀로나 쇼핑 1번지. 메트로 L2와 L4도 이 역에서 환승한다.

이 밖에도 하우메(Jaume I)역이나 우르키나오나(Urquinaona)역도 알아두자. 하우메(Jaume I)역은 피카소 미술관, 산타 마리아 델 마르 성당, 왕의 광장 등으로 갈 수 있는 역이고, L1과 L4를 갈아탈 수 있는 우르키나오나(Urquinaona)역은 카탈루냐 음악당으로 갈 수 있는 역이다. 주요 지하철역만 기억하고 있어도 여행이 무척 쉬워진다.

에스파냐 광장 쪽에 숙소를 잡았다면 산츠(Estació de Sants)역도 많이 이용한다.

스마트한 여행 준비

스마트폰과 홀리데이 한 권이면 여행 준비 끝~!
내 스마트폰 안에 답이 있다!

외국에서도 한국에서처럼 편리하게 스마트폰을 사용하려면 어떻게 해야 하지?

공항에서 입국심사할 때 어렵진 않을까?

낯선 곳에서 길을 잃지는 않을까?

환전은 어디서 어떻게 하는 게 가장 좋을까?

01 스마트폰 데이터 로밍

여행 떠나기 전 가장 먼저 챙겨야 할 1단계는 스마트폰 데이터! 스마트폰 안 터지면 우리는 하루도 못 산다. 비행기에서 내리자마자 당장 스마트폰을 쓸 수 있는 방법을 알아보자.

01 유럽 공용 유심

유럽 대형 통신 회사인 보다폰Vodafone, 쓰리Three, 무비스타Movistar, 오렌지Orange 중에서 선택할 수 있다. 여행 전 미리 구입해 집에서 받아 볼 수 있으며, 여행 당일 시간 여유가 있다면 공항 수령도 가능하다. 유럽 공용 유심은 유럽 내에서 국가를 이동해도 남은 데이터를 사용할 수 있으며, 자동으로 데이터 로밍이 연결된다. 단, 공용 유심 상품에 따라 혹은 통신사에 따라 이용 제한이 있을 수가 있으니, 유심 구입 시 제한 내용 및 주의사항을 반드시 확인하자. 데이터 용량은 스페인의 경우 7일 이하로 여행할 경우 7~10GB면 충분하다.

참고 링크는 store.maaltalk.com *QR로 연결됩니다.

02 유심(USIM)

유심은 현지 유심칩을 구매해 교체해서 데이터를 사용하는 방법으로 로밍에 비해 가격이 저렴하다. 번거롭다고 생각하는 사람들도 있는데, 막상 해보면 어렵지 않다. 클립처럼 생긴 유심핀과 사용설명서도 다 들어 있으니 보고 그대로 따라 하기만 하면 된다. 스페인 현지에 도착해서 보다폰 매장이나 오렌지, 무비스타 매장에서 구입이 가능하다. 바르셀로나 공항과 공항버스에서는 무료 와이파이 사용이 가능하므로 카탈루냐 광장 주변에서 구입하는 것도 괜찮다. 유럽은 유심을 구입해 사용하면 유럽 어디서든 자동 데이터 로밍이 된다. 무비스타는 스페인 통신사로 스페인만 여행할 경우 사용 가능한 데이터 용량이 가장 많으니 참고할 것. 대부분 보다폰을 많이 사용하는데 스페인 현지 보다폰 매장에서 구입한 유심은 4주마다 충전해서 사용할 수 있다. 충전은 보다폰 웹사이트, 애플리케이션, TABACOO 등에서 가능하니 장기 여행자들은 참고하자. 현지 매장에서 유심을 구입할 경우 여권은 필수이니 꼭 챙기고, 유심카드 뒷면의 PIN 번호도 기억해 두는 것이 좋다.

※QR로 연결됩니다.
무비스타 www.movistar.es/tarifas-moviles/roaming
보다폰 앱 Mi Vodafone Vodafone España S.A.U

03 이심(eSIM)

요즘 가장 편하고 핫한 데이터 이용법은 이심eSIM이다. 휴대폰에 장착된 디지털 유심을 사용하기 때문에 클립 들고 헤매면서 유심칩을 갈아 끼울 필요가 없다. 이메일이나 알림 톡으로 미리 받은 QR코드를 스캔하면 끝! 단, 모든 휴대폰이 되는 게 아니기 때문에 내 휴대폰의 기종을 확인해야 한다.

이심은 가격도 저렴한 편이다. 5일 사용 데이터 무제한 상품이 2만 원 정도다. 말톡 store.maaltalk.com, 케이케이데이 www.kkday.com 나 클룩 www.klook.com 사이트(또는 앱)에 들어가서 예약하면 된다. 도시락통 dosiraktong.com 에서는 와이파이 도시락, 유심칩, 이심eSIM 모두 살 수 있다. 결제를 완료하면 이심 바우처가 메일로 온다. 설명서를 참고해서 실행하면 끝! 주로 출국 당일 인천공항에서 활성화해서 현지 공항에 내리자마자 바로 빠른 데이터를 사용할 수 있다. 유럽 공용 이심을 사용할 경우 국가가 바뀌면 자동으로 변경되어 바로 사용할 수 있다.

04 데이터 로밍

로밍은 통신사 간 제휴를 통해 데이터와 내 전화번호를 그대로 이용 가능하다. 가장 편하지만 요금은 가장 비싸다. 요즘은 통신사마다 가격 경쟁으로 데이터 할인 상품들이 다양하게 나오고 있지만, 그래도 보통 하루에 1만 원 정도는 한다. 1~2일 여행 갈 때는 괜찮지만, 3일 이상 여행할 경우는 비추. 출발 전에 내 통신사에 전화해서 해외 자동로밍 서비스의 가격이나 상품에 대해 문의하고 신청하자. 통신사에 데이터 로밍을 신청한 후 출국하면 여행지에 도착해 핸드폰 설정, 셀룰러 데이터에서 데이터 로밍을 활성화하기만 하면 된다.

02 바르셀로나 여행 필수 앱

항공과 숙소, 환전과 데이터 준비가 끝났다면 여행지에서 필요한 준비물들을 챙겨야 한다. 가장 먼저 할 일은 현지에서 사용할 스마트폰 앱을 미리 다운로드 및 로그인 하는 일. 길도 찾고, 택시도 부르고, 날씨도 체크하고, 의사소통도 할 수 있는 가장 유용한 앱들을 준비하고 사용법을 익혀 두자.

01 길찾기

단연 구글맵Google Maps! 해외에서 구글맵만 있다면 길찾기는 문제없다. 볼거리, 맛집, 숙소 등을 골라 미리 나만의 구글지도를 만들 수도 있다. 미리 만들어 놓은 구글지도는 구글맵스로 길찾기를 할 수 있다. 내비게이션, 대중교통수단, 걷기 모두 다 가능하다.

02 숙소

자신이 예약한 숙소 앱을 다운로드해 두자. 예를 들어 아고다에서 숙소 예약을 했다면 아고다 앱은 기본적으로 다운로드해 두는 게 좋다. 예약 시 앱을 설치하면 할인 혜택도 받을 수 있고, 여러 가지 서비스나 정보를 받아볼 수 있다.

03 번역

해외에서 의사소통이 되지 않아 두렵다면 이제 걱정할 필요 없다. 파파고 앱 하나면 된다. 예전에 비해 번역 수준이 많이 좋아졌다.

04 교통

교통 앱은 여행지의 지하철이나 패스, 기차 앱들이 있으니 필요한 앱들을 다운로드해서 사용법을 익혀 두자.

TMB / 아에로부스 Aerobús

TMB는 바르셀로나 교통기관 TMB에서 만든 공식 앱. 앱 내 Bus routes 에는 바르셀로나 도시 안에서 운행하는 버스 정보가 담겨 있다. 버스 번호를 선택하면 버스 운행 경로와 정보, 지도를 확인할 수 있다. Metro Lines은 바르셀로나 메트로 지도와 역 정보가 있다. 아에로부스는 바르셀로나 공항과 시내를 잇는 공항버스로, 앱에서 노선과 운행 시간표를 확인할 수 있고, 통합 티켓 구매도 가능하다.

우버 Uber / 볼트 Bolt

택시, 바이크 등 차량 픽업 서비스와 음식 배달 서비스가 가능한 앱. 미국이나 유럽에서 사용하기 편리하다. 볼트도 유럽에서 사용하기 편리한 택시 앱. 프로모션 등으로 우버보다 조금 더 저렴한 가격이 장점. 이용 방법은 우버와 비슷하다.

프리나우 Freenow / 캐비파이 Cabify

스페인 현지에서 많이 사용하는 택시 앱. 간단히 말하면 프리나우는 우리나라의 카카오 T와, 캐비파이는 타다와 비슷한 택시 앱이다. 유럽 no.1 택시 앱인 프리나우가 차량이 가장 많다고 알려져 있다. 이용 방법은 비슷한데, 여행 전 앱을 다운로드해 카드를 미리 등록해 두고 현지에서 배차 시간과 요금 등을 비교해 보고 편리한 앱으로 이용하자.

05 환전과 결제 앱

해외에서 환전과 결제를 위해 필요한 앱들은 꼭 미리 준비해 두자. 특히 스마트폰으로 환전도 하고 결제도 가능한 트래블 카드 관련 앱들은 필수. 바르셀로나는 유로(EUR)로 환전해야 하는데, 유로는 트래블 카드 모두 무료 환전이 가능하다. 현지 ATM에서 현금 인출 시에는 가능하면 은행 ATM기를 이용하자. 기기 수수료가 무료인 ATM기는 트래블 카드 각 홈페이지에서 미리 알아두자. 트래블 카드 관련 앱을 미리 설치하고 실물 카드를 신청해 준비해 두면 된다.

트래블 월렛(트래블 페이) Travel Wallet

앱과 자신의 은행 계좌를 연결해 외화를 실시간으로 환전하고, 현지에서는 실물 카드나 모바일 카드로 결제하면 된다. 카드 신청, 환전, 송금 등이 이 앱에서 모두 가능하다. 실물 카드로 현지 ATM에서 현금 인출도 할

수 있다. 카드 사용 활성화를 앱에서 직접 할 수 있어 카드 관련 사고를 예방할 수 있다. 실시간 이용내역 확인, 안전하게 결제할 수 있는 컨택리스 기능과 승차 공유 앱 결제도 가능하다. 바르셀로나에서는 버스 승차 시 실물 카드로 탑승이 가능하다.

하나머니(트래블 로그) Hana Card

하나머니 앱에 하나은행 계좌를 연결해 외화를 실시간 환율로 환전하고, 충전해 사용할 수 있는 앱. 체크 카드와 신용카드 중 선택해서 발급받을 수 있다. 국내외 모두 사용할 수 있는 트래블 로그 카드는 해외에서 인터넷 연결이 잘되지 않아도 해외 ATM 인출이나 국내외 결제 시 부족한 금액이 연결 계좌에서 자동충전 되는 기능이 있다. 외화 자동 충전 시 실시간 환율 적용이 된다. 환전 및 결제 수수료 면제 부분, 실물 카드나 모바일 카드로 결제, 해외 ATM 인출, 카드 사용 활성화 기능, 이용내역 확인, 컨택리스 기능, 교통 카드 결제 기능 등은 모두 트래블 월렛과 동일하다.

06 날씨 정보

날씨는 여행지에서 많은 것들을 좌우한다. 여행지 기상 상황에 따라 필요한 앱을 사용하자. 종합 날씨 앱으로 잠금 화면에 날씨를 나타내 주는 웨더 스크린Weather Screen을 추천한다.

07 챗GPT 활용

요즘 핫한 챗GPT를 여행에 활용해 보자. 여행 일정을 짜거나 여행지나 숙소, 맛집 추천, 여행지 정보를 알아보는 데 활용할 수 있다. GPT-3.5 버전만 무료로 사용할 수 있다. 추천받은 정보는 반드시 확인해 보아야 한다. 여행지나 맛집, 숙소 등을 추천받고 싶을 때는 링크를 추가로 추천받으면 편리하다.

> **Tip** 이 책에는 QR코드가 많이 있다. 내 스마트폰에서 카메라를 켜고 QR코드에 가져다 대면화면 아래 노란색 링크가 뜬다. 그 부분을 누르면 QR코드가 알려주는 사이트로 바로 연결된다.

03 필수 앱 활용 노하우

01 구글맵

구글맵은 현지에서 길을 찾을 때 없어서는 안 될 앱이지만, 여행 전에 미리 여행지 등록이나 오프라인에서 사용할 지도를 다운로드해 놓으면 현지에서 아주 유용하게 쓸 수 있다. 여행지 등록은 자신의 일정에 따라 나만의 여행 지도를 만들어 사용할 수 있고, 오프라인 지도는 여행 갈 지역 지도를 스마트폰에 미리 다운받아 놓으면, 데이터를 사용할 수 없는 곳에서도 편하게 길을 찾을 수 있다. 요모조모 유용한 구글맵을 다양하게 활용해 보자.

내 지도 만들기

가보고 싶은 여행지나 맛집, 숙소 등을 지도에 추가해 나만의 여행 지도를 만들 수 있다. 구글맵의 웹 사이트를 이용해 '새 지도 만들기'를 누르면 '제목 없는 지도'가 나타난다. 내가 만들고 싶은 지도의 제목을 넣고, '제목없는 레이어'에 맛집이나 여행지, 숙소, 혹은 여행 날짜별 등으로 레이어 제목을 정한다. 가고 싶은 스폿을 검색한 후 지도에 저장하면 나만의 여행 지도가 완성된다. 이 지도는 휴대폰으로도 볼 수 있으며, 다른 사람에게 공유도 가능하다.

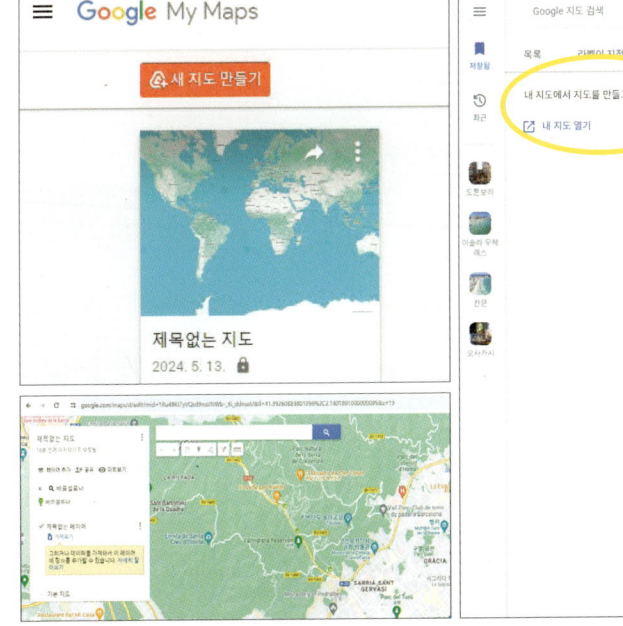
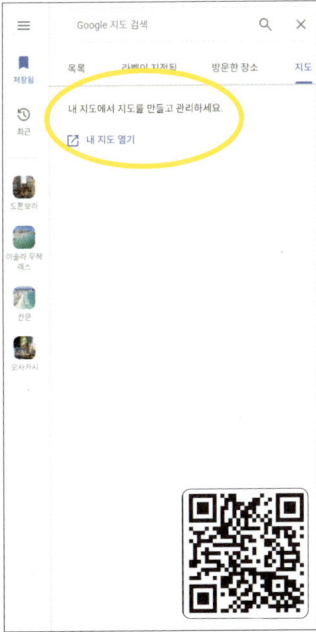

오프라인 지도 다운로드

앱에서 오프라인 지도 다운로드를 선택해 여행지를 확인한 후 저장하면 된다. 지도가 정상적으로 다운로드되었는지 확인해 두자. 구글맵을 종료한 뒤 비행기 모드로 설정한 후 구글맵을 열어 다운받은 지도를 선택해 열어보면 된다.

길찾기와 교통 수단 정하기

출발지와 목적지를 입력하면 경로 지도와 가장 빠른 경로, 도로 상태 등이 표시된다. 자동차나 대중교통, 도보, 택시, 자전거 등 이용할 수 있는 이동 수단과 소요 시간도 표시된다. 대중교통의 경우 여러 가지 이동 노선과 자세한 정보를 확인할 수 있다.

02 파파고 활용 팁

해외에서 가장 두려운 것은 바로 언어! 특히 바르셀로나는 카탈루냐어와 스페인어를 쓰기 때문에 영어 소통이 원활하지 않을 수 있다. 그럴 때 꼭 필요한 게 바로 파파고! 간단한 팁을 알아두면 언어소통이 답답하고 어려울 때 효과적으로 활용할 수 있다.

파파고 번역 기능+음성으로도 입력과 들을 수 있는 기능 가능

실시간으로 번역해 음성으로 들려준다. 스피커 모양 아이콘을 누르면 음성으로 들을 수도 있다.

실시간 대화 기능

홈 화면 하늘색 대화 탭을 눌러 보자. 위아래에 상대방과 나의 음성 입력 부분이 나타난다. 상대방이 말할 때는 상대방의 마이크를 누르고, 내가 말할 때는 나의 마이크 아이콘을 누르고 이야기하면 실시간으로 통역이 가능하다.

카메라로 텍스트 번역(표지판, 안내문, 메뉴판)

표지만이나 안내문, 맛집에서 메뉴판을 읽지 못해 난감하다면? 카메라 앱을 열어 화면을 비춰보자. 화면의 외계어 같은 외국어가 바로 번역되어 화면에 표시되는 마법을 볼 수 있다.

03 택시 앱 활용하기

여행지에서 택시를 타야 한다면 안전하고 편한 택시 앱을 활용해 보자. 운전기사와 가격을 흥정하거나 목적지를 설명하느라 애쓸 필요 없고, 결제까지 한 번에 해결할 수 있다. 국내에서 카카오 T를 이용해 본 적이 있다면 비슷하므로 쉽게 사용할 수 있다. 우버는 차량 픽업 서비스 외에도 바이크 이용이나 음식 배달 서비스 등 다양한 활용이 가능하니 이용해 보자.

우버 Uber / 볼트 Bolt

우버, 볼트 택시 앱을 설치하고 카드 등록을 미리 해두면 된다.

우버 앱을 다운받아 카드 등록을 하고 목적지를 입력하면 예상 가격이 나타나고 차량 선택을 하면 배차가 진행된다. 이때 '우버엑스(Uber X)'가 가장 기본 택시이니 알아두자. 우버의 경우 팁 문화가 있는 나라에서는 우버 탑승 후 결제 시에 '팁 추가하기'를 눌러 팁을 줄 수 있다. 팁 문화가 있다 하더라도 우버 이용 후에는 굳이 팁을 주지 않아도 되니 요령껏 선택하자. 캐리어나 짐을 실을 때 도움을 받았다면 1유로 정도 감사의 의미로 팁을 줄 수도 있다. 우버는 차량 예약 서비스도 있다. 공항으로 이동하거나 중요한 일정이 있을 때 이용하면 편리하다. 최대 90일 전부터 예약이 가능하고, 최대 60분 전까지 무료 취소가 가능하다. 대신 예약 수수료는 별도 부과된다.

우버 택시 이용 시 주의할 점은 지정한 장소에서 기다리지 않았다가 정해진 시간 안에 탑승하지 못할 경우 시간 페널티 수수료가 발생할 수 있다는 것. 여러 명의 일행이 우버를 이용한다면 차량 선택 시 차량 이름 옆에 적힌 숫자를 살펴보고 선택하는 것이 좋다.

※프리나우와 캐비파이 택시 앱도 사용법은 비슷하니 현지에서 편리한 앱으로 이용하면 된다.

Step 01
Preview

바르셀로나를
꿈꾸다

01 바르셀로나 MUST SEE
02 바르셀로나 MUST DO
03 바르셀로나 MUST EAT

PREVIEW 01
바르셀로나 MUST SEE

마드리드와 어깨를 나란히 하는 스페인 제2의 도시 바르셀로나. 피카소와 가우디와 플라멩코를 품은, 한여름 뜨거운 태양 같은 도시. 지중해 연안의 온화함과 스페인 특유의 열정이 공존하는 곳. 매력이 너무 많아 아무리 오래 머물러도 아쉬운 곳, 바르셀로나. 건축, 미술, 축구 등으로 대변되며 오래 기억될 수밖에 없는 도시 바르셀로나에서 꼭 봐야 할 13가지를 소개한다.

1
곡선의 향연,
기이하고 아름다운 구엘 공원

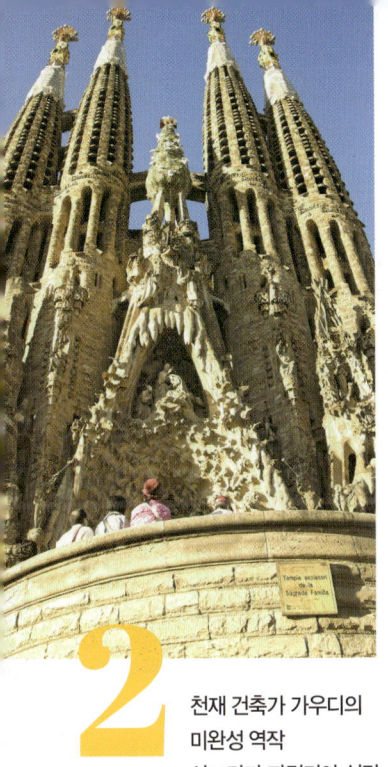

2 천재 건축가 가우디의
미완성 역작
사그라다 파밀리아 성당

3 좁은 골목에 숨어 유혹하듯
손짓하는 피카소 박물관

4 몬주익 발치에 위엄있게
펼쳐진 에스파냐 광장

5

바르셀로나를 대표하는 단 한 곳을 말하라면 바로 여기,
없는 것 빼고 다 있는 람블라스 거리

6

람블라스 거리에서 가장
사람 냄새가 진하게 풍기는 곳.
바르셀로나인들의 일상을
낱낱이 살펴볼 수 있는
보케리아 시장

언제나 빠르게 뛰고 있는 바르셀로나의 심장,
카탈루냐 광장

8 4.5km의 새하얀 해변, 바르셀로네타

9 마라톤 영웅 황영조 선수의 기념비가 세워진 몬주익 언덕

10 바르셀로나의 오아시스 시우타데야 공원

11 바르셀로나에서 가장 큰 함성을 들을 수 있는 곳. 열정 넘치는 FC 바르셀로나의 홈 구장 캄프 누

12
스페인 속 진짜 스페인
바르셀로나의 민속촌, 스페인 마을

13
오른팔을 뻗어 대서양을 가리키고 있는
콜럼버스 동상

PREVIEW 02
바르셀로나
MUST DO

박물관과 미술관을 둘러보는 것만으로는 다 구경했다고 말할 수 없는 도시 바르셀로나. 조금만 앉아 있어도 금세 엉덩이가 근질근질한 사람들을 위해 바르셀로나에서 꼭 해봐야 할 머스트 두를 대방출한다.

1 시원하게 뻗은 바르셀로네타 해변에서 신나는 레포츠 만끽하기

3 플라멩코 춤추기

4 각기 다른 매력을 가진 수많은 광장 탐방하기

2 따사로운 햇살 아래 느긋하게 시에스타 즐기기

5 대성당 앞 광장에서 거리의 악사들 구경하기

6 한국보다 저렴한 스페인 스파 브랜드 쇼핑하기

7 FC 바르셀로나 유니폼을 입고 로컬들과 축구 보기

9 동심의 세계, 티비다보로 놀러 가기

8 자전거 타고 바르셀로나 시내 돌아보기

10 아쿠아리움에서 자연에 빠져보기

PREVIEW 03
바르셀로나 MUST EAT

스페인 사람들의
단골 아침 식사
추로스와 초콜릿
Xurros&Xocolata

바르셀로나 사람들에게
김치와 같은 음식
이베리코 하몬
Jamon Iberico

많은 사람들과 함께 먹으면
더욱 즐거운
파에야
Paella

일반 오믈렛과는
차원이 다른 맛!
스패니시 오믈렛
Truita Espanyola

바쁜 여행자들에게 최고!
바게트 샌드위치
보카디요
Bocadillo

바르셀로나
식도락의 기본
판 콘 토마테
Pan Con Tomate / Pa Amb Tomàquet

앙증맞은 크기의
미니 오픈 샌드위치 타파스
몬타디토 Montadito

오래 보존할 수 있도록
절인 타파스
콘세르바스 Conservas

바삭한 겉과 부드러운
속이 맛있는 타파스
크로케타스 Croquetas

바르셀로나 여행을 더욱 다채롭게 만드는 것 중 하나가 바로 음식이다.
스페인 전통 음식과 카탈루냐 음식, 세계 각국에서 몰려오는 여행자들을 위한
인터내셔널 푸드까지. 모든 사람들의 미각을 자극할 먹거리, 마실 거리가 가득하다.

환상적인 불맛의 작은
초록 고추구이
피미엔토스 데 파드론
Pimientos de Padrón

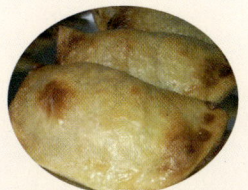

몇 개만 먹어도
금세 속이 든든해지는 만두
엠파나디야
Empanadilla

카탈루냐의 대표 요리.
쫄깃쫄깃한 소시지
부티파라
Butifarra

설탕에 절인 과일과
견과류를 넣은 페이스트리
코카
Coca

스페인 사람들이
가장 좋아하는 버섯
볼렛
Bolet

특제 소스와 꼭 함께
입에 넣어야 하는 대파
칼솟
Calçot

신선한 과일과 깊이 있는
와인이 만나다
상그리아 Sangria

풍미 진하기로
유명한
스페인 와인 Vino / Vi

바르셀로나의 노천카페와
가장 잘 어울리는 음료
스페인 맥주 Cerveza / Cervesa

Step 02
Planning

바르셀로나를 **그리다**

01 바르셀로나 오리엔테이션
02 짧지만 강렬한 첫인상을 남길 2박 3일 바르셀로나
03 열심히 구석구석 모두 보고 가는 5박 6일 바르셀로나
04 감수성을 깨우는 ART IN 바르셀로나+2 days
05 에너지가 솟구치는 FUN IN 바르셀로나+2 days

06 바르셀로나 먹방 찍기 FOOD IN 바르셀로나+2 days
07 바르셀로나 근교 여행
08 바르셀로나 여행 만들기
09 바르셀로나 대중교통 완전 정복

PLANNING 01
바르셀로나 **오리엔테이션**

바르셀로나는 카탈루냐 지역에 있는 대표 도시다. 국가는 스페인에 속해 있지만, 이 지역 사람들은 카탈루냐어를 쓰고 카탈루냐 사람이라는 정체성이 강하다. 스페인으로부터 독립해야 한다고 믿는 바르셀로나 사람들. 스페인의 레알 마드리드와 FC 바르셀로나의 축구 경기가 왜 그토록 뜨거운지 이해가 될 것이다. 바르셀로나의 복잡하고 아픈 역사를 속속들이 다 꿰고 있지는 못하더라도 그들의 기본 정서를 알고 있으면 바르셀로나의 문화와 예술을 느끼는 데 큰 도움이 될 것이다.

바르셀로나가 속한 카탈루냐는 어떤 곳일까?

스페인 북동부에 자리하고 있는 카탈루냐 Catalunya는 스페인 국내 총생산의 20% 이상을 담당하는 부유한 지역이다. 공용어는 카탈루냐어와 스페인어를 사용한다. 프랑스와 피레네산맥을 사이에 두고 국경을 맞대고 있으며, 동남쪽은 지중해와 면해 있다. 바르셀로나주 Barcelona, 레이다주 Lleida, 지로나주 Girona, 타라고나주 Tarragona 4개의 자치주로 구성되어 있다.
'세녜라 Senyera'라고 부르는 노란색, 빨간색 줄무늬로 된 자치 지방의 깃발을 발렌시아, 아라곤 지역과 함께 사용한다. 실제로 바르셀로나 거리를 돌아다니다 보면 골목마다 세녜라가 나부끼는 것을 볼 수 있다. 스페인의 국기 역시 노란색과 빨간색으로 이루어져 있는데, 노란색은 국토, 빨간색은 이를 지키며 흘린 피, 그리고 중앙 왼쪽 문양은 왕국을 상징한다. 반면 카탈루냐의 세녜라는 카탈루냐의 일부인 아라곤 지역 왕의 국기를 가져와 사용한다.

스페인 국기   세녜라

독립을 꿈꾸는 카탈루냐의 역사

BC 27년 로마 제정 당시 히스파니아 타라코넨시스Hispania Tarraconensis 속주屬州의 일부였고, 5세기부터 서고트, 8세기부터는 에스파냐España의 영향력 아래 있었다. 10세기에 프랑크 왕국 Fränkisches Reich으로부터 독립해 무역으로 크게 흥했다. 바르셀로나는 근세 초기 에스파냐에서 민주주의가 가장 빠르게 발전한 도시. 15세기 무역이 쇠퇴하고 아라곤, 카스티야 합병으로 국가 통일이 이루어졌으나, 여전히 카탈루냐어를 지키며 자치 독립을 주장한다.

계속된 반란이 실패하며 자체적인 의회와 정치적 자유를 상실했으나, 20세기에 잠시(1932~1934년, 1936년) 자치권을 회복했다. 그러나 스페인 내전 후 프랑코 정권이 들어선 후 다시 이를 빼앗겼고 카탈루냐어 사용도 금지되었다.

현재도 카탈루냐의 독립 열기는 거세다. 스페인의 일부가 아니라 주장하며 무력 시위도 불사하고 있다. 수도 마드리드와 연계해 정책을 수행하는 스페인의 자치 지역들은 각각의 개성이 뚜렷하나 특히 카탈루냐와 바스크 지역은 스페인으로부터 독립을 적극 바라고 있어 앞으로도 논의가 끊이지 않을 것으로 예상된다. 2013년 카탈루냐 지방 정부가 분리 독립에 대한 주민투표를 실시하기로 결정하고, 중앙정부는 이것이 위헌이라고 판단하여 크게 대립각을 세운 바 있다. 2014년 비공식 투표를 통해 카탈루냐의 모든 지역이 분리 독립을 지지한다는 결과가 나왔으며, 2017년 구속력 있는 투표를 다시 진행하며 무력 진압이 있었다. 현실적으로 계속해서 시위 진행이 어렵고, 중앙정부에서도 무력 진압에 대한 반발과 국제사회의 비난이 거세기 때문에 특수한 상황이 발생하지 않는다면 여행과 안전에는 지장이 없다고 볼 수 있다.

PLANNING 02

짧지만 강렬한 첫인상을 남길
2박 3일 바르셀로나

보통 여행자들은 바르셀로나만 가기보다 일주일 정도의 스페인 여행에 절반을 바르셀로나 여행에 할애하는 식으로 일정을 많이 짠다. 아니면 포르투갈과 같이 묶어서 6일 스페인+포르투갈 4일 정도로 여행하기도 한다. 바르셀로나 단독 여행이 아니라면 적게는 고작 2박 3일 정도 머무르는 게 전부다. 바르셀로나에서 무턱대고 일주일, 열흘씩 여행일정을 할애하기 어렵다면 맛보기로 바르셀로나를 대표하는 매력 포인트들만 쏙쏙 뽑아 3일 동안 야무지게 여행하자.

골목을 돌 때마다 발걸음을 멈추게 하는 바르셀로나에서 2박 3일이란 아무리 알차게 짜도 아쉬움이 남을 수밖에 없다. 그러나 좀 더 보람된 바르셀로나 여행을 위해 사전답사를 왔다는 생각으로 둘러보기에는 적당한 시간이 될 터. 욕심내지 말고 강렬한 바르셀로나의 첫인상을 남겨보자.

숙소

2박 3일 일정으로 바르셀로나를 찾는 경우는 대부분 스페인 일주를 하거나 유럽 일주 여행을 하는 사람들이다. 앞뒤 여행지에서의 숙박과 예산을 고려하여 일정을 결정한다. 열차 이동이 잦았다면 바르셀로나에서는 호텔에서 쉬어가는 것도 좋고, 혼자 떠나와 친구들을 사귀어 보고 싶다면 호스텔, 한인 민박이 좋을 것이다.

이동

짧게 머물면서 굳이 여러 교통 수단을 익히는 데 시간을 낭비할 필요가 없다. 버스면 버스, 지하철이면 지하철 하나만 익히도록 하자.

식사

길거리 음식, 시장 음식, 레스토랑에서의 제대로 된 한 끼…. 모두 바르셀로나를 규정하는 대표적인 맛들이니 골고루 경험해 볼 수 있도록 여행 스폿을 먼저 정한 후 주변에 위치한 맛집들을 방문하자.

주의사항

한국인 여행객들이 소매치기, 강도를 가장 많이 당하는 스페인 도시가 바르셀로나이다. 다른 곳보다도 각별히 더 주의를 기울여야 한다.

2박 3일 일정

1일

람블라스 거리와 비아라이에타나 구경
↓
바르셀로나 대성당과 왕의 광장
↓
보케리아 시장 구경하면서 군것질
↓
샌드위치 가게 **사가스 농부와 요리사들**에서 점심 식사
↓
엘 코르테 잉글레스 등 카탈루냐 광장 부근에 모여 있는 백화점과 쇼핑몰에서 쇼핑 타임
↓
팔라우 달마세스에서 저녁 식사와 플라멩코 공연 관람
↓
라즈마타즈 클럽에서 흥겨운 파티

2일

구엘 공원
↓
카사 밀라, 카사 바트요, 사그라다 파밀리아 성당 등 가우디의 작품 감상
↓
프티 코미테에서 카탈루냐 음식 맛보기
↓
피카소 박물관
↓
바르셀로나타 해변 즐기기
↓
시에테 포르테스에서 저녁 식사
↓
고풍스럽고 유서 깊은 카탈루냐 음악에서 음악회 감상

엘 코르테 잉글레스 백화점

팔라우 달마세스

3일

몬주익성
↓
호안 미로 미술관
↓
이글레시아스 형제가 운영하는
카사 데 타파스 카뇨타에서 점심 식사
↓
올림픽 마을 라 빌라 올림피카에서
포룸까지 산책
↓
칸 솔레에서 파에야로 저녁 식사
↓
몬주익 마법 분수에서
마지막 밤 만끽

카사 바트요

에스파냐 광장

구엘 공원

PLANNING 03

열심히 구석구석 모두 보고 가는
5박 6일 바르셀로나

최소 6일은 있어야 바르셀로나에 대해 말할 수 있다. 이쯤이면 숙소 앞 카페 웨이터와 아침마다 눈인사를 할 수 있고, 좋아하는 골목과 광장이 생기고, 자연스레 '올라Hola!' 정도는 건넬 수 있게 된다.

볼 것 많은 바르셀로나에서는 5박 6일 일정도 녹록지 않다. 바르셀로나에 오기 전 로마, 런던 같은 유럽의 대도시를 관광한 사람이라면, 관광객이 몰리기 전 오전 시간에 박물관이나 공원을 둘러보며 체력을 안배하자. 바르셀로나는 해가 지면 더 흥이 나는 곳이다. 오전 일정 중 체력을 모두 쓰지 않도록 주의할 것.

숙소

바르셀로나는 늦은 시간까지 놀 수 있는 곳이 많다. 늦게 들어와도 눈치 보이지 않는 호텔이나, 젊은 사람들이 많이 묵는 호스텔로 숙소를 잡아보자.

TAXI 이동

지하철을 주로 이용하되 나이트 투어 버스 등 걷는 시간이 많아 힘든 날에는 대체할 방안도 생각해 두도록 한다. 익숙지 않은 스페인어로 지도를 읽고 안내 방송을 듣는 것은 생각보다 굉장한 에너지를 요한다. 중구난방으로 이리저리 오가지 않도록 한 지역에서 모든 것을 보고 이동하는 동선을 짠다.

식사

스페인, 카탈루냐의 다채로운 음식을 시도해보자. 스페인, 카탈루냐 음식은 대체로 짭짤한 메뉴가 많다. 스페인 와인, 맥주 등과 함께 반주로 맛보며 스페인 술과 요리를 동시에 섭렵해보자.

주의사항

6일 일정 중에서 하루 정도는 숙소 가까운 곳에서 동네 산책하듯이 느긋한 일정을 넣는 게 좋다. 일주일 내내 패키지 여행처럼 쫓기듯 다니면 바르셀로나를 음미하기 어렵다. 마침 비가 오거나 날씨가 흐리다면 오히려 더 좋다. 유명한 맛집이나 관광 명소가 아니라도 동네 주민처럼 가까운 카페나 작은 공원을 들러보자. 뜻밖의 행복을 맛볼 수 있을 것이다.

5박 6일 일정

1일

람블라스 거리
↓
보케리아 시장
↓
사가스 농부와
요리사들에서 점심 식사
↓
피카소 미술관
↓
바르셀로네타 해변
↓
시에테 포르테스에서
저녁 식사
↓
바르셀로나
나이트 투어 버스

2일

구엘 공원
↓
카사 밀라, 카사 바트요,
사그라다 파밀리아 성당 등
가우디 작품 감상
↓
토사에서 크로케타로
점심 식사
↓
에이샴플라 지역 탐방
↓
엘 코르테 잉글레스
백화점 쇼핑
↓
피카스의 단골 레스토랑
콰트르 가츠에서 저녁 식사
↓
몬주익 마법 분수
↓
숙소 근처의 바에서
상그리아 마시기

3일

카페 그란자 둘시네아에서
추로스와 핫초코로
아침 식사
↓
캄프 누
↓
유명한 타파스 가게
퀴멧 앤 퀴멧에서
몬타디토스로 점심 식사
↓
몬주익성
↓
호안 미로 미술관
↓
스페인 마을
↓
**엘 타블라오 데 카르멘
아마야**에서 플라멩코
공연 감상

카탈루냐 음악당

바르셀로나 현대미술관

4일

카이샤포룸에서
현대미술 관람
↓
타파스 맛집 **카사
데 타파스 카뇨타**에서
점심 식사
↓
바르셀로나 현대미술관
↓
시우타데야 공원과
바르셀로나 동물원
↓
아쿠아리움
↓
레스토랑 **칸 솔레**에서
저녁 식사
↓
5개 클럽에 한 곳에
모여 있는 **라즈마타즈**에서
클러빙

5일

맛집 **밀크**에서 브런치
↓
예반트 해변가에서
파르케 델 포룸까지 산책
↓
산 마르티 해변가 산책
↓
보가텔 해변가에 있는
해산물 레스토랑
치링기토 에스크리바에서
저녁 식사
↓
카탈루냐 음악당에서
음악회

6일

숙소 체크아웃
(짐은 숙소에 보관)
↓
체험관 코스모카이샤
↓
비아 베네토에서
전통 카탈루냐 요리로
점심 식사
↓
그라시아 거리 산책 및 쇼핑
↓
도스 파리요스에서
저녁 식사

퀴멧 앤 퀴멧

엘 타블라오 데 카르멘 아마야

PLANNING 04

감수성을 깨우는
ART IN 바르셀로나 +2 days

박물관은 지루해! 이런 고정 관념을 가진 사람이라도 바르셀로나에서는 달라질 것이다. 남들 다 가니까 억지로 발걸음 옮겼던 기억도 멀리 날려버리자. 박물관 취향이 아니라던 사람도 바르셀로나에서는 박물관 전시회 팸플릿을 가방에 챙기게 된다. 폭넓은 예술 스펙트럼을 자랑하는 바르셀로나에서는 박물관에서조차 지루할 틈이 없으니까.

이틀을 온전히 바르셀로나의 예술과 문화를 감상할 수 있도록 구성했다. 카탈루냐만 가질 수 있는 독특한 예술의 발자취와 신나는 스페인 문화에 흠뻑 빠질 수 있는 일정이다. 보고 싶은 것은 너무나 많고 큰 도시에서의 동선과 시간 계획이 혼란스러워 발만 동동 구르는 사태를 방지하려면 가보고 싶은 곳들을 줄 세워 일정이 허락하는 대로 한 곳씩 방문하는 것을 추천한다.

숙소

대형 호텔보다는 객실 수가 많지 않은 부티크 호텔이나 게스트하우스, 한인 민박이 지배인이나 주인에게서 전시 감상이나 공연 관람에 관한 팁을 얻을 수 있다는 점에서 좋다. 예술적인 이 도시에는 그림, 건축을 테마로 하는 숙소도 많다.

TAXI 이동

작품 감상 못지 않게 중요한 것이 정리하는 시간이다. 일기나 사진으로 기록한 것을 다시 보는 것도 좋고, 함께 간 동행과 이야기를 나누는 것도 좋다. 감상한 것이 채 가라앉지 않았는데 쉴 새 없이 그다음 전시장으로 뛰어가는 것은 좋지 않다. 티 타임과 식사 시간을 사이사이 배치한 여유로운 동선을 추천한다.

식사

식대를 아껴 공연 하나를 더 볼 것이 아니라 우선 맛있는 것으로 배를 채워야 한다. 그래야 공연이 더욱 즐겁다. 착한 가격의 한 입 거리 타파스가 부담 없어 좋다.

TIP

상설 전시 외에 특별전들이 있는지 여행 전 반드시 홈페이지를 살펴보도록 한다. 시우타데야 공원에서는 매년 여름 공연이 열린다. 매주 수요일과 금요일 저녁에 야외 재즈 공연이 펼쳐진다. 만약 운 좋게 여름에 바르셀로나를 찾게 된다면 낮과 밤에 시우타데야 공원을 꼭 가볼 것을 추천한다.

주의사항

입장료 외 도록, 프로그램, 엽서와 같이 전시나 공연을 보고 기념할 만한 작은 선물을 사면 좋은 추억이 된다. 10~20유로 정도를 전시, 공연 예산으로 챙겨두자.

1박 2일 일정

1일

카이샤포룸
↓
타파스24에서 점심 식사
↓
바르셀로나 현대미술관
↓
시우타트 베야의 고딕 거리
↓
밀랍 인형 박물관
↓
뮤직 바 바르 파스티스

2일

카탈루냐 국립미술관
↓
추레리아에서 점심 식사
↓
프레데릭 마레 박물관
↓
핀토스 델 피 예술품 시장
↓
파브리카 모리츠에서 저녁 식사
↓
살라 몬주익에서 영화나 공연 감상
↓
스페인 마을 속 클럽 라 테라사
혹은 시우타트 베야의 카페 마룰라

밀랍 인형 박물관

바르셀로나 현대미술관

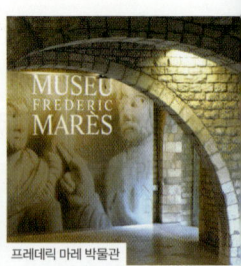
프레데릭 마레 박물관

> PLANNING 05

에너지가 솟구치는
FUN IN 바르셀로나 +2 days

체력이 받쳐줄 때, 놀고 싶은 욕구가 아직 하루 종일 솟아오를 때! 그럴 때 바르셀로나에 있을 수 있다는 것은 크나큰 행운이다. 내일이 없을 것처럼 즐길 수 있는 곳이 도시 곳곳에 숨어 있으니 우리는 달려가 찾아내기만 하면 된다.

하루 종일 놀아도 지치지 않는 여행자에 맞추어 짠 이틀간의 여행 일정이다. 면세점 립스틱 하나, 그 흔한 기념품인 냉장고 자석 하나 사오지 않으면서 여행지에서 체험할 수 있는 모든 것은 다 한 번씩 해보고 와야 직성이 풀리는 활동가들을 위한 일정! 직접 해봐야 직성이 풀리는 호기심 많은 여행자들을 위해 바르셀로나는 기특하게도 다채로운 액티비티들을 고루 갖추고 있다.

숙소

여행자의 체력에 맞추어 활동적으로 하루를 보내고 나서 숙소에서는 잠만 자면 된다? 그렇다면 로비에 딸린 바Bar라든지 경치는 접어두고 침구와 편의시설을 살핀다. 하루에도 다양한 여러 활동을 하게 될 터이니 해변가에서 놀다가 금방 들어와 옷을 갈아입고 빨리 바로 나설 수 있는 곳이 가장 좋다.

이동

유원지나 보트 놀이 등 액티비티가 많은 일정은 이에 따른 이동 거리도 상당하다. 낯선 언어로 비교적 장거리 이동을 할 때 실수가 있어 하루를 날리거나 몸과 마음이 지치면 안 되니 교통편은 꼼꼼히 살피고 도착하여 진행하는 일정에 차질이 없도록 한다.

식사

활동이 많은 하루라면 바르셀로나에서 가장 맛있는 길거리 음식을 알아두는 것이 유용하다. 여유를 가지고 오랜 시간 천천히 식사를 즐기는 유러피언들 사이에서 서둘러 냅킨으로 입을 닦고 일어나기란 쉽지 않다. 꼭 가보고 싶은 레스토랑들에는 충분히 시간을 할애하고 그 외에는 일정에 방해가 되지 않도록 간단한 식사를 할 수 있는 곳들을 알아두도록 한다.

주의사항

운동화는 필수! 역사가 오래된 도시, 바르셀로나에는 울퉁불퉁한 자갈이 섞인 길이 많다. 높은 굽은 모두 집에 놓고 올 것을 강력히 권한다. 그냥 관광하는 사람들도 꽤 피곤해하는 길이고, 도시가 크기 때문에 활동이 많은 일정이라면 평소 가장 편하게 신는 신발을 챙겨오도록 한다.

1박 2일 일정

1일

시우타데야 공원에서
호수 보트 놀이
↓
바르셀로네타 해변에서
요트 타기

2일

티비다보 당일치기 근교 여행
↓
캄프 누

Tip 추천 수상 스포츠 센터

아술 세일링 Azul Sailing
바르셀로나 외 스페인 전역에서 요트 놀이를 주관하는 곳. 광장히 많은 종류의 보트와 요트를 대여하고 크루즈를 도와 주니 초보라도 배를 빌려 바다에 나가 볼 수 있다. 인원이 많을 때 가격대의 부담이 줄어든다. 그 외에도 낚시, 다이빙, 선상 웨딩 등 다양한 액티비티와 이벤트를 주관한다.

Data 가는 법 메트로 4번 라인 타고 Ciutadella/Vila Olímpica역 하차, 도보 10분
주소 Moll de la Marina 10, Port Olimpic, 08005
전화 932-847-664
홈페이지 barcelonasailingday.com
요금 요트 1시간 대여 5~10월 250유로부터,
11~4월 150유로부터

바세 나우티카 Base Nàutica
좀 더 전문적이고 교육을 위한 프로그램들이 많지만 일반인들을 대상으로 하는 카약, 윈드서핑, 비치 발리볼 수업을 들을 수 있다.

Data 가는 법 메트로 4번 라인 타고 Poblenou역 하차, 도보 10분
주소 Playa Mar Bella. Avda Litoral S/N, 08005
전화 932-210-432
홈페이지 www.basenautica.org
요금 카약 대여 1시간 1인 15유로

© Cinc Sentits

<PLANNING 06>
바르셀로나 먹방 찍기
FOOD IN 바르셀로나 +2 days

오감만족을 보장하는 바르셀로나이지만 그중 꼭 하나를 최고로 꼽으라면 바로 맛이다. 잠자는 나의 미각을 격하게 흔들어 깨워 천상의 맛을 경험시키고 싶다면 우열을 가를 수 없는 바르셀로나의 수많은 맛집들을 향해 돌진하자!

먹기 위해 이틀만 더 머무를 수 있다면 얼마나 좋을까! '세계 햄의 수도'라는 별칭이 있을 정도로 바르셀로나에서는 하몬, 초리소, 소시지와 같이 짭쪼름한 식재료가 인기 있고 그만큼 양과 질도 세계 최고다. 바르셀로나에는 카탈루냐만의 요리와 스페인 요리를 먹을 수 있는 크고 작은 식당들과 카페, 타파스 바가 넘쳐나니 빨리 배가 꺼지지 않는 것이 원망스러울 지경이다. 열심히 다니며 부지런히 맛보자.

숙소

맛있는 것을 먹으러 작정하고 떠나왔다면 숙소에 조식이 꼭 포함될 필요는 없다. 몇 걸음만 더 걸으면 갓 구운 따끈한 추로스에 초콜릿을 듬뿍 입혀 판매하는 카페들이 즐비하니. 호텔 조식 말고 다른 사항들을 고려해 숙소를 정하자.

이동

많이 먹으면 많이 걷는 것이 좋다. 크고 작은 공원들과 볼거리 가득한 골목들로 이루어진 바르셀로나는 걷기에 더할 나위 없는 도시다. 동선을 효율적으로 짜서 무리하지 않는 선에서 걷기 운동을 많이 할 수 있도록 한다.

식사

관광 명소 주변의 소문난 식당들을 눈여겨보고, 일정 중 겹치는 메뉴가 없도록 레스토랑을 선택한다. 너무 유명한 곳은 줄을 서서 기다려야 하니 호텔 프론트에 예약을 부탁하거나 부근 명소를 여행할 때 잠시 들러 미리 예약해 두는 것도 좋겠다.

TIP

스페인 음식은 대체로 짜다는 말을 들어 걱정이 되는 사람은 주문 할 때 '뽀까 쌀Poca Sal (소금을 적게 넣어주세요)', '씬 쌀Sin Sal (소금을 빼주세요)'이라 말하도록 한다.

주의사항

기우일 것 같지만 의외로 물이나 기본적인 식재료가 안 맞아서 탈이 나는 여행객들이 많다. 소화제, 제산제 등의 상비약은 꼭 챙겨가도록 한다.

1박 2일 일정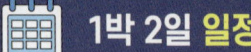

1일

와이너리 투어
(투어리스트 인포메이션에서 예약 가능)
↓
라 세르베세라 아르테사나에서
맥주 마시기

2일

산 카테리나 시장
↓
미쉐린 1스타 레스토랑
싱크 성티츠에서 점심식사
↓
에이샴플라 지역에서 쇼핑
↓
구시가지로 돌아와
페데랄 카페에서 티타임
↓
쿠킹 클래스 참여

와이너리 투어를 떠나보자

즐거운 쿠킹 클래스

PLANNING 07
바르셀로나 **근교 여행**

조금 빡빡한 일정도 부담 없이 소화할 수 있는 체력을 가진 중급 여행자라면 바르셀로나만으로는 조금 아쉬울 수 있다. 발 빠르고 능숙한 중급 여행자라면 바르셀로나를 벗어나 주변 도시로 여행 속 여행을 떠나보면 어떨까? 10박 11일 같은 5박 6일을 보낼 수 있다. 날씨 좋은 주말에 외곽 도시로 드라이브를 가듯 가볍게 떠나는 근교 여행을 소개한다.

바르셀로나 여행 중 근교로 떠나보는 것이지 스페인 일주를 하는 것이 아님을 명심하고 욕심 내지 않는 것이 중요하다. 또 꼭 가보고 싶은 곳이라 하더라도 이동 거리가 길거나 교통편이 불편하여 가는 데에만 반나절 이상 걸린다면 미련 없이 포기하자.

숙소

바르셀로나를 베이스로 두고 주변 도시를 다녀오는 경우 당일치기 또는 1박 2일 일정이 좋다. 아니면 바르셀로나 일정을 예정보다 앞당겨 마무리하고 숙소에서 체크아웃을 한 다음, 근교 여행지로 가거나 혹은 귀국하기 전 다른 도시로 모든 짐을 다 들고 이동할 수도 있겠다. 짐이 많다면 역이나 공항에서 이동하기 수월한 곳으로, 바르셀로나 숙소를 그대로 두고 잠시 다녀오는 경우 경제적인 숙소를 선택하는 것이 좋다.

이동

스페인은 대한민국의 5배 정도 되는 크기. 스페인 국내에서 이동하는 것은 끝에서 끝까지 횡단, 종단하지 않는 한 그리 큰 무리가 아니어서 체크인과 짐을 붙이는 등 비행편 이용하는 것이 훨씬 불편하다. 또 기차역에서 시내로 이동하는 것이 공항에서 시내로 이동하는 것보다 훨씬 수월하고 시간도 덜 걸리기 때문에 스페인 내에서만 이동하는 여행자라면, 비행편보다는 기차를 추천한다.

식사

스페인에 파에야와 상그리아만 있는줄 알았던 당신! 스페인 각 지방마다 고유의 음식 문화가 얼마나 발달했는지 알면 스페인 전국 일주를 계획하게 될 것이다. 잠깐이지만 여행해 보려는 주변 도시의 식도락 특징을 미리 알아보고 다녀오면 바르셀로나와는 또 다른 음식들을 맛보고 올 수 있을 것이다.

주의사항

마드리드가 위치한 중앙 내륙은 바르셀로나와 다르게 연중 기온이 높고 건조한 대륙성 기후를 띈다. 또 임야가 많은 북부 해안 지방은 흐리고 비 오는 날이 많다. 같은 국가 내에서도 판이하게 기후 조건이 다르니 여행지의 날씨는 미리 일기 예보로 확인하는 센스!

바르셀로나에서 다녀올 수 있는
추천 근교 도시

어른 아이 너나 할 것 없이 즐거운 언덕 위의 원더랜드
티비다보 Tibidabo

늘어지는 시에스타와 원조 플라멩코 공연이 자랑인
세비야 Seville

누가 뭐라 해도 스페인 제 1의 도시
마드리드 Madrid

세계에서 가장 핫하기로 유명한 스페인의 섬
이비사 Ibiza 섬

PLANNING 08

바르셀로나 여행 만들기

바르셀로나, 이름은 귀에 익었지만 막상 여행을 하려고 마음을 먹으면 어디서부터 시작해야 할지 아직은 난감하다. 휴양지에 익숙한 사람이라면 용기 내 짐을 꾸려야 하는, 미스테리한 매력이 가득한 도시. 그러나 두려울 것 없다. 아래의 순서대로 차근차근 바르셀로나 여행을 준비해보자. 어느새 람블라스 거리를 신나게 활보하는 스스로를 발견할 수 있을 것이다.

어떻게 가나요?

1. 바르셀로나 공항 입국하기

공식 명칭은 바르셀로나 엘 프랏 조셉 타라데야스 공항Barcelona-El Prat Josep Tarradellas Airport (BCN). 바르셀로나 도심에서 약 14km 떨어져 있으며 24시간 운영한다. 마드리드 공항 다음으로 스페인에서 규모가 큰 공항으로, 유럽 여러 항공사들의 허브 공항이다. 대한항공, 아시아나항공을 포함하여 아시아, 북미 노선도 활발히 운항한다.

터미널은 T1, T2 2개가 있으며 쇼핑과 편의시설, 식당 등 모든 시설이 쾌적하고 깨끗하다.

Data 주소 08820 El Prat de Llobregat, Barcelona, Spain
홈페이지 bit.ly/3WEEm8l

2. 한국에서 가기

2024년 9월부터 인천-바르셀로나 직항편 운항은 중단된다. 가급적 1회 경유, 경유 시간 2~3시간 정도의 조건으로 항공권을 알아보자. 루프트한자, 에어프랑스, KLM, 핀에어, 카타르항공, 에미레이트항공 등 인천을 취항하는 대부분의 외항사가 1~2회 경유로 운항한다. 유럽 내에서 바르셀로나로 비행기 이동하면 소요시간은 1~2시간 정도. 이지젯과 같은 저가항공을 이용할 수도 있다.

1회 경유 항공권으로 바르셀로나행 티켓을 비교할 때 가장 주의할 사항으로는 현지 도착 시간이다. 공항에 도착하여 짐을 찾고 입국 심사를 한 다음 공항을 빠져 나와 교통편을 이용해 시내에 있는 숙소까지 걸리는 시간을 고려하여 너무 늦은 시간에 도착하는 비행편은 선택하지 않도록 한다. 반대로 바르셀로나를 떠나 다시 집으로 돌아가는 인천행 비행기의 경우에는 출발 시간이 너무 일러 바르셀로나에서 마지막 날 밤 잠을 설친다거나 하지 않도록 한다. 바르셀로나가 마지막 여행지가 아니라 다른 유럽 도시에서 인천으로 돌아오는 경우도 마찬가지다.

3. 스페인 국내 또는 유럽 타 도시에서 가기

기차 이용하기

바르셀로나의 주요 역으로는 스페인 국내 주요 도시와 배낭여행객들이 도착하는 산츠역Estació de Sants과 국철 렌페Renfe 일부 구간과 특급 열차가 다니는 프란사역Estació de França이 있다. 여행자들은 보통 산츠역을 이용한다. 1929년 완공된 프란사역은 바르셀로나에서 가장 아름다운 기차역으로 손꼽히는데, 역사가 꽤 볼만해 일부러 구경 오는 사람들도 있다.

마드리드 푸에르타 데 아토차Madrid-Puerta de Atocha역에서 산츠역까지 약 2시간 30분, 발렌시아Valencia Joaquín Sorolla역에서 산츠역까지 약 2시간 47분, 발렌시아 노드Nord역에서 산츠역까지 약 3시간 35분, 세비야Sevilla Santa Justa역에서 산츠역까지 약 5시간 44분 소요된다. 스페인 전역에서 바르셀로나로 오는 기차는 거의 매시간 있다. 프랑스, 이탈리아 등 스페인 동편에서는 포트 부Port-Bou와 지로나Girona에서 환승해 산츠역으로 들어오는 것이 보통이다.

기차 예약 사이트

- 스페인 철도청(렌페) www.renfe.com
- 유레일 www.eurail.com
- 레일유럽 www.raileurope.co.kr

> **Tip 기차를 타고 바르셀로나로 온다면**
> 불필요한 경유를 하는지, 여행 일정에 불편하지 않을 시간대에 기차가 있는지, 가격이 다른 도시에서 오는 것보다 너무 많이 비싸지는 않은지 등을 확인해 보자. 홈페이지에서 출발, 도착지, 날짜와 시간을 지정하여 가격과 소요 시간 등을 미리 알아 볼 수 있다.

버스 이용하기

안내 방송을 못알아 듣는다는 불편함과 화장실, 카페테리아 등 기차에는 있지만 버스에는 없는 편의 사항 등을 고려하여 권하지 않는다. 부득이하게 이용하는 경우 이동 시간도 상당하다는 점을 참고하자.

바르셀로나의 시외 버스 정류장은 산츠역Estació de Sants과 노드역Estació de Nord이 있으며 홈페이지에서 출발, 도착지, 날짜와 시간을 지정하여 가격과 소요 시간 등을 알아볼 수 있다.

주요 도시에서의 소요 시간

- **마드리드에서** → 약 7시간 30분 소요
- **팜플로나에서** → 약 6시간 30분 소요
- **발렌시아에서** → 약 4시간 15분 소요
- **파리에서** → 약 15시간 소요
- **마르세유에서** → 약 8시간 소요

버스 예약 사이트

- 내셔널 익스프레스 www.nationalexpress.com
- 버스 버드 www.busbud.com
- 모벨리아 www.movelia.es

비행기 이용하기

스페인 제2의 도시인 바르셀로나는 스페인 국내뿐만 아니라 유럽 전 지역에 많은 항공 노선이 취항한다.

주요 도시에서의 소요 시간
- **마드리드**에서 ➜ 약 1시간 25분 소요
- **세비야**에서 ➜ 약 1시간 40분 소요
- **그라나다**에서 ➜ 약 1시간 35분 소요
- **말라가**에서 ➜ 약 1시간 40분 소요
- **이비사섬**에서 ➜ 약 1시간 소요
- **런던**에서 ➜ 약 2시간 20분 소요
- **파리**에서 ➜ 약 1시간 50분 소요
- **로마**에서 ➜ 약 1시간 45분 소요
- **밀라노**에서 ➜ 약 1시간 40분 소요

언제 가볼까?

바르셀로나 여행 최적기는 드넓은 해변과 따사로운 햇살을 즐기고, 여름에 집중된 여러 가지 축제들을 즐길 수 있는 5월 말~9월 말이다. 하지만 이 기간을 피해도 바르셀로나에는 언제나 재미있는 행사들이 열리며 성수기보다 저렴한 숙박비와 물가를 누릴 수 있다.

환율과 물가

환율 1유로=1,475원(2024년 5월 기준)
물가 기타 스페인 도시들에 비하면 물가가 비싼 편이며 무료 입장 관광지도 거의 없다.
1일 예상 경비 개인 편차가 큰 숙소 비용 제외, 바르셀로나 카드로 교통비를 제외한 여행자의 경우 식사와 간단한 기념품 쇼핑 등을 포함하는 1일 경비 하루 약 20만 원 안팎으로 잡을 수 있다.

바르셀로나 카드

바르셀로나의 메트로, 버스, 트램, 카탈루냐 철도 등 대중교통을 무료로 이용할 수 있으며, 박물관과 미술관, 관광지 등에서 할인 혜택을 받을 수 있는 카드다. 관광지를 얼마나 둘러보는지에 따라 혜택의 폭이 달라지니 잘 계산한 후 선택하자.

바르셀로나 카드 혜택
1. 49개의 미술관, 박물관 입장료 할인 혜택.
2. 무제한 대중교통 이용(도시 내에서 운행하는 대중 교통은 1존 내에서 모두 이용 가능, 닛부스, 몬주익 케이블카, 블루 트램, 투어 버스에서는 사용 불가능)
3. 공연 할인 혜택
4. 기타 투어 할인 혜택
5. 바르셀로나 시내 지도와 가이드 제공

구매 방법
1. 바르셀로나 카드는 홈페이지에서 10% 할인된 가격으로 구입할 수 있다. 시내의 모든 관광 사무소에서도 판매한다.
   Data 홈페이지 www.barcelonacard.com
2. 바르셀로나 시내에 위치한 투어리스트 인포메이션 센터에서 구입할 수 있다.

가격
- **익스프레스 카드(2일권)** 일반 27유로
- **3일권** 일반 55유로, 4~12세 32유로
- **4일권** 일반 65유로, 4~12세 42유로
- **5일권** 일반 77유로, 4~12세 47유로

바르셀로나 시티 카드와 익스프레스 카드는 클룩KLOOL에서 구입할 수 있다.

바르셀로나 시내의 투어리스트 인포메이션 센터

- **카탈루냐 광장 인포메이션**
  주소 Plaça de Catalunya, 17-S
  운영 08:30~20:30 / 12/25 휴무

- **바르셀로나 대성당 인포메이션**
  주소 Plaça de la Seu, S/N.
  운영 월 09:00~16:00 / 화~토 09:00~17:30 / 일 09:00~14:00 / 1/1, 12/25 휴무

- **에스파냐 광장 인포메이션**
  주소 Avinguda Maria Cristina
  운영 08:30~14:30

- **노드역 인포메이션**
  주소 Estació del Nord - Espai Mediterrània
  운영 08:30~14:00

- **바르셀로나 공항 터미널 1&2 인포메이션**
  주소 Terminals T1&T2: Aeroport de Barcelona
  운영 월~금 08:00~20:30 / 토·일 08:30~20:30 / 12/25 휴무

- **콜롬버스 동상 인포메이션**
  주소 Plaça del Portal de la Pau, S/N
  운영 08:30~14:30 / 12/25, 1/1, 1/6 휴무

- **사그라다 파밀리아 성당 광장 앞 인포메이션**
  주소 Plaça de la Sagrada Família
  운영 1부스 08:30~20:00, 2부스 월~토 08:30~20:00 / 일 08:30~14:30

Tip 스톱오버, 할까 말까?

경유하는 도시에 24시간 이상 머무르는 것을 말한다. 24시간 내 환승편에 탑승하는 경우는 트랜짓 Transit 이라고 한다. 바르셀로나행 비행편이 경유하는 도시들은 대체로 큰 공항을 갖추고 있는 유럽 국가로, 유럽 여행 시 빼놓을 수 없는 주요 도시들이 있기 마련이다. 프랑스의 파리, 체코의 프라하, 독일의 프랑크푸르트, 튀르키예의 이스탄불 등이 있다. 항공편 구매 규정에 스톱오버가 허용이 된다면, 그리고 여행 일정이 허락한다면 1~2일 정도는 경유지에 머물며 관광하는 것도 나쁘지 않다.

주의할 점은 스톱오버는 말 그대로 잠시 들러보는 일정이기 때문에 처음 가보는 대도시를 모두 구경하고 오려고 욕심을 내서는 안 된다는 것이다. 스톱오버에 너무 많은 시간을 할애하면 정작 목적지인 바르셀로나에 집중하지 못하게 된다. 그래도 욕심이 난다면 차라리 여행 일정을 변경하여 도시를 하나 추가하는 편이 낫다.

결론적으로 스톱오버는 공항에서 무료하게 20시간 이상을 보낼 자신이 없는 사람들 중 아래의 조건들을 만족하는 사람들에게 강력히 추천한다. 단 경유지가 못 가본 도시이지만 대표적인 곳 딱 한 곳만 집중하여 구경하고 돌아오겠다는 약속을 지킬 수 있는 사람이라면 살짝 분위기를 보고 와도 좋다.

스톱오버를 추천하는 경우

- 경유지가 처음 가보는 도시가 아닌 경우
- 공항과 도시까지의 교통편 용이
- 목적이 구체적인 여행자
ex) 파리에서 바토무슈를 타고 센강 야경을 감상한 후 1박, 오전에는 유명 마카롱 맛집 쇼핑만 간단히 하고 마레 지구만 구경하고 다시 공항으로 이동

PLANNING 09

바르셀로나 **대중교통 완전 정복**

여행 중 가장 중요한 것도, 위험 요소가 많은 것도 교통이다. 아무리 많은 맛집을 알아도, 아무리 재미있는 것을 보러 가려 해도 이동 과정에서 실수를 하게 되면 전부 말짱 꽝이다. 그 도시만의 분위기와 사람 사는 냄새를 가장 진하게 맡을 수 있는 곳도 교통 수단. 목적을 위한 수단으로, 또 그 경험 자체만으로 중요하고 또 중요한 바르셀로나의 교통을 낱낱이 살펴보고 야무지게 이용하자.

공항에서 이동하기

1. 아에로부스 Aerobús

바르셀로나는 공항 버스가 잘 정비되어 있다. 바르셀로나 공항에서(T1, T2 모두 운행) 카탈루냐 광장까지는 약 30~35분 소요된다. 짐을 찾은 후 표지판을 따라 버스 정류장으로 이동한다. 티켓은 탑승장에 있는 티켓 매표기나 홈페이지에서 구입할 수 있다. 버스 배차 간격이 짧으니 급하게 탑승하지 않아도 된다.

카탈루냐 광장에서 공항으로 갈 때는 세풀베다 우르젤Sepúlveda-Urgell역과 에스파냐 광장Plaça España역을 지나며, 공항에서 카탈루냐 광장으로 이동할 때는 에스파냐 광장역, 그란 비아 우르젤Gran Via-Urgell역, 우니베르시타트 광장 Plaça Universitat역을 지난다.

Data 요금 편도 6.75유로, 왕복 11.65유로
홈페이지 aerobusbarcelona.es

A1 노선

카탈루냐 광장 → 공항(T1)
05:00~06:40 (10분 간격),
06:40~21:55 (5분 간격),
21:55~24:35 (10분 간격),
24:35~다음날 05:00 (20분 간격)

공항(T1) → 카탈루냐 광장
05:35~07:15 (10분 간격),
07:15~22:30 (5분 간격),
22:30~다음날 01:05 (10분 간격),
01:05~05:35 (20분 간격)

A2 노선

카탈루냐 광장 → 공항(T2)
05:00~22:30 (10분 간격),
22:30~다음 날 05:00 (20분 간격)

공항(T2) → 카탈루냐 광장
05:35~23:00 (10분 간격),
23:00~다음 날 05:35 (20분 간격)

2. 택시

T1, T2 모두 택시 정류장이 있으며, 공항에서 도시 이동 요금은 약 35~40유로 정도. 공항세 4.50유로와 가방 1개 당 1유로씩 추가된다.

아에로부스

바르셀로나 교통 티켓

1. 교통 티켓의 종류(요금 1인, 1존 기준)

바르셀로나 교통 티켓은 1번 사용할 수 있는 단일권부터 90일 사용할 수 있는 복합권까지 종류가 다양하다.

싱글 티켓 단일권. 2.55유로
에어포트 티켓 단일권. 5.50유로
T-Casual 열 번의 탑승이 가능한 티켓으로, 존Zone 내 메트로, 버스, FGC, 트램, 렌페Renfe를 모두 사용할 수 있다. 존 별로 구매 가능하며 유효 기간은 해당 년도가 끝날 때까지다. 구겨지면 사용할 수 없으므로 잘 보관한다. 기계가 읽지 못하게 되는 경우 역에서 교환할 수 있다. 누구든 사용할 수 있으며 바르셀로나 시민의 약 70%가 이 티켓을 사용한다. 1존(공항까지 가는 L9sud선은 해당되지 않음) 비접촉 시스템인 T-Mobilita로만 판매한다. __12.15유로__
T-Dia 하루 동안 무제한으로 사용할 수 있는 티디아 교통권. __1존 11.20유로__
T-Usual 1명이 30일 동안 무제한으로 사용할 수 있다. 발급 시 ID 카드가 필요하다. 공항까지 가는 L9sud선 이용 가능. T-Mobilita에서만 판매한다. __1존 21.35유로__
T-Familiar 카드 카드 첫 사용 후 여러 명이 30일 동안 8번 사용할 수 있는 카드. 공항까지 가는 L9sud선도 이용 불가. T-Mobilita에서만 구매할 수 있다. __1존 10.70유로__
T-Jove 카드 만 30세 미만만 사용 가능한 유스 카드. 한 사람만 사용 가능한 90일 권으로 무제한 사용 가능. T-Mobilita로만 판매한다. __42.70유로__

> **Tip 바르셀로나 지도 완벽하게 읽기!**
>
> 카탈루냐어로 쓰인 바르셀로나의 지도는 아무리 봐도 낯설다. 하지만 자세히 보면 사전을 찾지 않고도 규칙적으로 반복되는 것을 보고 지도 위 단어들이 어떤 의미인지 알 수 있다. 몇 가지 단어만 외워두면 지도 없이 다녀도 길 묻는데 어려움이 없을 것이다.
>
> - museu 무제우-박물관
> - avinguda 아빈구다-대로
> - travessera 트라베세라-길
> - travessia 트라베시아-건널목
> - passatge 파사줴-통행로(책에서는 '로'로 표기)
> - passeig 파세쥬-산책로(책에서는 '로'로 표기)
> - casa 카사-집 • font 폰-분수
> - parc 파르크-공원 • plaça 플라사-광장
> - carrer 카레-거리 • palau 팔라우-궁
> - via 비아-도로, 로(路) • ronda 론다-순환도로
> - jardins 자르딘스-정원 • teatre 테아트라-극장

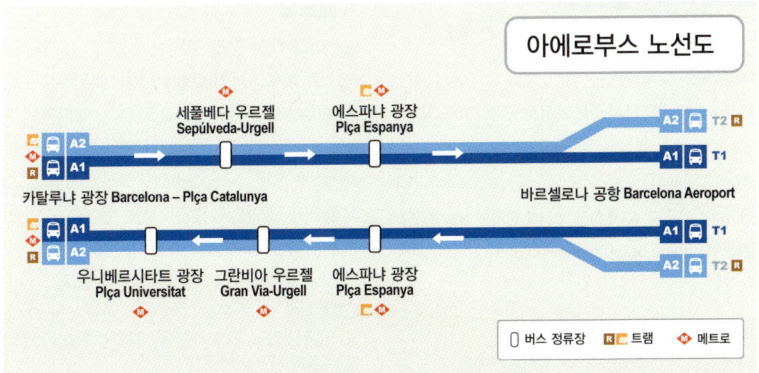

아에로부스 노선도

존의 구분과 티켓 사용 시간 제한

바르셀로나 도심은 공항을 제외하고 1존에 전부 포함되니 교외로 나가지 않는다면 존에 크게 신경 쓰지 않아도 된다. 근교 도시 페이지에 소개되는 티비다보도 존 1에 속한다.

- 1존 1시간 15분까지 사용 가능
- 2존 1시간 30분까지 사용 가능, 1존 당 15분씩 추가
- 6존은 2시간까지 사용 가능

2. 투어리스트 특별 티켓 교통 전용권

교통 패스만 원한다면 '올라 바르셀로나Hola Barcelona'가 있다.

Hola Barcelona Travel Card 2 dies
본인만 사용 가능. 모든 대중교통 수단(공항권 포함)을 무제한으로 이용하는 2일 권.
17.50유로(온라인 10% 할인)

Hola Barcelona Travel Card 3 dies
본인만 사용 가능. 3일권.
25.50유로(온라인 10% 할인)

Hola Barcelona Travel Card 4 dies
본인만 사용 가능. 4일권.
33.30유로(온라인 10% 할인)

Hola Barcelona Travel Card 5 dies
본인만 사용 가능. 5일권.
40.80유로(온라인 10% 할인)

Barcelona Bus Turístic 24 hores
투어 버스 24시간권.
13~64세 33유로, 65세 이상 28유로(온라인 10% 할인)

Barcelona Bus Turístic 48 hores
투어 버스 48시간권.
13~64세 44유로, 65세 이상 39유로(온라인 10% 할인)
홈페이지 www.holabarcelona.com

Tip 교통권과 메트로 티켓 기본 INFO

❶ 어디서 사나요?
메트로 역: 동전, 지폐, 신용 카드 사용 가능.
담뱃가게, 신문 가판대: 싱글 티켓과 T-10 티켓 구매 가능. 버스에서도 살 수는 있으나 환승이 안 되는 싱글 티켓만 구매 가능하다.
홈페이지(tickets.tmb.cat/en)나 앱(TMB App)에서 구매한 후 메트로 자동판매기에서 티켓을 수령한다.
T-Mobilitat: 비접촉 시스템 교통카드. 웹사이트(tickets.tmb.cat/en)와 앱(TMB App)을 이용하자.

❷ 탑승하자마자 티켓 체크
메트로, FGC 역에 위치한 버스나 트램의 경우 티켓을 기사 쪽으로 타는 곳에 설치된 기계에 집어 넣어 티켓을 찍어야 한다. 드물지만 검사를 하는 경우가 있으니 벌금 100유로(현장에서 지불하면 50유로)가 아깝다면 타자마자 티켓을 찍는다. 사그라다 파밀리아와 산츠역에 검사관들이 가장 많다.

❸ 환승 하세요!
메트로 티켓은 버스, 몬주익 푸니쿨라, FGC 기차에서도 사용 가능하다. 한국의 교통카드와 마찬가지로 같은 역을 나갔다가 다시 들어오면 두 번째 여정으로 인식하고, 메트로를 타고 나와 버스로 갈아타면 환승이 된다. 총 여정의 시간이 1시간 15분 내 이루어지기만 하면 1장의 티켓으로 최대 세 번까지 여러 교통 수단을 이용할 수 있다.

시내 대중교통

1. 메트로

노선마다 색이 달라 구분하기 쉽다. 12개의 노선으로 이루어진 바르셀로나의 메트로는 도시를 돌아보기 가장 편리하고 빠르다. 대부분의 역에는 휠체어 설비가 마련되어 있다. 보통 메트로라 칭하는 것은 1~5, 9~11번 라인이고 FGC라고 불리는 교외까지 놓인 기차는 6~8, 12번 라인을 사용한다. 메트로 역 당 약 2분 걸린다. L9 sud호선을 타고 T1, T2 모두 갈 수 있다.

Data 운영 월~목 주중·공휴일 05:00~24:00 / 금요일·공휴일 전날 05:00~다음날 02:00 / 토 05:00부터 일 24:00까지 이어서 운행

*12/24 05:00~23:00, 성 요한 축일 전날, 그라시아 거리 축제 기간, 라 메르세 축제 기간, 12/31 24시간 운행
*L9sud선의 Parc Logístic, Mercabarna, Mas Blau역과 L10 Sud선의 ZAL / Riu Vell, Ecoparc, Port Comercial/La Factoria역은 매일 05:00~24:00 운행

트램

2. 버스

100여 개의 버스 노선이 있다. 홈페이지나 앱에서 현 위치와 이동하고자 하는 곳을 입력하여 타야 할 버스 노선 등 관련 정보를 얻을 수 있다.

Data 운영 05:30~22:30(노선마다 다름)
앱 elMeuBus (추가)

닛부스 NitBus
낮 시간의 버스 운행이 종료된 후 늦은 밤과 새벽에 운행하는 밤 버스. 17개 노선을 운영하며 N0번을 제외한 전 노선이 카탈루냐 광장을 거쳐 간다. 환승 가능하며 일반 교통권으로 탑승 가능하다.

Data 운영 22:00~다음날 05:00
(노선마다 다름)

3. 택시

노란색과 검정색으로 된 바르셀로나 택시는 빈 차일 때 녹색등을 켜고 달린다. 요금은 km 당 매기며 미터기가 작동한다. 최소 요금은 2.55유로, km당 1.23유로. 평일 20:00~08:00, 주말과 공휴일에는 km당 1.51유로로 올라간다. 추가 요금이 발생하는 경우는 공항, 산츠Sants역, 크루즈 배 터미널로 오가는 경우, 5~8인승 차, 피라BCNFira BCN, 닛츠 에스페시알스Nits Especials에만 해당.

*공항으로 가는 픽업 택시
전화 933-033-033 앱 elTaxi, AMB Mobilitat

4. 트램

바쉬 요브레가트Baix Llobregat와 바르셀로나를 연결하는 트람바쉬Trambaix, 그리고 산 아드리아 데 베조스Sant Adrià de Besòs와 바달로나Badalona를 바르셀로나와 연결하는 트람베조스Trambesòs 두 종류가 있다. 노선은 총 6개로 홈페이지에서 노선, 정류장별 시간표 확인 가능.

Data 운영 일~목 05:00~24:00 / 금·토·공휴일 전날 05:00~다음날 02:00 운영 (8월에는 변동될 수 있으니 홈페이지에서 확인) 전화 900-701-181
홈페이지 www.trambcn.com

5. 기차

스페인 철도청인 렌페Renfe에서 운영하는 바르셀로나의 기차는 산츠역Estació de Sants을 중심역으로 하는 카탈루냐 지역 내 운행 기차Rodalies/Cercanias RENFE와 장기여행 기차 두 종류가 있다. 열차 대부분은 산츠역을 통하며 바르셀로나 교외와 프랑스로 향하는 열차 일부만 프란사역Estació de França을 이용한다.

Data 전화 902-240-202 홈페이지 www.renfe.com
앱 Renfe

> **Tip 자나 깨나 소매치기 조심**
>
> 바르셀로나는 소매치기 범죄율이 하루 300건 이상이다. 특히 유동 인구가 많은 메트로역, 기차역, 야외 공연장에서 소매치기가 많이 발생한다. 잡혀도 400유로 이하를 절도한 소매치기에게는 벌금형이 선고될 뿐이다.
> 애초에 타깃이 되지 않는 것이 중요하다. 사람들이 많은 공공장소와 관광 명소, 대중교통 이용 시에는 소지품을 주의하자. 최근에는 고급 호텔, 쇼핑센터, 클럽 등에서 고가의 장신구를 노리는 소매치기도 늘었다. 노천 카페 테이블에 핸드폰을 올려 두는 행동도 위험한 행동이다. 모든 소지품은 반드시 품 안에 소지하자.

Step 03
Enjoying

바르셀로나를 **즐기다**

01 온 도시가 그의 거대한 야외 미술관, 천재 건축가 가우디
02 바르셀로나를 정의하는 역동적인 거리, 람블라스 거리 대탐험
03 스페인 사람들의 흥, 플라멩코
04 FC 바르셀로나의 모든 것, 캄프 누
05 감성을 자극하는 예술의 보고, 바르셀로나 대표 미술관
06 불타는 밤을 위한 바르셀로나의 핫한 클럽

07 일 년 내내 흥겨운 축제의 도시, 바르셀로나 축제
08 향긋한 포도 향으로 더욱 풍요로운 바르셀로나 근교 와이너리
09 편안함 100점, 정보력 100점! 현지 한인 투어 업체
10 테마별, 시간대별로 다양한 바르셀로나 투어 버스
11 자전거&세그웨이로 즐기는 바르셀로나
12 내 손으로 직접 만드는 바르셀로나 요리 쿠킹 클래스

ENJOYING 01
온 도시가 그의 거대한 야외 미술관,
천재 건축가 가우디

가우디의, 가우디에 의한, 가우디를 위한 도시 바르셀로나! 바르셀로나의 따사로운 햇살은 가우디의 손길이 닿은 건축물마다 구석구석 반사되어 더욱 빛난다. 그가 걸었던 거리와 어루만진 건물 벽돌 하나에도 천재 건축가 가우디의 아우라가 스며 있다. 형형색색 다채로운 빛깔과 창조적인 곡선미는 도저히 카메라 앵글로는 다 담을 수 없을 만큼 압도적이고 웅장하다.

Tip 사그라다 파밀리아 성당 방문 시 주의할 점!

1. 기도실 입장 시 시스루 복장은 금지되며 바지와 스커트 모두 최소한 허벅지 중간 아래 기장이어야 한다. 또한 모자 등으로 머리를 가려서는 안 된다. 남녀 모두 하의가 무릎 아래 기장이어야 한다.
2. 성당 내 흡연과 음식물 섭취는 금한다.
3. 삼각대를 이용한 사진이나 동영상 촬영은 할 수 없다.
4. 반려동물 출입이 금지된다.
5. 성당 내 탑은 6세 미만은 오를 수 없고, 16세 이하는 반드시 어른과 동행해야 한다. 계단이 있어 휠체어 탑승자는 이용이 어렵고, 임산부, 빈혈, 고소공포증, 심장 질환이 있는 사람도 입장을 권장하지 않는다.
6. 날씨, 공사 상황에 따라 부분적으로 문을 닫는 공간에 대해서는 부분 환불이 적용되지 않는다. 바람이 많이 부는 날에는 탑으로 올라가는 엘리베이터 이용이 금지되어 탑으로 올라갈 수 없다. 탑이 폐쇄된 경우에는 탑 방문에 해당하는 금액은 환불된다.

티켓 구매하기

홈페이지나 앱 Sagrada Familia Official 에서 티켓을 예매해야 한다. 앱을 통해서는 오디오 가이드도 다운로드할 수 있다. 구글지도에서 목적지 치고 '경로' 눌러서 가우디 루트 찾아가기

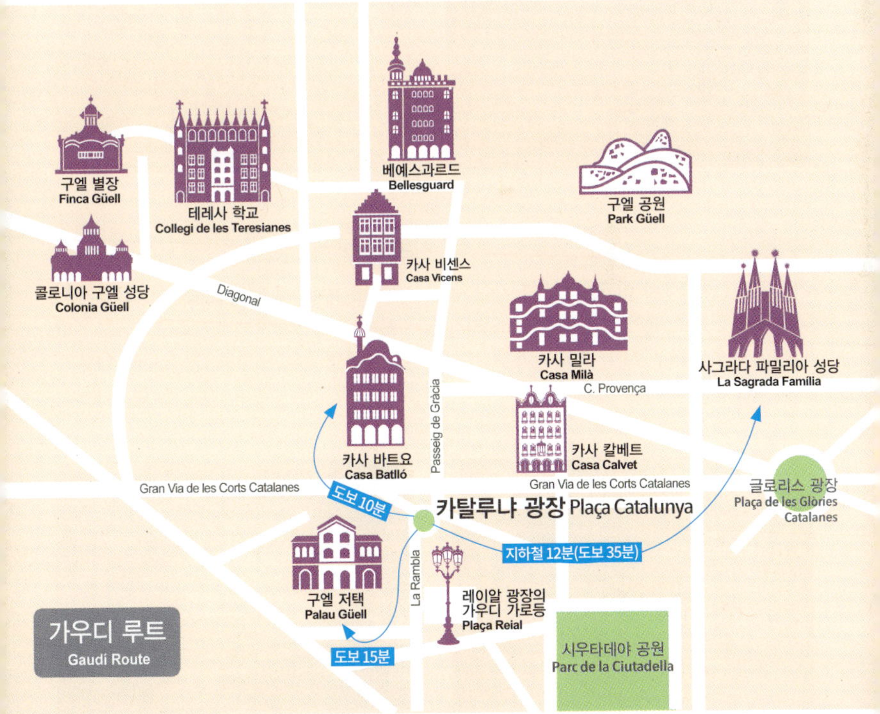

레이알 광장의 가로등
Fanals de La Plaça Reial

바르셀로나시 주최 공모전에 출품한 가우디의 첫 작품. 가로등 꼭대기에는 그리스 신화의 헤르메스를 상징하는 모자와 뱀 조각이 있다.

사그라다 파밀리아 성당
La Sagrada Família

연간 100만 명 이상의 여행자들이 방문하는 가우디의 대표작. 가우디는 40여 년간 사그라다 파밀리아 성당 건축 작업에 몰두했지만, 일부만 완성되었고 현재도 공사 중이다.

구엘 저택 Palau Güell

가우디가 건축계에서 확고한 입지를 가질 수 있도록 한 건축물. 좁은 골목에 있어 지나치기 쉽지만, 바르셀로나에서 꼭 보고 가야 할 가우디의 작품 중 하나다.

카사 밀라 Casa Milà

1894년 유네스코 세계 문화유산으로 지정된 카사 밀라는 공동 주택의 새로운 지평을 열었다. 탁 트여 있으나, 미로 같은 신비한 내부 구조 등 가우디 특유의 곡선이 가장 돋보이는 작품이다.

카사 바트요 Casa Batlló

실업가 바트로 카사노바스가 그라시아 거리에서 가장 화려한 건물을 갖고 싶어 가우디에게 의뢰한 건물. 해골 같은 건물 모습이 살아 숨쉬는 것 같아 '인체의 집'이라고도 불린다.

카사 비센스 Casa Vicens

타일 제조업자 비센스의 부탁으로 만든 집. 초록색과 크림색 타일로 뒤덮인 우아한 카사 비센스는 전체적으로 기하학적인 외관에 야자수 잎 모양의 철책과 같은 동식물 장식을 볼 수 있다.

구엘 별장 Pabellones Finca Güell

그리스 신화의 영향이 두드러진 건축물로, 가우디의 경제적 후원자였던 구엘의 별장이다. 다채로운 색상의 타일 장식을 활용해, 동화 속에 온 듯한 기분을 만끽할 수 있다.

구엘 공원 Park Güell

자연주의적인 심미안이 유독 돋보이는 작품이다. 가우디 건축 철학이 집대성된 구엘 공원. 가우디의 후원자 구엘Eusebi Güell이 영국의 전원 도시를 둘러보고 영감을 받아 가우디에게 설계를 요청했다.

TALK

천재 건축가, 안토니 가우디

안토니 가우디 이 코르네트 Antonio Gaudi y Cornet 1852.6.25~1926.6.10

- 1852년 바르셀로나 남서쪽에 위치한 레우스Reus라는 자그마한 도시에서 태어났다.
- 대대로 구리 세공을 가업으로 하는 집안에서 태어나 자연스레 구리를 접했다. 결과적으로 가우디의 건축물에는 구리와 철을 이용한 독특한 조각품과 장식품들을 찾아볼 수 있다.
- 바르셀로나 시립건축전문학교를 졸업할 때 학장이 "우리가 지금 건축사 칭호를 천재에게 주는 것인지 아니면 미친놈에게 주는 것인지 모르겠다." 라고 했을 정도로 가우디의 작품은 호불호가 갈린다. 기괴해 보일 수 있으나, 실물로 접하는 가우디의 작품들은 경외심이 들 정도로 압도적이다.
- 평론가들은 가우디의 작품을 1890년대를 경계로 전반부와 후반부로 나누며, 우리가 알고 있는 대부분의 작품들은 후반기에 만든 작품들이다.
- 가우디는 평생 독신으로 살다가 초라한 행색으로 전차에 치여 사고로 세상을 떠났다. 사후 로마 교황청의 특별 조치로 성자들만 묻힐 수 있다는 사그라다 파밀리아 성당 지하에 묻혔다.
- 가우디는 평생 강연도, 단 한 권의 책도 출간하지 않았다. 그의 작품을 보는 것 말고는 바르셀로나에서 그가 꿈꾼 아름다운 세상을 이해할 수 있는 방법은 없다.

가우디 건축의 특색

- **자연에서 영감을 얻은 곡선** 그의 독창성과 상상력을 넘어 그 무엇보다 보는 이들을 감탄케 하는 것은 자연과의 어우러짐이다. 가우디는 자연을 사랑해 구엘 공원을 설계할 때 땅을 고르게 하는 작업조차 거부했으며, 웅덩이도 메우지 않고 육교를 놓는 방식으로 작업했다고 한다.
- **섬세하고 강렬한 색의 사용** 한눈에 들어오지만 계속 보아도 질리지 않는 색채 사용은 천재적으로 타고났다고밖에 설명할 수 없다. 자잘한 빛과 색의 조각들이 어우러진 모습은 결코 우연이 아니다. 가우디는 타일 조각 하나를 붙이는 것도 일일이 지시하는 완벽주의자였다.
- **모자이크 장식** 돌, 벽돌과 회반죽으로 바탕을 만들고 그 위에 카탈루냐어로 '트렌카디스Trencadis'라고 하는 깨진 타일 조각을 모자이크로 사용하는 표현 방식은 가우디 스타일의 대표적인 특징이다.

가우디의 후원자, 구엘

섬유 직물 업계의 대부호 에우세비 구엘은 부유한 집안에서 태어나 가업을 물려받고 은행, 시멘트 회사까지 경영했던 성공적인 사업가다. 구엘의 전폭적인 지원으로 가우디의 많은 작품들이 오늘날 남게 되었다. 구엘은 1878년 파리에서 열린 만국박람회에서 가우디의 작품을 보고 첫눈에 반해, 그 후로 무려 40여 년간 가우디에게 무한한 지원을 아끼지 않았다. 구엘이 의뢰하여 가우디가 작업한 건축물로는 카사 밀라, 구엘 저택, 구엘 공원, 콜로니아 구엘 성당, 가라프 구엘 포도주 저장소 등이 있다.

ENJOYING 02

바르셀로나를 정의하는 역동적인 거리,
람블라스 거리 대탐험

바르셀로나를 여행하며 카탈루냐 광장에서 포트 벨의 콜럼버스 동상을 잇는, 약 1km에 이르는 람블라스 거리를 한 번만 걷는 사람은 없다. 매일 찾아도 이상할 것 없는 활기찬 이 거리는 여러 개의 '람블라Rambla (나무가 있는 넓은 길)'들로 이루어져 이름이 '람블라스 거리La Rambla'다.

람블라스 거리

본래 하수가 흐르는 거리였던 람블라스 거리는 1377년 이루어진 도시 확장 계획의 일환으로 3년 간의 공사를 거쳐 도시의 중심으로 탈바꿈하였다. 1703년에는 '람블라스 거리'답게 가로수들이 심어졌고, 차츰 바르셀로나의 다양한 축제, 주요 건물들과 시장들이 하나씩 들어서며 람블라스 거리는 바르셀로나 사람들에게도, 관광객들에게도 없어서는 안 되는 거리가 되었다. 숨겨져 있는 듯하지만 들어서면 탁 트이는 여러 광장들도 람블라스 거리의 작은 가지처럼 이어져 있다.

바르셀로나 여행의 엑기스이자 가장 기본이 되는 람블라스 거리는 카날레테스 분수Font de Canaletes가 위치한 람블라 데 카날레테스Rambla de Canaletes, 구 예수교 대학Jesuit University이 있었던 람블라 델스 에투디스Rambla dels Estudis, 야외 꽃 시장이 열리는 람블라 데 산트 호셉Rambla de Sant Josep, 현 오페라 하우스Liceu Opera House 자리에 카푸친 수도원이 있었다는 람블라 델스 카푸친스Rambla dels Caputxins, 그리고 지금은 아트 센터로 운영되는, 옛 성 모니카 수도원의 이름을 딴 람블라 데 산타 모니카Rambla de Santa Mònica로 이루어져 있다. 바리 고딕Barri Gòtic과 엘 라발El Raval 구역의 경계선 역할을 하기도 하는 람블라스 거리를 가장 돋보이게 하는 것은 건축물, 시장, 상점들보다도 이 거리를 밤낮으로 가득 메우는 사람들이다.

하루에 얼마나 많은 발걸음이 람블라스 거리를 찾는지 짐작도 되지 않는다. 이 많은 사람들을 실어 나르기 위해 람블라스 거리에는 메트로 3번 라인의 역이 3개(카탈루냐Catalunya, 리세우Liceu, 드라사네스Drassanes)나 있고, 낮에는 D50, H16, 52, 55번 버스 노선이, 밤에는 N9, N12, N15번 노선이 운행된다.

비아 라이에타나 Via Laietana

람블라스 거리 못지않게 꼭 걸어 봐야 하는 거리. 람블라스 거리와 나란히 뻗어 있다. 이 두 거리를 잇는 작은 골목과 광장들이 많아 자유롭게 오가며 쇼핑과 군것질을 즐길 수 있다. 바르셀로나에서의 모든 자투리 시간을 이 두 거리 사이에서 보내라고 추천할 정도로 볼거리가 많다.

> **Tip** 람블라스 거리의 카날레테스 분수의 마법
>
> 이름은 분수지만 그 크기며 하는 일도 분수와는 거리가 먼 작은 식수대이다. 이 식수대에서 물을 마시면 다시 바르셀로나로 돌아오게 된다는 말이 있다. 식수대 바닥에 새겨져 있으니 단순한 상술로 치부하기에는 꽤 신빙성이 있어 보여, 많은 사람들이 람블라스 거리가 시작되는 입구 쪽에 위치한 이 식수대에서 목을 축이고 간다.

카탈루냐역 Catalunya

카탈루냐 광장
Plaça de Catalunya

Carrer de Fontanella

카날레테스 분수
Font de Canaletes

우르키나오나역
Urquinaona

카탈루냐 음악당
Palau de la Música Catalana

A

람블라스 거리 La Rambla

Portal de Angel

B

Carrer de Petritxols

프레데릭 마레 박물관
Museu Frederic Marès

보케리아 시장
La Boqueria

바르셀로나 대성당
Cathedral of Barcelona

산타 카테리나 시장
Mercat de Santa Caterina

비아 라이에타나 Via Laietana

산타 마리아 델 피 성당
Basilica de Santa Maria del Pi

추레리아
Xurreria

왕의 광장
Plaça del Rei

리세우역
Liceu

C. de Ferran   Carrer de Jaume

하우메역
Jaume I   Carrer de la Princesa

리세우 극장
Gran Teatre del Liceu

카탈루냐 역사박물관
Museu d'Història de Catalunya

피카소 미술관
Museu Picasso

레이알 광장
Plaça Reial

구엘 저택
Palau Güell

무그
Moog

산타 마리아 델 마르 성당
Basilica de Santa Maria del Mar

바르 파스티스
Bar Pastis

드라사네스역
Drassanes

밀랍 인형 박물관
Museu de Cera

C

D

해양박물관
Museu Maritim

파우 광장
Plaça del Portal de la Pau

Passeig de Colom

람블라스 거리 & 비아 라이에타나
La Rambla & Via Laietana

인조잉 081

람블라스 거리 주요 명소

카탈루냐 광장 Plaça de Catalunya

바르셀로나 관광의 중심지이자 메트로 라인 3개가 지나가는 교통의 허브다. 카탈루냐 광장 남쪽에서 람블라스 거리가 시작된다.

보케리아 시장 La Boqueria

현지인들의 생활을 가장 가까이서 체험할 수 있는 곳이다. 330개의 크고 작은 상점과 매대가 들어서 있으며, 맛있는 음식들을 맛볼 수 있는 시장이다.

산타 마리아 델 피 성당 Basílica de Santa Maria del Pi

람블라스 거리에 위치한 성당으로, 바르셀로나에서 꼭 가봐야 할 성당 중 한 곳이다. 14세기 고딕 양식으로 건축한 교회다. 카탈루냐어로 '소나무'라고 불리는 '델 피 광장'에 있다. 일요일 오전에는 성당 앞에 유기농 잼이나 갓 구운 베이커리를 판매하는 작은 로컬 시장이 들어서 활기가 넘친다.

호안 미로의 모자이크
Mosaic de Joan Miró o del Pla de l'Os

람블라스 거리 한복판에는 스페인의 유명 화가 호안 미로Joan Miro가 직접 디자인한 모자이크를 만날 수 있다. 알록달록한 색상의 모자이크이지만, 그냥 지나치기 쉬우니 발 밑을 유심히 살피며 걷도록 하자.

바르 파스티스 Bar Pastís

늦은 밤까지 음악 소리가 새어 나오는 소울 Soul 넘치는 바. 프랑스 카바레 콘셉트로 꾸며 고풍스러운 분위기가 물씬 풍긴다. 해가 지면 바르 파스티스에서 바르셀로나만의 감성에 젖어보자.

리세우 극장 Gran Teatre del Liceu

바르셀로나 최고의 오페라 전당으로, 이탈리아 밀라노의 스칼라 극장Teatro alla Scala과 견주어진다. 다채로운 프로그램이 알차게 준비되어 있다.

레이알 광장 Plaça Reial

람블라스 거리에서 가장 유명한 광장 중 하나로, 밤이 되면 더욱더 활기를 띤다. 천재 건축가 가우디의 첫 작품 레이알 광장의 가로등도 이곳에서 만날 수 있다.

밀랍 인형 박물관 Museu de Cera

밀랍 인형들로 꾸민 환상적인 동화 나라. 인형들이 단순히 전시되어 있는 것이 아니라, 동화 속 밀림이 우거진 세상에 들어온 듯한 기분이 드는 공간이다. 아이가 있는 가족 여행자들에게 인기 있다.

해양박물관 Museu Marítim

과거 해양 강국이었던 스페인, 그중에서도 바르셀로나의 해양 역사를 한눈에 볼 수 있는 전시관이다. 해군 뿐만 아니라 왕실 선박과 해양 생활 등 흥미로운 해양 관련 전시들이 주를 이룬다.

무그 Moog

늦은 밤, 람블라스 거리를 뒤 흔드는 일렉트로닉 클럽. 자정부터 동이 트기 전까지 짧고 굵게 놀고 싶은 사람들을 위한 곳이다. 바르셀로나 젊은이들의 문화를 가장 가까이서 만날 수 있어 매력적이다.

파우 광장 Plaça del Portal de la Pau

대서양을 횡단해 동양으로 가는 새로운 항로를 개척하려 했던 콜럼버스의 동상이 자리하고 있는 광장이다. 포트 벨 항구 맞은편에 위치해 도시와 해안가가 모두 보이는 경치가 훌륭하다. 람블라스 거리를 모두 구경한 후 잠시 쉬어 가기에 좋은 장소다.

비아 라이에타나 부근 주요 명소

산타 카테리나 시장
Mercat de Santa Caterina

여행자는 찾아볼 수 없는 진짜 로컬 시장. 관광객들이 보케리아 시장을 구경하는 동안, 바르셀로나 사람들은 전부 산타 카테리나 시장에서 장을 보고 있다. 바르셀로나의 진짜 모습을 만나고 싶다면 산타 카테리나 시장으로 향하자.

바르셀로나 대성당
Catedral de Barcelona

지붕 위, 무시무시한 표정을 한 괴물 가고일 Gargoyle 석상이 지키고 있는 성당이다. 바르셀로나를 대표하는 성당. 대성당 앞 광장은 언제나 학생들이나 버스킹 하는 음악가들이 점령하고 있다.

카탈루냐 음악당 Palau de la Música Catal

세상에서 가장 아름다운 공연장이라 일컬어지는 음악당이다. 형형색색의 화려한 스테인드글라스와 19~20세기 아르누보 양식의 호화로운 건축물이 인상적이다.

왕의 광장 Plaça del Rei

도시의 역사가 서려 있는 작은 광장이다. 이곳에서 중세 시대의 종교 재판이 집행되었으며, 콜럼버스가 이사벨 여왕을 알현했던 장소다.

추레리아 Xurreria

바르셀로나 1등 추로스 가게. 골목골목을 헤매며 찾아갈 가치가 충분한 곳이다. 입에서 사르르 녹는 추로스를 맛볼 수 있는 기회를 놓치지 말자.

피카소 미술관 Museu Picasso

20세기 최고의 예술가 피카소를 위한 미술관. 우리에게 잘 알려진 피카소의 대표작보다는 잘 알려지지 않은 작품들이 많아, 피카소 덕후들에게는 더욱더 흥미로운 미술관이다.

프레데릭 마레 박물관
Museu Frederic Marès

조각가 프레데릭 마레가 개관한 컬렉션 전시관. 조각상뿐만 아니라 마레의 일생을 엿볼 수 있는 물건 등 방대한 수집품이 전시되어 있다.

카탈루냐 역사박물관
Museu d'Història de Catalunya

카탈루냐의 언어, 문화 등 카탈루냐 역사를 전시한 박물관. 바르셀로나의 아픈 역사를 되짚어 볼 수 있는 공간이다.

산타 마리아 델 마르 성당 Basîlica de Santa Maria del Mar

'바다의 성모 마리아'라는 뜻을 가진 성당으로, 현재 성당이 있는 자리는 14세기 당시 바다였다고 전해진다. 지역 어부들의 기금으로 건립된 성당으로 소박함이 느껴진다.

ENJOYING 03
스페인 사람들의 흥, **플라멩코**

박력 있는 발 구름과 휘날리는 여성 댄서의 치맛자락, 투우 Combat de Taureaux와 함께 스페인 관광의 양대 산맥을 이루는 플라멩코 Flamenco. 최근 들어 발레 등의 기타 무용과 어우러져 새로운 모습으로 그 인기가 더욱 높아지고 있다. 바르셀로나 여행에서 빼놓을 수 없는 특별한 볼거리 1등!

© Tablao Flamenco Cordobes

플라멩코

스페인 남부 안달루시아Andalucia 지방의 무형 문화유산이다. 칸테Cante (노래), 토케Toque (기타 연주), 바일레Baile (춤) 3대 요소와 팔마스Palmas (박수), 타악기 등으로 구성된다. 강렬하고 현란한 춤과 노래로 관객을 단숨에 사로잡아 공연이 끝날 때까지 눈을 뗄 수 없게 만든다. 몰입도가 대단한 공연 예술.

이름의 기원에 대해서는 여러 가지 설이 있는데, 불꽃이라는 뜻의 '플라마Flama'에서 비롯됐다는 유래가 유력하다. 가정과 사회단체, 공연장, 전문 플라멩코 아티스트들 등 여러 경로로 학습, 전파, 계승된다.

- 플라멩코의 기원

인도 북부에서 기원한 집시들이 이베리아 반도 남단으로 대거 이동하며 플라멩코를 탄생시켰다고 전해진다. 집 없는 집시들의 비애를 접목한, 강렬한 가무와 빠른 박자의 악기 연주가 인상적이다.

집시들이 안달루시아에 도착한 것은 이슬람 세력이 후퇴하던 15세기 즈음이다. 집시들은 기독교로 개종하지 않아 박해받던 무어인(스페인 지배층이었던 이슬람인), 유대계 스페인 사람들과 함께 플라멩코를 만들었다. 여러 겹의 러플과 물방울무늬의 화려한 의상으로 잘 알려져 있지만, 사실 플라멩코는 비장한 분위기에서 공연이 이루어진다.

- 플라멩코 공연장

집시들의 거주지인 동굴에서 공연을 시작하였기 때문에 지금도 '동굴'이라는 뜻의 쿠에바Cueva 플라멩코 공연장이 존재한다. 19세기 중반부터 기타 연주와 노래, 춤 합동 공연이 주류가 되었고, 세비야에 카페 칸탄테Café Cantante 라는 플라멩코 전용 공연 카페가 만들어졌다. 이때부터 대중화되어 지금은 1950년부터 유행한 타블라오Tablao(극장 식당)에서 가장 많이 볼 수 있다.

- 두엔데 Duende

플라멩코만의 정서를 뜻하는 단어로, 우리의 '한恨'이라고 이해할 수 있겠다. 집시들과 무어인들의 서러움이 승화된 감성으로, 플라멩코 공연에 녹아 있다. 한여름 40~50도에 육박하는 스페인 남부의 뜨거운 태양 못지않다. 연주곡의 박자보다 더 빠르게 발을 구르고 손뼉을 치는 열정 역시 두엔데의 일부라 할 수 있다.

추천 플라멩코 공연

타블라오 플라멩코 코르도베스
Tablao Flamenco Cordobés

람블라스 거리의 끝, 항구 부근에 위치한 1968년부터 성업 중인 타블라오. 안달루시아 스타일의 인테리어가 인상적이고 관객들도 절로 손뼉을 치고 발을 구르며 '올레'를 외치게 만드는 흥겨운 음악으로 유명하다. 시원한 바닷바람에 머리를 날리며 플라멩코 리듬에 몸을 맡기는 저녁을 보내고 싶다면, 람블라스 거리 끝 쪽에 위치한 타블라오로 가자. 가볍게 음료를 마시거나 저녁 식사를 하며 공연을 감상할 수도 있다.

팔라우 달마세스
Palau Dalmases

피카소 미술관과 같은 거리에 위치하는 플라멩코 공연장. 피카소 미술관에서 전시를 관람한 후 간단히 요기를 하고 팔라우 달마세스에서 공연을 보면 좋다. 작은 공연장이기 때문에 뒷줄에 앉아도 잘 보인다. 달마세스의 '닫힌' 무대는 플라멩코 공연을 제대로 감상하기에 좋도록 관객과 가까이 배치되어 있다. 이곳의 마법 같은 음악과 춤사위에 빠져들게 되어 한 달에 2~3번씩 찾는 마니아가 많다고 한다.

© Tablao Flamenco Cordobes

> **Tip** 플라멩코 어디에서 볼까? 타란토스? 타블라오?
>
> 플라멩코 공연을 볼 수 있는 공연장을 칭하는 말로는 타란토스와 타블라오 2가지가 있다. 이 둘의 특징이 무엇인지, 어떤 곳을 선택해야 하는지 혼란스러울 것이다. 타란토스Tarantos는 수준 높은 플라멩코를 볼 수 있는 정면 무대 식의 공연장, 타블라오Tablao는 대중적이고 식사나 음료를 즐기며 공연을 감상할 수 있는 곳이다. 2곳 모두 특별한 드레스 코드는 없다.

엘 타블라오 데 카르멘 아마야 El Tablao de Carmen Amaya

관광객이 많은데도 언제나 서비스가 친절한 것으로 정평이 나있다. 공연을 보며 먹는 식사 메뉴로는 양 많은 타파스와 상그리아가 가장 인기가 많다. 배가 든든해서 더욱 재밌어 보이는지는 모르지만 기술 좋은 댄서들과 연주자들로 같은 공연을 여러 번 보아도 질리지 않는다. 품격이 다른 춤사위를 볼 수 있음을 스페인 최고의 플라멩코 댄서 아마야의 이름을 걸고 있다는 점이 보장한다.

로스 타란토스 Los Tarantos

1963년부터 플라멩코 신인들의 등용문, 거장들의 주 무대였던 공연장이다. 람블라스 거리에 위치한 레이알 광장에 자리 잡고 있어서 접근성으로는 100점 만점에 100점이다. 스페인 사람들은 밤 9시가 가까워질 때쯤 저녁 식사를 한다. 저녁 8시 30분 전에는 문을 연 식당도 별로 없을 정도. 늦은 저녁 식사 시간까지 기다리기 어려운 관광객들이 주로 많이 찾는 공연장이다.

40분짜리 공연도 하루 3번씩 열린다. 긴 시간을 할애할 수 없다거나 플라멩코를 잘 알지 못해 맛보기로 보고 싶은 사람들에게 권한다. 하지만 막상 한 번 공연을 보고 나면 풀타임으로 진행되는 공연을 보고 싶어 다시 올 것이 분명하니 처음부터 전체 공연을 보는 것을 추천한다.

ENJOYING 04
FC 바르셀로나의 모든 것, **캄프 누**

유럽에서 가장 큰 스포츠 스타디움이자 FC 바르셀로나의 홈구장인 캄프 누. 축구에 대한 애정이 남다른 카탈루냐 사람들 덕분에 96,354개의 좌석은 늘 만석을 이룬다. 지도 상으로 도심에서 조금 멀어 보이지만 메트로나 버스 1번 타고 30분 정도면 도착한다. 조용한 동네에 위치해 있지만 경기가 있는 날이면 바르셀로나에서 가장 뜨거운 곳으로 돌변한다.

캄프 누 Camp Nou

FC 바르셀로나의 스타디움. FC 바르셀로나는 바르셀로나를 연고지로 하는 축구 클럽으로, 1899년 창단한 유서 깊은 명문 구단이자 바르셀로나 시민들의 자부심이다. FC 바르셀로나의 정식 명칭은 풋볼 클루브 바르셀로나Fútbol Club Barcelona이며, 바르샤Barça라는 애칭으로 유명하다.

FC 바르셀로나는 21세기 들어 유럽 축구 역사상 최초로 한 시즌 6관왕(한 시즌 동안 토너먼트 대회에서 우승 6회)과 트레블(한 시즌에 3개 대회 우승) 2회라는 대기록을 달성했다. 1928년 스페인 축구 리그 라 리가La Liga가 출범한 이래 단 한 번도 강등된 적 없으며 초대 우승 구단이기도 하다. 특별한 점은 시민 구단이라는 것. 세계 최초로 협동 조합으로 운영 중이며, 시민들이 회장을 직접 선출할 정조로 클럽에 대한 애정이 대단하다.

캄프 누 Camp Nou

Data **가는 법** 메트로 3번 라인 타고 Palau Reial역 하차, 도보 7분, 메트로 5번 라인 타고 Collblanc역 하차, 도보 10분 **주소** Carrer d'Arístides Maillol, 12, 08028 **전화** 902-189-900
홈페이지 www.fcbarcelona.com/en/club/facilities/camp-nou

▌엘 클라시코 El Clásico

레알 마드리드Real Madrid는 스페인 권력의 상징이자 카스티야주의 핵심 도시인 마드리드를 연고로 하는 축구팀으로, 분리 독립을 외치는 카탈루냐주의 중심 도시인 바르셀로나를 연고로 하는 FC 바르셀로나와는 라이벌 관계가 형성되어 있다. 두 팀이 맞붙는 경기를 '엘 클라시코'라고 하는데, 엘 클라시코는 표를 구하기 어려울 정도로 두 도시의 이벤트다.

레알 마드리드 문양

스페인 내전(1936~1939년) 동안 반정부 카탈루냐 독립파의 대표적인 인물이자 카탈루냐 축구협회장, FC 바르셀로나 회장이었던 주셉 수뇰Josep Sunyol I Garriga이 유럽의 마지막 파시스트 프란시스코 프랑코Francisco Franco에게 암살되며 FC 바르셀로나는 독재자 프랑코에 대항의 상징이 되었다. 이 시기 엘 클라시코는 레알 마드리드의 노골적인 경기 조작이 있기도 했다. 이렇게 정치 역사적인 관계까지 얽혀 있어, 두 팀의 경기는 선수들에게도 경고 카드가 난무할 만큼 혈투나 다름없다.

▌라 마시아 La Masia

FC 바르셀로나의 전설적인 선수 요한 크루이프Johan Cruyff의 축구 철학을 집대성한 유스 시스템. FC 바르셀로나는 비싼 이적료를 지불해야 하는 스타 선수들보다는, 탄탄한 유스 시스템 라 마시아를 통해 유망주를 육성하고 기용하는 것을 원칙으로 한다. 세계 최고 축구 선수로 손꼽히는 리오넬 메시Lionel Messi도 라 마시아 출신이다.

FC 바르셀로나 경기 관람

유럽 최대의 스타디움에서 10만 명의 함성을 들을 수 있는 것은 흔치 않은 경험이다. 영문 티켓팅 홈페이지를 이용하거나 바르셀로나에서 묵는 숙소에 문의하는 것을 추천한다. 티켓 가격은 좌석에 따라 달라지며 보통 50유로 안팎에서 시작된다.

Data 홈페이지 www.fcbarcelona.com/en/tickets/football

FCB 박물관+캄프 누 투어

FCB 박물관에서 FC 바르셀로나의 역사와 대표 선수들의 업적을 살펴보고, 캄프 누 스타디움까지 둘러볼 수 있는 공식 투어 프로그램이다. 투어는 1시간~1시간 30분 정도 진행된다. FC 바르셀로나의 역사를 최첨단 기술로 볼 수 있는 박물관과 선수들의 이름이 새겨진 공식 유니폼 등 관련한 크고 작은 기념품을 판매하는 대형 스토어를 지나 선수들의 라커룸, 기자들을 위한 프레스 존, 감독과 대기 선수

들이 앉는 벤치, 붉은색과 푸른색으로 '클럽 그 이상의 것Més que un Club'이라 새겨진 캄프 누 좌석을 마주하며 들어서는 구장의 반들한 초록 잔디까지 모두 만나볼 수 있다.
티켓은 바르셀로나 곳곳에 위치한 투어리스트 인포메이션 센터에서 살 수 있다. 날짜만 지정하여 미리 사두면 줄을 서지 않고 자유로운 시간대에 방문하여 돌아볼 수 있어 미리 티켓을 사는 것을 추천한다. 홈페이지에서 구매하면 최대 3.50유로 할인 혜택을 받을 수 있다. 경기가 있는 날이라면 티켓을 예매하여 늦은 오후에 박물관을 관람하고 저녁 시간 경기를 보는 것을 추천한다. 세계 최고 축구 구단의 모든 것을 경험하자.

Data 운영 10월 셋째 주~12월 셋째 주, 1~3월 월~토 10:00~18:00, 일 10:00~15:00 / 12월 넷째 주, 4~10월 첫째 주~둘째 주 09:30~19:30 / 1/1, 12/25 휴관
홈페이지 www.fcbarcelona.com/en/tickets/camp-nou-experience
요금 베이식 투어(바르샤 박물관+오디오 가이드+콘스트럭션 뷰포인트) 온라인 구매 일반 28유로, 4~10세·65세 이상 21유로, 토탈 익스피리언스 (바르샤 박물관+오디오 가이드+콘스트럭션 뷰포인+로보키퍼 3회+디지털 포토+커스텀 티셔츠) 온라인 구매 일반 49유로, 4~10세·65세 이상 42유로

Tip • 휴관, 오픈 시간이 다른 날이 종종 생기니 홈페이지에서 반드시 확인하자.
• 챔피언스 리그 경기 당일과 전날은 투어를 진행하지 않는다. 단, FCB 박물관은 개관하며 스타디움 파노라마 전경도 오후 3시까지 볼 수 있다.
• 라 리가 경기 날과 코파 델 레이(국왕컵) 경기 날에는 투어를 진행하지 않는다. FCB 박물관은 개관하며, 킥오프 3시간 전까지 스타디움 파노라마 전경을 볼 수 있다.
• 23/24 시즌에는 캄프 누 공사로 인해 몬주익 올림픽 경기장에서 경기가 진행되었으나 24/25 시즌부터는 다시 캄프 누에서 경기가 열린다. 단, 50% 관중 제한 입장으로 진행되며, 완공될 때까지 점차 입장객 수를 늘려갈 예정이다.

ENJOYING 05

감성을 자극하는 예술의 보고,
바르셀로나 대표 미술관

숙제하듯이 미술관 열 곳을 '찍고' 오는 것보다 단 하나의 작품이라도 깊이 있게 음미하는 미술관 체험! 누구나 꿈꾸지만 막상 여행지에 가면 더 많이 보려는 욕심 때문에 쉽지 않다. 바르셀로나에서도 마찬가지다. 아무리 야무지게 시간을 쪼개어 봐도 보고 싶은 미술관을 다 가보기는 어렵다. 그렇다면 우선 순위를 매길 수밖에! 골목마다 보이는 크고 작은 미술관 중 가장 아름답고 빛나는 보석 같은 대표 미술관 3곳을 소개한다.

Tip 매달 첫 번째 일요일을 공략하라

바르셀로나에 있는 대부분의 미술관과 박물관이 이날만큼은 모두에게 무료로 개방된다. 하지만 그만큼 줄이 길다는 사실도 염두에 두어야 한다. 큰 박물관, 미술관들은 이날 가면 미처 다 보지 못하고 나오는 경우가 많고, 이 날만을 노리는 소매치기들도 성업하니 제값 주고 가기 아까웠던 작은 곳들을 골라 가보는 것이 좋다.

바르셀로나 추천 미술관 BEST 3

카탈루냐 국립미술관 MNAC, Museu Nacional d'art de Catalunya

중세 기독교 미술의 위엄 있는 보고라 할 수 있는 미술관. 에스파냐 광장에서 계단을 올라 몬주익 언덕 입구에 위치하여 전망이 훌륭한 카탈루냐 국립미술관은 만국박람회 때 사용한 건물을 이용한다.

1934년 개관한 컬렉션은 카탈루냐 지방의 중세 회화, 벽화, 판화, 조각을 중심으로 전시한다. 특히 로마네스크 벽화에 있어서는 서양에서 가장 훌륭한 작품들을 보유하고 있다고 알려져 있다. 그중에서도 타울Tahull의 성 클레멘테 교회의 벽화 〈전능한 그리스도(12세기 작)〉가 대표작으로 손꼽힌다. 박물관 앞 몬주익 분수를 배경으로 기념사진을 찍기에도 좋아 인기가 많다.

피카소 미술관 Museu Picasso

스페인의 천재 화가 피카소의 잘 알려지지 않은 작품 세계를 만날 수 있는 미술관이다. 바르셀로나는 피카소가 유년기를 보내며 화풍을 다듬었던 도시다. 그의 비서이자 친구였던 하우메 사바르테스Jaume Sabartés는 피카소의 바람에 따라 피카소 미술관을 설립하였다. 사바르테스 개인이 소장하던 피카소 컬렉션을 토대로, 1963년 고풍스러운 14세기 궁전 건물에 문을 열었다.

유럽 곳곳에 피카소의 이름을 딴 미술관들이 여럿 있지만, 피카소의 이름을 붙인 첫 번째 미술관이자, 피카소의 바람으로 세운 미술관이다. 14세 때 처음 바르셀로나로 이주하여 미술 공부를 시작한 어린 피카소의 낙서와 초기 작품들을 볼 수 있다는 점이 가장 특별하다.

바르셀로나 현대미술관 MACBA, Museu d'Art Contemporani de Barcelona

'스페인을 비롯해 전 세계 미술의 흐름과 경향을 반영하는 전시를 열자'는 것을 모토로 운영하는 최첨단 미술관이다. 긴 이름을 줄여서 '마크바MACBA'라고 부르며, 미니멀리즘의 정수를 보여주는 심플한 하얀색 외관 때문에 '진주Perla(페를라)'라는 애칭으로 불린다. 본래 빈민가로, 바르셀로나에서 가장 위험한 지역이었던 라발Raval 지역을 깔끔하게 변화시킨 주역이기도 하다.
3층 규모의 전시동과 7층 규모의 사무동으로 이루어져 있고 미술관 앞에는 넓은 '천사의 광장 Placa del Angels'이 있다. 20세기 후반 작가들의 1980년대 작품을 중심으로 전시하며, 보통 동시에 3개의 전시를 함께 진행한다. 초대전도 자주 열린다. 방문 전 홈페이지를 확인해 보자.

> **Tip** 6곳의 박물관을 모두 볼 수 있는 아트티켓Articket
>
> 38유로로 6곳(바르셀로나 현대문화센터, 안토니 타피에스 미술관, 호안 미로 미술관, 바르셀로나 현대미술관, 카탈루냐 국립미술관, 피카소 미술관)의 미술관을 입장할 수 있는 티켓이다. 보통 박물관, 미술관의 입장료가 10유로 안팎임을 감안하면 큰 절약이다. 각각의 박물관, 미술관에는 아트 티켓 전용 입구가 따로 있어 가격이 절약될 뿐만 아니라 대기 시간도 줄일 수 있어 일석이조이다. 투어리스트 인포메이션 센터 또는 해당 미술관, 박물관에서 구입할 수 있다. 홈페이지에서도 판매한다. 유효기간은 12개월이다.

홈페이지 tickets.articketbcn.org/en

©Cafe Marula

ENJOYING 06
불타는 밤을 위한 **클럽**

바르셀로나는 신나는 여름을 보내고자 하는 전 유럽의 젊은이들이 찾는 도시다. 가우디의 작품들과 하얀 백사장을 오가며 낮 시간을 보낸 후 해가 지면 에너지를 발산하러 도시 곳곳의 클럽으로 향한다. 넘치는 열정만 있다면 어느 클럽에서도 신나는 시간을 보내겠지만, 더욱더 기억에 남을 밤을 위해 바르셀로나 최고의 클럽을 소개한다.

바르셀로나 추천 클럽 BEST 5

라즈마타즈 Razzmatazz

'바르셀로나의 클럽'하면 가장 먼저 언급되는 라즈마타즈. 5개의 대형 클럽이 하나로 연결되어 그 규모가 어마어마하다. 팝, 힙합, 알앤비, 테크노, 하우스, 일렉트릭, 레이브, 힙합, 트랩, 애시드, 다크 디스코 등 다채로운 장르의 음악이 울려 퍼진다. 5개의 플로어를 오가는 손님들은 술 한 방울 먹지 않고도 두어 번씩은 길을 잃게 된다.

최첨단 사운드 시스템으로 까다로운 황금귀도 만족시키는 클럽이다. 유명 DJ 뿐만 아니라 아틱 멍키즈Arctic Monkeys, 바나라마Banarama 등의 유명 밴드들이 종종 찾는다. 이런 유명 밴드나 가수의 공연이나 큰 파티가 있을 때에는 서둘러 온라인 예매를 하지 않으면 밖에서 몇 시간 동안 줄을 서야 할 각오를 해야 한다.

살라 아폴로 Sala Apolo

극장 건물을 개조하여 만든 독특한 분위기의 클럽으로, 매일 문을 연다는 점이 큰 장점이다. 인디와 얼터너티브 음악 팬들의 아지트나 마찬가지일 정도로 밴드 공연이 잦다. 라이브 음악에 맞추어 춤을 추고 싶다면 아폴로 만한 곳이 없다. 아래층의 댄스 플로어와 더 넓은 바가 있는 위층으로 구분이 되고, 주말보다는 평일이 입장료도 저렴하고 사람도 덜 붐빈다. 록, 팝, 인디, 하우스, 테크노, 디스코, 레게, 펑크, 힙합 등 모든 종류의 음악이 흐른다. 가장 사람이 많이 몰리는 주말에는 흥겨운 파티가 열린다.

라 테라사 La Terrrazza

5월부터 9월까지만 운영하는 몬주익 언덕의 야외 클럽. 몬주익 지역의 스페인 마을에 위치하여 훌륭한 경치를 자랑한다. 하우스와 테크노가 주된 음악 장르이며, 해마다 열리는 소나르 페스티벌Sónar Festival의 주축이 되어 축제 기간 동안 여러 이벤트를 연다. 택시 기사들도 종종 헤매니 지도를 꼭 여러 번 확인하고 찾아가도록 한다. 영화 〈향수〉의 마지막 장면에서 관중들이 그르누이의 사형을 보러 모였다가 그의 향수를 맡고 정신을 잃는 장면이 스페인 마을에서 라 테라사로 향하는 광장에서 촬영되었다고 한다.

카페 마룰라 Café Marula

고딕 지구에서 가장 시끄러운 클럽이다. 마드리드의 1호점이 큰 성공을 거두어 바르셀로나에도 문을 열었다. '어른'끼리 놀고 싶다면 이곳으로 가자. 주 연령층은 20대 후반에서 30대 초반이다. 라이브 공연, 펑크, 소울, 재즈, 디스코, 힙합, 부갈루, 아프로비트 등 장르에 제한을 두지 않아 다양한 취향을 만족시키는 곳이다.

마카레나 클럽 Macarena Club

2001년부터 로컬 신인 DJ들과 유명 밴드, 주목할 만한 레이블의 아티스트와 세계적인 DJ들을 고루 초청해 다양한 양질의 일렉트로닉 음악을 선보이는 클럽이다. 바르셀로나 중심부인 람블라스 거리 부근에 위치해 있다. 시내 한가운데 자리하고 있어 교통이 편리해 일 년 내내 사람들로 가득하다.

ENJOYING 07

일 년 내내 흥겨운 축제의 도시,
바르셀로나 축제

바르셀로나는 언제 찾아도 신나는 도시지만, 작정하고 놀자고 마음먹게 되는 날이 있다. 바로 축제가 시작되는 날! 감사하게도 바르셀로나에서는 거의 매달 짜릿한 축제가 열린다. 마침 운 좋게 바르셀로나 여행 중 축제를 만난다면, 혹은 축제에 맞추어 일부러 바르셀로나를 찾았다면 마음의 문을 활짝 열고 신나게 축제를 즐기자.

바르셀로나 인기 축제

라 메르세 축제 La Mercè

로마 가톨릭 성모 자애의 축제La Mare de Déu de la Mercè를 기념하던 것이 도시의 고유한 축제로 자리 잡았다. 카탈루냐 지방을 대표하는 술인 카바Cava를 일 년 중 가장 많이 마시는 날이다. 축제일은 9월 24일이지만 보통 며칠 전부터 시작되어 4~5일 동안 축제를 진행한다. 낮에 진행되는 10km 달리기, 뮤지컬, 인간 탑 쌓기 등 다양한 볼거리가 펼쳐진다. 해를 거듭할수록 콘서트나 전통 무용 공연과 같이 이벤트가 추가되어 규모가 점점 커지고 있다. 피날레인 밤의 불꽃놀이는 도시의 모든 사람들이 밖으로 쏟아져나와 구경한다. 선선한 가을날 밤 바르셀로나 전역을 들썩이게 하는 라 메르세 축제의 하이라이트다.

Data 홈페이지 www.barcelona.cat/lamerce/ca

산 조르디의 날 La Diada de Sant Jordi

600만 카탈루냐 사람들 중 솔로들을 제외한 모두가 일 년 중 가장 신나는 날로 꼽는 휴일이다. 4월 23일, 바르셀로나의 수호성인인 산 조르디Sant Jordi를 기리는 날로, 바르셀로나의 밸런타인데이. 남자는 여자에게 장미를, 여자는 남자에게 책을 선물하는 날이라 책과 장미를 파는 상인들로 가득하다. 축제 내내 돈키호테Don Quixote 낭송회가 열리고 각각 다른 사랑의 메시지를 전하는 50여 종의 장미가 람블라스 거리를 가득 채운다.

4세기 종교를 위해 스스로를 희생한 군인이었던 산 조르디는 공주를 구하기 위해 바르셀로나 남부 지역에서 큰 용과 맞서 싸웠다. 조르디가 용을 칼로 찔러 죽일 때 피가 땅을 적셔 장미 덤불이 자랐고, 조르디가 가장 예쁜 장미 한 송이를 따 공주에게 바쳤다는 전설에서 장미축제가 중세 시대부터 열렸다. 이것이 1923년 세계 책의 날과 합쳐져 〈돈키호테〉의 작가 세르반테스Miguel de Cervantes의 사망일에 맞춰 책을 선물하는 풍습이 생겨난 것. 흥미롭게도 영국의 대문호 셰익스피어William Shakespeare의 사망일도 같은 날이라 책을 좋아하는 사람들에게는 굉장한 날이다.

그라시아 거리 축제
Festa Major de Gràcia

그라시아 지역 거주민들의 다양한 전시나 공연으로 꾸며지는 거리 축제다. 거의 200년이 다 되어 가는 역사가 긴 그라시아 거리 축제는 거리를 꾸미는 것을 주된 행사로 하여 굉장히 화려하고 볼거리가 많은 축제다. 한 블록 한 블록의 분위기가 완전히 달라 어떤 공연을 만날지, 어떤 모습으로 거리가 꾸며져 있을지 예상할 수 없어 더욱 재미있다. 가장 바쁠 성모승천대축일인 8월 15일이 있는 주간이 축제 주간으로, 행사는 약 일주일 간 계속된다. 평균적으로 150만 명의 사람들이 이 기간 동안 그라시아 거리를 꽉 메운다고 한다.

Data 홈페이지 www.festamajordegracia.cat

소나르 페스티벌 Festival de Sónar

여름의 시작을 알리는 신나고도 시끄러운 6월의 축제다. 1997년 바르셀로나에서 탄생한 소나르 페스티벌은 일 년 내내 세계 각국의 주요 도시를 순회하며 열린다. 참여하는 도시들은 매해 달라지며 바르셀로나에는 6월 중순에 도착한다.

'진보적인 음악과 뉴 미디어 아트의 축제'를 표방하는 소나르 페스티벌은 해마다 에이펙스 트윈 Aphex Twin, 페기 구Peggy Gou, 리틀 심즈Little Simz, 로랑 가르니에Laurent Garnier 등 세계 각국에서 모인 정상급 아티스트들로 라인업이 채워진다.

Data 홈페이지 www.sonar.es

바르셀로나가 더욱 흥겨워지는 달력 위 빨간 날들

1월 1일	설날 Any Nou
1월 6일	주현절 Reis Mags 동방박사들이 아기 예수를 만나러 베들레헴을 찾은 것을 기념하는 날
3월~4월	부활절 Semana Santa
	그리스도의 부활을 기념하는 축일. 춘분 뒤의 첫 만월 다음에 오는 일요일로, 해마다 날짜가 바뀌지만 주로 3월 말에서 4월 중순 사이에 열린다.
	성목요일 Jueves Santo 예수의 수난 기념일인 성금요일 전날
	성금요일 Viernes Santo 예수의 죽음을 기리는 부활절 전 금요일
	부활절 다음 월요일 Diá de la Mona de Pasqua 예수의 고난 주간인 성주간의 첫날
4월 23일	산 조르디의 날 La Diada de Sant Jordi
5월 1일	노동자의 날 Festa del Treball
5월 중하순	오순절 Segona Pascua 부활절 뒤 7번째 일요일
6월 24일	성 요한 세례자 탄생 대축일 Nit de Sant Joan
8월 15일	성모승천대축일 Verge de l'Assumpció
	성모 마리아가 사후에 부활해 천국으로 올라간 일을 기념하는 날
9월 11일	카탈루냐의 날 La Diada Nacional de Catalunya
9월 24일	메르세 축제 La Mercè
11월 1일	만성절 Tots Sants 온 가족이 조상의 묘를 방문하는 날
10월 12일	콜롬버스의 날 Columbus Day, 국경일 Día de la Hispanidad
	1492년 10월 12일, 콜럼버스의 아메리카 대륙 발견을 기념하여 화려한 퍼레이드 등 국가적인 기념 행사가 성대하게 열린다.
12월 6일	제헌절 Día de la Constitución 헌법 제정일. 스페인 국회에서 헌법을 낭독하여 기념한다.
12월 8일	성모수태일 La Immaculada 성모 마리아를 기념하는 날
12월 25일	크리스마스 Nadal
12월 26일	성 스테판의 날 Sant Esteve

ENJOYING 08

 향긋한 포도 향으로 더욱 풍요로운
바르셀로나 근교 와이너리

스페인 식도락의 큰 축을 담당하는 진한 여운의 와인(비노Vino). 어떤 식사를 하든 그 풍미를 몇 배는 더 끌어내는 마법의 물방울! 와인 한 병에 담긴 정성을 엿보고 오랜 기다림 끝에 만나는 달콤쌉싸름한 행복을 직접 경험해 보자.

TALK

바르셀로나 와인과 투어

유럽의 음식 문화는 와인과 연결되어 있어 음식과 와인을 떼놓고 설명하기 어렵다. 카탈루냐 지방의 음식과 와인은 다른 스페인 음식과 달리 지역적인 특색이 있다. 카탈루냐의 대표적인 와인 산지로는 몬세라트와 페네데스가 있는데, 이 지역은 무더운 지중해 연안과 추운 고지대가 같이 위치해 있어 스파클링 와인부터 스위트 와인까지 다채로운 와인을 생산한다.

▎몬세라트 Montserrat

바르셀로나 북서부에 위치한 '톱니 모양의 산'이라는 뜻을 가진 지역. 날카로운 봉우리 사이 깊은 협곡의 동굴에는 몬세라트 수도원Santa Maria de Montserrat Abbey과 콜로니아 구엘 성당Colonia Guell Church 등이 세워져 와이너리를 보러 가는 길 내내 눈이 즐겁다. 실제로 성지순례를 하러 오는 가톨릭 방문자들이 더 많다. 몬세라트 지역을 대표하는 와이너리로는 프레이시넷Freixenet과 코도르뉴Codorniu가 있다.

▎페네데스 Penedès

17세기부터 대대로 가족이 운영하는 스페인에서 가장 큰 와이너리 토레스Torres를 비롯해 여러 소규모 와이너리가 모여 있는 와인 마을. 화이트 와인과 스파클링 와인 생산이 많다. 최고급 카바의 95%가 토착 청포도 품종들을 사용하여 만드는 페네데스 카바다. 병 안에서 2차 발효가 일어나 기포를 만드는 프랑스의 샴페인 양조 방식과 동일하나 샴페인에 비해 토양과 레몬 향이 더 진하고, 산도가 훨씬 날카롭다.

Tip 와이너리 방문을 위한 필수 용어

기본 상식 용어
- 와인: 비노Vino
- 레드 와인: 비노 틴토Vino Tinto
- 화이트 와인: 비노 블랑코Vino Blanco
- 로제 와인: 비노 로사도Vino Rosado

카바의 드라이함 정도
- 브뤼 나튀르Brut Nature: 당 추가 ×
- 브뤼Brut: 단맛이 거의 없는Extra Dry
- 세코Seco: 단맛이 없는Dry
- 둘세Dulce: 달콤한Sweet
- 세미-세코Semi-Seco: 드라이 와인과 스위트 와인의 중간Medium-Dry

추천 와이너리 투어

와인에 관심이 많다면 바르셀로나 여행을 통해 카탈루냐 와이너리를 찾아보는 것은 어떨까? 여행자들은 앞서 소개한 두 지역에 위치한 크고 작은 와이너리를 직접 방문하여 대표 라벨을 시음해본 후 구입할 수 있다. 이 페이지에서 소개하는 가장 인기 있는 투어 진행사를 통해 개인적으로 예약을 해도 좋고, 바르셀로나 투어리스트 인포메이션 센터에서도 브로슈어를 보고 와이너리 투어를 고르면 직원이 예약을 도와주니 설명을 듣고 결정해도 좋다.

1일 와이너리 투어의 평균 가격은 100유로 안팎이며, 대부분 1~2곳의 와이너리를 방문하여 제조 과정을 둘러보고 여러 잔의 와인을 시음한다. 투어는 대부분 스페인어, 카탈루냐어, 영어로 진행된다. 몬세라트와 페네데스를 돌아보는 프로그램의 개괄적인 틀은 비슷하지만, 구체적인 진행 사항이나 특장점이 다르니 대표적인 투어 진행사들을 비교해 선택하도록 한다.

유로 자전거 나라 Eurobike

몬세라트와 카탈루냐 와인 투어에 필요한 지식을 갖추고 오랜 가이드 경력이 있는 현지 한국인 가이드들이 투어를 진행하는 곳. 몬세라트의 아름다운 자연과 소원을 이루어 준다는 검은 성모상, 에스콜라니아 소년 합창단 관광을 풀코스로 안내해주는 포도 향 가득한 몬세라트 투어를 진행한다. 유로 자전거 나라 스페인 커뮤니티 게시판에는 친절하게도 여행자 혼자 찾아갈 수 있는 방법을 자세히 소개하고 있으니 이것도 참고해 보자. 투어 문의와 신청은 웹사이트, 이메일, 전화를 이용하면 된다.

Data 주소 한국) 서울특별시 마포구 만리재로 14 르네상스타워 8층 전화 한국) 02-723-3403
홈페이지 eurobike.kr
E-mail tour@eurobiketour.kr

카탈루냐 부스 투리스틱
Catalunya Bus Turístic

페네데스, 몬세라트 와이너리 투어와 함께 스페인 유명 화가 달리 Dali의 지로나 Girona 투어 등 큰 규모로 스페인 전역에 걸쳐 단체, 개인 버스 투어 등 다채로운 프로그램을 진행하는 전문 업체. 카탈루냐 지방에서 손꼽히는 훌륭한 와인 산지 페네데스 와이너리를 방문하는 투어 프로그램은 하루 한 번 운영하고 있다. 대형 업체이기 때문에 인포메이션 센터에서 브로슈어를 구해 쉽게 예약할 수 있으며 비성수기에도 투어 일정이 잡혀 있다.

Data 주소 Plaça de Catalunya, 08002
홈페이지 www.catalunyabusturistic.com
요금 와인 & 카바 투어 75유로
(온라인 예매 시 10% 할인)

ENJOYING 09

편안함 100점, 정보력 100점!
현지 한인 투어 업체

tvN에서 방송했던 예능 프로그램 〈꽃보다 할배〉에서는 한인 가우디 투어를 통해 바르셀로나를 여행하는 장면이 나온다. 이모저모 꼼꼼히 리드해준 한인 가이드 덕분에 꽃할배들의 여행이 한결 풍성해졌다. 꽃보다 할배처럼 누구나 친절한 한인 가이드 투어를 즐길 수 있다. 바르셀로나 여행을 더욱 알차고 즐겁게 만들어줄 실력 있는 조력자를 소개한다.

팔로우미 투어 Followme Tour

현지 업체와 독점 계약을 맺고 한국어로 된 프로그램을 진행하는 한인 업체. 프로그램 당 인원 제한을 두고 소수 정예로 높은 만족도를 자랑한다. 가우디 투어가 가장 대표적이다. 스페인에서 어릴 때부터 살아온 가이드가 현지인만 알고 있는 다양한 팁과 정보들을 제공한다. 커플들이 좋아하는 바르셀로나 야간 산책 투어와 바르셀로나 근교 몬세라트와 시체스를 둘러보는 몬시 프리미엄 버스 투어도 마련되어 있다. 둘 다 가우디 투어 예약자에게는 할인 혜택을 제공한다.

Data 홈페이지 followmetour.co.kr **E-mail** followmetour@naver.com
요금 가우디 프리미엄 버스 투어 7세 이상 59,900원, 2~6세 45,000원

유로 자전거 나라 Eurobike

꽃할배들의 여행을 더욱 즐겁고 기억에 남도록 만들었던 현지 업체가 바로 앞서 와이너리 투어에 소개한 바 있는, 유로 자전거 나라의 스페인 지점이다. 유로 자전거 나라는 이탈리아, 영국, 프랑스, 튀르키예, 그리스, 체코에 지점을 가지고 있고 수많은 가이드들이 체계적인 교육을 거쳐 여행자들에게 평생 잊지 못할 투어를 선사한다.

개별 투어, 워킹 투어, 나이트 투어, 버스 투어, 근교 도시 투어 등 한국 여행자의 입맛에 맞춘 프로그램들이 많으니 홈페이지에서 찾아보고 예약해보자. 유로 자전거 나라 홈페이지에서는 여행하지 않아도 실시간으로 스페인 곳곳에서 일어나는 소식들을 생생히 받아 볼 수 있고, 떠나기 전 조바심이 나는 여행자들은 언제든 여러 질문을 할 수 있어 유용하다.

Data **주소** 한국)서울특별시 마포구 만리재로 14 르네상스타워 8층 **전화** 한국)02-723-3403
홈페이지 eurobike.kr **E-mail** tour@eurobiketour.kr **요금** 가우디 차량 집중 투어 만 4세 이상 60,000원

ENJOYING 10

테마별, 시간대별로 다양한
바르셀로나 투어 버스

내리고 타는 것이 자유로워 예측할 수 없는 스케줄의 여행자들에게 사랑받는 투어 버스. 런던이나 파리에서 볼 수 있는 이층 관광버스가 바르셀로나에서는 조금 더 세분화되어 있다. 발이 아파 올 때쯤 도시 곳곳에서 반갑게 기다리고 있는 빨간 버스에 올라타 간지러운 바람을 맨 얼굴로 맞으며 살짝 다른 각도로 도시를 구경해 보자.

바르셀로나 부스 투리스틱
Barcelona Bus Turístic

바르셀로나에서 공식으로 운영하는 관광버스 프로그램. 티켓 1장으로 2개의 루트를 이용할 수 있다. 한 번에 바르셀로나를 모두 돌아보기에는 충분치 않을 것이라는 똑똑한 바르셀로나 사람들의 현명함을 엿볼 수 있다.

 Data 운영 09:00~19:00(모든 정류장에 세부 스케줄 안내, 배차 간격은 시즌에 따라 5~25분) / 1/1, 12/25 휴무
홈페이지 www.holabarcelona.com
요금 1일권 13~64세 33유로, 4~12세 18유로 / 2일권 13~64세 44유로, 4~12세 23유로

시티 사이트시잉 버스
CIty Sightseeing Bus

유럽 대도시라면 어디서든 볼 수 있는 바로 그 빨간 버스다. 검증된 가이드들을 투어를 진행하므로 로컬맨이 알 수 있는 현지 정보를 제공한다. 여행자들의 질문에도 성심성의껏 답변해 준다.

 Data 운영 09:00~19:00(모든 정류장에 세부 스케줄 안내, 배차 간격은 20분) / 1/1·12/25 휴무
홈페이지 city-sightseeing.com/en/17/barcelona
요금 1일권 일반 36.54유로, 65세 이상 31유로 / 2일권 일반 48.72유로, 65세 이상 43.18유로

Tip **2개의 투어 버스**

바르셀로나를 둘러볼 수 있는 투어 버스 업체는 2곳이지만, 가격과 루트가 동일하여 어떤 것을 선택해도 크게 상관은 없다. 단, 동일한 정거장에서 다른 업체의 버스에 오르지 않게 주의할 것.

밤 투어 버스 Night Tour Bus

카탈루냐 광장에서 출발해 카사 바트요, 카사 밀라, 사그라다 파밀리아 성당, 아그바 타워, 콜럼버스 동상과 스페인 마을 등 랜드마크를 돌아보는 여름 시즌 밤 투어 버스. 몬주익의 분수 쇼도 볼 수 있다. 바르셀로나 시에서 인증받은 투어 가이드가 탑승하는 유일한 야간 투어 버스다. 2층 버스로, 무선 인터넷 사용할 수 있으며, 장애인 탑승이 가능하다. 청각 장애인을 위한 설비도 마련되어 있다.

 Data 운영 6~9월 21:30(1시간 15분~1시간 30분 소요, 출발 20분 전까지 카탈루냐 광장에 집합)
요금 13세 이상 22유로, 4~12세 10유로, 4세 미만 무료

투어 버스 루트
Tour Bus Route

- 캄프 누 / Camp Nou
- 티비다보 / Tibidabo
- 구엘 공원 / Park Güell
- 카사 밀라 / Casa Milà
- 사그라다 파밀리아 성당 / Sagrada Familia
- 에스파냐 광장 / Plaça d'Espana
- 카사 바트요 / Casa Batlló
- 카탈루냐 광장 (출발)
- 올림픽 단지 공원 / Anella Olimpica
- 콜럼버스 기념비 / Mirador de Colom
- 포트 올림픽 / Port Olimpic

ROUTES

BLUE

RED

Tip 바르셀로나 투어 버스 이용법

티켓 하나로 바르셀로나의 다양한 지역을 누비는 2개 노선을 자유롭게 타고 내리며 구경할 수 있다. 바르셀로나 여행의 만능열쇠! 45개의 정류장으로 구성되어 있고 루트가 겹쳐 환승 가능한 정류장도 5개나 되어 이용이 편리하다. 이층 버스라 바르셀로나 도시 경관을 탁 트인 루프 자리에서 볼 수 있으며, 16개의 언어로 제작된 오디오 가이드도 무료로 제공된다(한국어 미포함). 또한 총 250유로의 할인 혜택을 포함하는 바우처 묶음도 증정하며, 버스 안에서는 무선 인터넷을 사용할 수 있다. 각 루트당 하차하지 않고 돌아보는 데 약 2시간 소요된다.

파란 루트 약 120분 소요

카탈루냐 광장 Plaça de Catalunya ➔ 카사 바트요-안토니 타피에스 미술관 Casa Batlló-Fundació Antoni Tàpies ➔ 그라시아 거리-카사 밀라 Passeig de Gràcia-La Pedrera ➔ 사그라다 파밀리아 성당 Sagrada Família ➔ 산 파우 병원 Sant Pau Recinte Modernista ➔ 구엘 공원 Park Güel ➔ 트람비아 블라우 전차-티비다보 Tramvia Blau-Tibidabo ➔ 사리아 Sarrià ➔ 페드랄베스 Monestir de Pedralbes ➔ 팔라우 레이알-구엘 별장 Palau Reial-Pavellons Güel ➔ 풋볼 클럽 바르셀로나 Futbol Club Barcelona ➔ 디아고날-레스 코르츠 Diagonal–Les Corts ➔ 프란세스 마시아 공원-디아고날 Francesc Macià-Diagonal ➔ 에이샴플라 Eixample

빨간 루트 약 120분 소요

카탈루냐 광장 Plaça de Catalunya ➔ 카사 바트요-안토니 타피에스 미술관 Casa Batlló-Fundació Antoni Tàpies ➔ 그라시아 거리-카사 밀라 Passeig de Gràcia-La Pedrera ➔ 프란세스 마시아 공원-디아고날 Francesc Macià-Diagonal ➔ 산츠역 Estació de Sants ➔ 에스파냐 광장 Plaça d'Espanya ➔ 카이샤포룸-파벨로 미스 반 데 로에 CaixaForum-Pavelló Mies van der Rohe ➔ 스페인 마을 Poble Espanyol ➔ 카탈루냐 국립미술관 MNAC ➔ 올림픽 단지 Anella Olímpica ➔ 호안 미로 미술관 Fundació Joan Miró ➔ 몬주익 Telefèric de Montjuïc ➔ 미라마르-선인장 공원 Miramar-Jardins Costa i Llobera ➔ 세계무역센터 World Trade Center ➔ 콜럼버스 동상-해양박물관 Colom-Museu Marítim ➔ 포트 벨 Port Vell ➔ 카탈루냐 역사박물관 Museu d'Història de Catalunya ➔ 포트 올림픽 Port Olímpic ➔ 바르셀로나 동물원 Zoo ➔ 팔라우 광장 Pla de Palau

ENJOYING 11
자전거&세그웨이로 즐기는 바르셀로나

힘차게 구르는 페달과 가슴을 채워오는 신선한 바르셀로나의 공기. 이 넓은 도시를 두 발에만 의지해 돌아보기에는 체력이 달리고, 그렇다고 버스를 타자니 아름다운 도시의 풍경을 쌩쌩 지나치기가 또 아쉽다. 충분히 감상하기 가장 좋은 속도로 좁은 골목들까지 살펴보는 여행을 바란다면 무조건 자전거를 타자.

자전거로 바르셀로나 한 바퀴!

관광객으로서 자전거를 대여해 도시를 달리는 것도 충분히 재미있다. 시원한 바람에 머리칼이 날려 상쾌하고, 걷는 것보다 좀 더 역동적이다. 택시나 버스를 타면 너무 빨리 달려 놓치는 풍경들도 모두 구경할 수 있다. 바르셀로나는 시내 곳곳을 자전거로 누빌 수 있도록 자전거 전용 도로를 정비해 놓은 환경 친화적인 도시로, 두 다리만 버텨준다면 상쾌한 바람을 맞으며 어디든 페달을 밟아 가볼 수 있어 좋다.

바르셀로나 시클로 투어
Barcelona Ciclo Tour

일반 자전거, 전기 자전거, 아이들을 위한 패밀리 자전거, 둘이서 탈 수 있는 탄뎀Tandem 자전거 등이 준비되어 있다. 매일 카탈루냐 광장에서 출발하는 가이드와 함께 하는 그룹 투어를 해도 좋고, 자전거만 빌려 개인적으로 타고 반납하는 것도 가능하다.

Data **가는 법** 카탈루냐 광장에서 도보 5분 **주소** Carrer dels Tallers, 45, 08001 **전화** 933-171-970 **홈페이지** www.barcelonaciclotour.com **요금** 2시간 30분 그룹 투어 37유로

세그웨이로 바르셀로나를 씽씽!

자전거보다 속도감도 좋고 스릴 있는 세그웨이Segway. 바퀴 2개로 서서 타는 세그웨이가 자전거와 다른 점은 축이 횡으로 배열되어 있다는 점이다. 1초에 100번 이상 균형을 파악하고 유지하는 전자 센서가 달려 있어 넘어질 걱정이 없다. 기계판으로 충전 정도와 전원 상태 등 사항을 확인할 수 있다. 무엇보다 타는 재미가 있어 최근 들어 각광받고 있다. 도로가 넓고 도시 크기도 큰 바르셀로나에서 더없이 유용하다.

바르셀로나 세그웨이 투어
Barcelona Segway Tour

아무지게 굴러가는 세그웨이를 타고 바르셀로나의 명소들을 콕콕 찍어 빠르게 구경할 수 있는 투어 프로그램들을 진행한다. 공부하지 않고도 충분히 얻을 게 많다.

Data **가는 법** 메트로 1번 라인 타고 Arc de Triomf역 하차, 도보 5분 **주소** Passeig de Lluís Companys, 10, 08002
전화 933-104-108 **홈페이지** www.barcelonasegwaytour.com
요금 2시간 시내 투어 49유로 / 3시간 몬주익 투어 69유로

(ENJOYING **12**)

내 손으로 직접 만드는 바르셀로나 요리
쿠킹 클래스

맛있는 것을 많이 먹고 돌아가는 여행도 좋지만 직접 만들어 보는 경험만 할까? 음식 문화에 자부심이 대단한 카탈루냐의 대표 도시답게, 직접 마켓에 가서 셰프와 식재료를 골라 장을 보고 어울리는 와인과 함께 완성한 요리를 먹어 볼 수 있는 쿠킹 클래스가 있다. 생소한 요리 과정에 땀을 빼며 만든 요리들은 뿌듯함 때문인지 훨씬 더 맛있다.

> **Tip** 투어나 쿠킹 클래스 예약 시 반드시 확인!
>
> 정해진 인원이 모이지 않는 경우 취소나 시간·장소가 변동될 수 있다. 예약을 여유 있게 했다면 일정 하루나 이틀 전 다시 이메일을 보내거나 홈페이지 공지를 확인하도록 한다.

바르셀로나 인기 쿠킹 클래스

 ### 바르셀로나 쿠킹 Barcelona Cooking

바르셀로나 음식이나 요리에 관심이 있다면 이곳에서 진행하는 와인 테이스팅, 타파스 투어를 선택해 보자. 카탈루냐 요리와 바르셀로나 맛집의 대가들이 요리 초보, 바르셀로나 초보들을 위해 친절히 가르쳐 주니 요리 초보도 맛있는 파에야를 만들 수 있다.

람블라스 거리 한복판에 있어 보케리아 시장에서 장보기가 수월하다. 요리 수업 겸 마켓을 돌아보고, 스페인 요리 식재료 구입에 대한 노하우도 얻을 수 있는 일석이조의 프로그램. 홈페이지에서 수업시간을 확인하고 예약할 수 있다.

Data **가는 법** 메트로 3번 라인 타고 Liceu역 하차, 도보 5분
주소 La Rambla, 58, 08002
전화 931-191-986
홈페이지 www.barcelonacooking.net
요금 성인 67유로, 아동 37.50유로

 ### 쿡 앤 테이스트 바르셀로나 Cook&Taste Barcelona

열정적인 셰프에게 스페인 정통 요리 레시피를 전수받는다. 4시간 동안 2가지 타파스, 파에야, 디저트까지 직접 만들어 먹는다. 단순한 요리뿐 아니라 스페인 요리에서 꼭 알아두어야 할 것들, 식재료의 특징들을 꼼꼼히 짚어가며 재미있게 알려준다. 모든 학생들이 순서대로 무엇이든 해볼 수 있도록 지도하니 수줍음 많은 학생들도 여러 가지를 경험해 보고 돌아갈 수 있다. 보케리아 시장 투어는 옵션 추가(12유로)를 통해 참여 가능하다.

Data **가는 법** 메트로 4번 라인 타고 Jaume I역 하차, 도보 5분 **주소** Carrer del Paradís, 3, 08002 **전화** 933-021-320 **홈페이지** www.cookandtaste.net **요금** 성인 70유로, 아동 35유로

Step 04
Eating

바르셀로나를 **맛보다**

01 우리에게 익숙하고도 생소한 카탈루냐 요리
02 진짜배기 파에야를 찾아서
03 스페인 음식 문화의 정점 타파스의 모든 것
04 신선함으로 승부하는 마켓 푸드
05 바르셀로나에서 만나는 노 스패니시 푸드

06 알고 보면 유명한 와인 산지 카탈루냐 와인 맛보기
07 새콤달콤 상그리아&칵테일
08 여름 여행자라면 물처럼 들이킬 바르셀로나 맥주
09 달콤한 디저트, 커피 한 잔, 그리고 브런치! 바르셀로나 카페
10 평생 기억에 남을 식사, 미쉐린 레스토랑

EATING 01

우리에게 익숙하고도 생소한
카탈루냐 요리

고향에 대한 자부심이 대단한 카탈루냐. 그들만의 문화, 역사가 있고 상업적으로도 스페인을 대표하니 그럴 만도 하다. 그중 가장 자랑스러운 카탈루냐만의 것을 꼽는다면 바로 음식이다. 14세기에 쓰인 세계 최초의 요리책도 카탈루냐의 것이라 하니 카탈루냐에서 요리가 얼마나 중요한지 알 수 있다. 타 유럽 도시에서는 가끔 볼 수 있는 쌀이 많이 사용되며 간도 짭조름하다. 한국인에게 익숙한 스페인 요리와 비슷하면서도 다른 카탈루냐 지방의 식도락 여행을 떠나보자.

카탈루냐와 카탈루냐 요리

기원전 27년부터 사람들이 살았던 카탈루냐 지방은 한때 지중해 무역의 중심지로 스페인 최대의 상업 지구이자 민주주의가 가장 발전하였던 곳이다. 또한 가우디, 달리, 호안 미로, 타피에스 등 훌륭한 예술가들을 배출했다. 문화·예술적으로도 독자성이 남달라 마드리드를 중심으로 하는 타 스페인 지방과 대립이 잦은 지역이다. 첨단 산업과 높은 농업 생산력으로 GDP의 약 20% 가량을 책임질 만큼 부유하다. 때문에 카탈루냐에서는 스페인 기타 지역을 카탈루냐 지방 수입으로 돕는 것에 대한 반발이 거세지고 있다. 오랫동안 있어 왔던 카탈루냐 독립 문제는 해결되지 않은 채로 여전히 뜨거운 감자다. 안타깝게도 중앙 정부와 카탈루냐의 대립은 현재 진행형이다.

카탈루냐 기본 정보

- **면적** 32,114km²
- **위치** 이베리아 반도 동북부
- **홈페이지** www.gencat.cat
- **주도** 바르셀로나 Barcelona
- **인구** 7,722,203명(2024년 기준)
- **공용어** 카탈루냐어, 스페인어
- **행정 구역** 바르셀로나 Barcelona, 지로나 Girona, 레리다 Lleida, 타라고나 Tarragona
- **기후** 겨울이 추운 북부의 산악지대, 지중해에 면한 곳은 특유의 온화한 지중해 기후

카탈루냐 요리

- 스페인 기타 지역의 요리와 구분되는 카탈루냐 요리의 가장 큰 특징

① 바다와 산 Mar i Muntanya **의 요리**
온화한 기후와 바다와 산이 모두 가깝다는 지리적 특징으로 다양하고 질 좋은 식재료가 많다. 콩, 토마토, 마늘, 가지를 대표로 하는 신선한 채소와 햄, 소시지 등 수많은 종류의 돼지고기 가공품이 있다. 생선으로는 정어리, 대구, 안초비, 참치 등 타 지방에서는 흔히 볼 수 없는 새우와 닭고기를 함께 사용하는 메뉴들도 많다.

② 여러 요리 스타일을 조금씩 찾아볼 수 있다
카탈루냐 지방은 프랑스, 이탈리아와 가장 가까이 위치한 스페인 지방으로, 자연스레 이들의 식문화 영향을 받았다. 역사적으로도 다양한 요리 문화를 가진 국가들이 카탈루냐를 지배했었기에 결과적으로 여러 특징들이 한데 모여 독특한 카탈루냐 요리 문화로 귀결되었다.

③ 파프리카 가루로 돼지고기 간을 내지 않는다
여느 스페인 요리에서 많이 사용하는 파프리카 가루와 사프란 가루가 카탈루냐 음식에서는 거의 사용되지 않는다.

④ 소스의 중요성
카탈루냐 사람들은 파프리카 대신 소스를 다양하게 사용하여 맛깔나게 요리한다. 대표적인 카탈루냐 소스로는 로메스코(아몬드, 구운 마늘, 올리브유, 말린 고추), 알리올리(마늘, 올리브유), 그리고 소프레짓(볶은 양파, 토마토, 마늘), 피카다(간 아몬드, 마늘, 파슬리, 빵가루 등)이 있다.

- 카탈루냐 요리의 기본 차림

① 판 콘 토마테 Pan con tomate
마른 빵을 살짝 구워 올리브유와 약간의 마늘, 토마토소스를 올린 애피타이저다. 카탈루냐 사람들은 판 콘 토마테 없이는 식사가 안 된다고 말할 정도. 심심풀이로 집어먹는 간식으로도 애용되는 메뉴다.

② 부티파라 Butifarra
카탈루냐 소시지 부티파라를 빼고는 카탈루냐 요리를 말할 수 없다. 주로 이베리코 돼지를 사용하고, 달걀, 쌀, 선지, 각종 향신료를 모두 넣어 맛이 풍부하다.

③ 볼렛 Bolet
약 2,000여 종류의 버섯이 자라는 스페인. 최상위 급 버섯이 나는 지역 중 하나인 카탈루냐에서 볼렛은 가장 인기가 많은 야생 버섯이다.

④ 칼솟 Calçot
한 번 먹기 시작하면 멈출 수 없다는, 중독성 강한 파 종류. 화끈한 로메스코 소스와 함께 즐겨 먹는다. 와인 안주로 자주 만들어 먹는다.

판 콘 토마테

- 유용한 식당 용어와 표현

- 소고기 🔊 까르네 데 레스 Carne de res
- 등심 스테이크 🔊 쏠로미요 Solomillo
- 햄 🔊 하몬 Jamón
- 소시지 🔊 부띠파라 Butifarra
- 미디엄 레어 🔊 알 뿐또 Al punto
- 치즈 🔊 께소 Queso
- 샌드위치 🔊 보까디요 Bocadillo
- 쌀 🔊 아로스 Arroz
- 양 소시지 🔊 지레야 Girella
- 토끼고기 🔊 꼬네호 Conejo
- 민물 송어 🔊 뜨루차 Trucha
- 대구 🔊 메를루싸 Merluza
- 오징어 🔊 깔라마르 Calamar
- 채소 요리 🔊 베르두라 Verdura
- 해산물 요리 🔊 마리스꼬 Marisco
- 튀김 🔊 프리또스 Fritos
- 물 🔊 아구아 Agua
- 탄산수 🔊 아구아 꼰 가스 Agua con Gas

Tip 하루 다섯 끼니를 먹는 스페인 사람들의 식생활 먼저 알고 가기

아침과 점심, 점심과 저녁 사이 간단한 식사가 한 번 더 있다. 이때 타파스 등 가벼운 요리를 먹는 것이다. 그 대신 점심을 오후 2~4시 사이, 저녁을 오후 9~11시 사이에 먹는다. 따라서 자정 넘게 시끌시끌한 레스토랑들을 많이 볼 수 있다.

주문할 때 유의사항

1. 식당에 들어가면 웨이터가 와서 자리를 안내해 줄 때까지 기다린다.
2. 메뉴판을 받고 요리 주문 전 식전 음료를 주문하는 것이 일반적이다.
3. 우리나라처럼 계산대가 있는 것이 아니다. 식사를 마치면 자리에서 계산한다.
4. 스페인은 팁 문화가 없으니 팁을 남기지 않아도 된다.

프티 코미테 Petit Comitè

카탈루냐 요리 거장 페르미 푸이그 Fermí Puig가 문을 연 대중들을 위한 식당으로 대가의 요리를 맛볼 수 있다. 카탈루냐 전통 요리들을 베이스로 개발한 창의적인 요리를 합리적인 가격대로 만날 수 있다. 크리스마스 등 특별한 날에는 이에 어울리는 특별 메뉴를 선보인다.

EATING 02
진짜배기 **파에야를 찾아서**

정 많고 수다분한 스페인 사람들과 가장 잘 어울리는 음식은 그날의 신선한 재료들을 넓은 팬에 그득 담아 지글지글 볶아내는 파에야다. 간단하고 쉬운 조리법은 바르셀로나 셰프들의 창의력을 자극한다. 어떤 것을 더 넣어볼까, 어떤 와인과 함께 먹을까, 매일 먹어도 질리지 않을 수많은 종류의 파에야는 언제 먹어도 든든한 한 끼 식사가 된다.

© Suquet de l'Almirall

파에야 인기 맛집 BEST 4

칸 솔레 Can Solé

2층 주택 건물을 전부 사용하는 칸 솔레는 1903년 문을 열었다. 120년 넘는 역사를 가진 곳이다. '사랑'과 '신선한 재료'로 만든다는 요리들은 모두 추천할 만하지만, 바르셀로나에서 쌀로 만드는 요리는 칸 솔레를 따라올 곳이 없다. 다른 곳에 비해 가격이 비싸지만 맛으로 용서가 된다. 다양한 층의 손님들이 찾는다.

칸 마요 Can Majó

바다를 사랑하는 부부가 운영하는 바르셀로나타 항구의 시원한 레스토랑. 온통 푸르게 치장해 멀리서도 알아볼 수 있다. 매일 조달되는 신선한 생선을 사용한다. 추천 메뉴는 랍스터를 올린 파에야 칼데로 데 아로스 콘 보가반테 Caldero de Arroz con Bogavante와 안달루시아 갑오징어 요리 치피로네스 아 라 안달루사 Chipirones a la Andaluza. 야외 좌석이 많아 기다리지 않고 식사 가능하다.

> **Tip 파에야**
>
> 발렌시아 지방의 요리. 라틴어 'Patella'에서 유래했고, 발렌시아어의 '프라이팬'을 뜻하는 단어에서 파생되어 이름 붙여졌다. 이름이 시사하듯 매우 넓고 얇은 팬에 갖가지 식재료를 쌀과 향신료 사프란을 함께 넣고 볶아 먹는 일종의 볶음밥이다. 큰 팬에 만들기 때문에 많은 양을 만들 수 있어 동네 축제에는 빠지지 않는 메뉴다. 들어가는 재료와 물을 넣는 정도, 끓이는 방법 등 파에야를 만드는 레시피는 셀 수 없이 많아 관광객들을 노리는 맛없는 파에야 가게들도 상당하다. 맛있는 곳에서 먹어 보아야 진짜 스페인 파에야 맛을 볼 수 있다.

엘 레이 데 라 감바 El Rey de la Gamba

'새우의 왕'이라는 뜻을 가진 이름에서 이곳의 새우요리에 대한 자부심을 느낄 수 있다. 1972년 문을 연 레스토랑으로 현재까지 끊임없이 사랑받는 곳이다. 맛있는 타파스를 맛보며 아쿠아리움, 마레마그눔 쇼핑몰, 해변이 펼쳐진 아름다운 경치를 감상할 수 있어 많은 사람들이 찾는다.
인기 메뉴는 해산물 파에야다. 음식 맛과 경치가 매우 훌륭하지만, 직원들의 서비스에 대한 평은 호불호가 갈리는 편이다.

시에테 포르테스 7 Portes

19세기 인테리어와 잘 어울리는 긴 에이프런을 허리춤에 두른 콧대 높은 웨이터들이 춤추듯 발을 바쁘게 움직이는 레스토랑이다. 175년의 긴 역사를 자랑하는 시에테 포르테스는 피카소가 생전에 단골이었다고 알려진 곳이다. 매일 파에야 메뉴가 변경되고 신선한 해산물과 오랜 시간 푹 끓인 소시지 스튜 등 단품 메뉴 하나만 먹고 나오기에는 아쉬울 정도로 방대한 메뉴가 준비되어 있다.
이곳을 대표하는 파레야다 Parellada 파에야에는 뼈도 껍질도 모두 바른 재료를 사용하여 먹기 편하다. 어린 아이가 있는 가족들이 선호한다. 파에야 외에도 타파스, 음료 등 어떤 것으로 순위를 매겨도 언제나 1등을 하는 바르셀로나 최고의 레스토랑.

EATING 03

스페인 음식 문화의 정점
타파스의 모든 것

귀엽고 작은 접시들이 늘어선 모습부터 재밌다. 진심을 다해 고심고심 메뉴를 선택하고, 호기심 어린 표정으로 하나씩 먹어보고, 맛을 비교하는 재미까지! 작은 타파스 여러 접시는 파에야 한 대접보다 즐겁다. 저녁을 먹기에는 조금 이른 시간이지만 다시 해변에 뛰어들자니 배가 출출한 오후 4시. 타파스의 시간이 찾아왔다.

타파스 Tapas

본래 카탈루냐 지방에서 즐겨 먹는 요리는 아니었으나 스페인 전역으로 퍼진 타파스는 바르셀로나에서도 일찌감치 자리를 잡았다. 이제는 바르셀로나 어디를 가도 타파스 레스토랑을 쉽게 볼 수 있다. 주요리를 먹기 전에 작은 접시에 담겨 나오는 소량의 전채 요리라 간식으로 먹기도 한다. 바스크Basque 지방에서 가장 인기 있는 요리이기에 약간의 탄산이 있는 새콤한 바스크 화이트 와인 사콜리Txacoli와 잘 어울린다. 와인에 브랜디, 향료 등으로 맛을 낸 리큐르 베르무트Vermouth 또한 모든 타파스와 다 잘 어울린다.

- 대표적인 바르셀로나 타파스

❶ 토르티야 에스파뇰라 Tortilla Española
스페인식 오믈렛으로 속에 감자가 들어 있다. 꽤 두껍고 케이크처럼 조각으로 잘라져 서빙된다. 아침 식사 메뉴로도 사랑받는다.

❷ 하몬 이베리코 Jamon Iberico
농장에서 풀어 키우는 이베리코 돼지들의 비싼 몸값 때문에 매우 대접받는 고급 타파스. 얇고 짭쪼름한 이베리코 햄 조각은 다른 그 어떤 것도 곁들이지 않아도 충분히 훌륭하다.

❸ 크로케타스 Croquetas
스페인 아이들이 이유식을 떼고 가장 먼저 먹는 요리로, 편안하고 포근한 스페인 가정식의 대명사이다. 바삭한 튀김옷 속 보드라운 으깬 감자가 맛있어 계속 손이 간다. 감자 속과 함께 섞는 재료, 함께 먹는 소스도 무척 다양해 크로케타스의 종류 또한 굉장히 많다.

❹ 파타타스 브라바스 Patatas Bravas
반듯한 직육각형으로 썰어 튀기는 감자튀김이다. 알리올리 또는 매콤한 소스를 뿌려 먹는다.

- 타파스의 다른 이름

바스크Basque 지역에서 타파스는 핀초스Pinchos이다. ·다른 점이 있다면 언제나 빵 위에 무언가가 얹어진 형태라는 것. 바르셀로나에서 가장 유명한 타파스 레스토랑 퀴멧 앤 퀴멧Quimet&Quimet에서는 몬타디토스Montaditos라 부르기도 하니 메뉴판에서 타파스를 찾을 수 없다 하여 당황하지 말 것.

파타타스 브라바스

바르셀로나 유명 타파스 레스토랑

타파스 24 Tapas 24

프로젝트 24의 또 다른 명소이자 비키니 샌드위치로 유명한 맛집이다. 독창적이고 색다른 메뉴를 선보여, 이곳에 한 번도 안 와본 사람은 있어도 한 번만 온 사람은 없다고 할 정도로 모든 요리가 맛있다. 오픈 주방으로, 음식이 조리되는 과정을 지켜볼 수 있어 기다리는 시간이 지루하지 않다.

퀴멧 앤 퀴멧 Quimet&Quimet

바르셀로나에서 타파스 바 한 곳만 갈 수 있다면 이곳을 추천한다. 완벽한 안주를 뽐내는, 바르셀로나 최고의 타파스 레스토랑이다. 서서 음식을 먹어야 한다는 점이 아쉽지만, 다리 아픈 줄 모르고 오래 머물게 되는 타파스 맛집이다.

칼 펩 Cal Pep

바르셀로나 1등 해산물 레스토랑. 매콤한 그린 칠리 요리 피미엔토스 데 파드론과 아티초크 튀김, 토스트와 곁들여 먹는 참치회 요리 타르타르 데 아툰이 유명하다. 다른 곳보다 비싼 편이지만, 맛을 보면 이해가 된다.

라 코바 푸마다 La Cova Fumada

생선구이와 감자요리가 특히 맛있다. 내부가 넓지 않아 합석해야 할 경우도 생기지만, 화기애애한 분위기가 즐겁다. 돼지고기와 감자를 으깬 후 빵가루를 묻혀 올리브유에 튀겨낸 봄바Bomba가 이 집의 대표 타파스로, 1950년대 개발되었다고 한다.

토사 Tossa

아는 사람들만 알아서 가는 로컬 맛집이다. 버섯, 푸아그라, 치킨, 치즈, 채소 등 여러 가지 재료를 넣어 만든 부드러운 크로케타가 맛있다. 아침 일찍 문을 여는 곳으로, 이곳에서 따뜻한 크로케타를 맛본 후 사그라다 파밀리아 성당을 관광하는 것도 좋겠다.

> **Tip** 타파스 레스토랑에서 메뉴 읽기

- **라시오네스 Raciones**
  타파스보다 조금 더 많은 양을 주는 것을 말한다. 메뉴에 타파스와 라시오네 가격 두 가지가 쓰여 있는 것을 본다면 같은 타파스를 더 큰 접시에 담은 것을 가리키는 것이다. 일명 곱빼기.

- **플라토스 콤비나도스 Platos Combinados**
  고기와 채소 2종류가 일반적 구성인 일종의 '콤비네이션' 메뉴로, 타파스 가게에서는 다양한 타파스를 한데 모은 모둠 메뉴를 말한다.

- **타파스 주문하는 방법**
  캐주얼한 타파스 가게에서는 바 또는 테이블로 안내를 받은 후부터는 적극적으로 주문해야 한다. 빠르게 사라지는 접시들 중 하나를 잡으려면 웨이터 눈치를 잘 살핀다. 멀리 있는 접시를 가지러 아예 일어나 손수 찾으러 가는 다른 손님들 틈에서 순서가 계속 밀릴 수 있다. 하지만 너무 조용히 앉아 있는 것이 아니라면 쉴 새 없이 새 접시들을 나르고 빈 접시를 치우러 오는 많은 종업원들이 손님을 챙긴다.

- **계산하기**
  대부분의 타파스 레스토랑에서는 웨이터들이 자주 접시를 치워주는데, 작은 타파스 접시에 꽂혀 있는 이쑤시개의 개수를 보고 계산을 한다. 따라서 몰래 버리지 않도록 한다.

EATING 04

신선함으로 승부하는 **마켓 푸드**

현지인 기분을 한껏 내는 데에는 장보기만 한 것이 없다. 요리에 소질이 있는 여행자라면 그곳이 그곳 같은 판에 박은 21세기의 상점들에서 벗어나 전통과 지역 사람들의 관습이 배인 시장으로 가보자. 환율 계산은 잠시 멈추고 어깨를 들썩이며 맛있는 냄새를 한껏 들이켜보자.

바르셀로나 추천 시장

보케리아 시장 La Boqueria

바르셀로나 사람들의 식생활을 정의하는 재래시장. 람블라스 거리를 걷다 허기질 때쯤 나타나는 반가운 시장이다. 보케리아 시장의 문양이 매달려 있는 철물 구조 내부에는 330여 개의 갖가지 요리와 식재료를 판매하는 상점들이 들어서 있다. 단돈 1~2유로에 판매하는 신선한 과일주스와 인기 절정의 타파스 바 바 피노초 Bar Pinotxo는 꼭 들러서 먹어보길 추천한다.

산타 카테리나 시장 Mercat de Santa Caterina

현지인들이 애용하는 시장. 본래 1845년 이 지역의 블루칼라들이 이용하는 식재료 시장이었으나, 2005년 현재 모습으로 새롭게 단장했다. 알록달록한 타일 지붕이 유명하다. 시장에서 꼭 먹어봐야 할 것으로는 잔으로 판매하는 샴페인 카바. 시장 내 가장 인기 있는 레스토랑인 퀴네스 산타 카테리나 Cuines Santa Caterina도 찾아가 보자.

EATING 05

바르셀로나에서 만나는 **노 스패니시 푸드**

비행기 타기 전까지만 해도 하루에 세 끼밖에 못 먹는 것을 원통해 했는데 여행을 할수록 생각나는 익숙한 맛이 있다. 스페인에서는 꼭 스페인 음식만 먹어야 한다는 법도 없으니 느끼한 파스타와 얼큰한 된장찌개를 먹고 힘을 내 다음 가우디 작품을 보러 출발하자.

바르셀로나 노 스패니시 푸드 추천 맛집

마유라 Mayura

인도스러움을 강요하는 듯한 천편일률적인 인테리어에서 벗어나 에이샴플라 구역 특유의 고급스러운 분위기와 잘 어울리는 인도 요리 전문 레스토랑. 요리 맛도 훌륭하다고 소문난 맛집이다. 10유로 대부터 시작하는 3코스 런치 메뉴는 구성이 알차서 먹고 나면 속이 든든하다. 저녁에는 칵테일과 함께 음악이 흘러 나와 분위기가 더욱 좋다. 가지고 가서 먹는 테이크 어웨이 Take Away 와 배달 서비스가 가능하고, 지중해 요리까지 전문적으로 배운 셰프 덕분에 인도 요리 외 다른 메뉴들도 맛볼 수 있다.

한인정 Hanin Restaurant

돼지갈비, 우동, 잡채부터 탕수육과 짜장면까지 정통 한식을 비롯한 다양한 메뉴가 준비되어 있다. 한국 사람들이 그리워할 달고 짜고 매운 요리들로 이루어진 방대한 메뉴가 특징이다. 한국 맥주까지 구비하고 있어 비즈니스로 바르셀로나를 찾은 사람들에게 인기 있다. 바르셀로나 대학교 근처에 위치해 찾기도 쉽고 내부도 넓다.

도스 파리요스 Dos Palillos

미쉐린 1스타 레스토랑. 유명 레스토랑 엘 불리El Bulli의 헤드 셰프였던 알베르트 라우리치Albert Raurich가 아시아 요리를 중심으로 하는 타파스 바로, 현지인들에게 더 인기 있다.
베트남, 일식, 중식, 한식 등 다양한 아시아 요리들을 스페인 사람들의 입맛에 맞게 조금씩 변형했다. 치킨 사시미나 딤섬 등 독특한 메뉴를 볼 수 있다. 저녁 식사 시간에는 메인 다이닝 룸에서는 코스 요리만 가능하나 좀 더 캐주얼한 식사를 원한다면 뒤쪽 바를 이용하자.

EATING 06

알고 보면 유명한 와인 산지
카탈루냐 와인 맛보기

우리나라에서는 초기에 높은 관세와 접근성으로 인하여 와인은 억울하게도 고급 술이라는 오명을 썼다. 물론 한 병에 입이 떡 벌어질 만한 고급 와인 라벨들이 있지만, 대부분의 유러피안들에게 '비노'는 식사 때 빠질 수 없는 음료다. 편안한 분위기에서 조금씩 음미하는 와인! 천천히 즐겨야 할 여행과 이보다 더 잘 어울리는 것이 어디 있을까?

Tip 카탈루냐 와인, 비노

카탈루냐 지방에서 카탈루냐 와인 협회INCAVI 기준에 부합하는 와인 산지는 모두 11군데가 있다. 카탈루냐는 파워풀한 레드, 산뜻하고 가벼운 화이트, 싱그러운 로제를 만드는 것으로 알려져 있다. 11곳의 와인 산지 중 가장 유명한 곳은 4세기부터 와인을 제조했으며, 와이너리 투어를 진행하고 있는 페네데스Penedès 지방이다. 가장 훌륭한 와인 바들이 모여 있는 동네로는 고딕 지구Barri Gotic, 포트 벨Port Vell, 포트 올림픽Port Olimpic이 있다. 그중에서도 손꼽히는 곳들을 소개한다.

TALK

바르셀로나 와인과 투어

스페인은 세계에서 가장 넓은 포도밭을 가지고 있으며, 세계 와인 생산량 3위를 자랑하는 나라다. 기원전 1000년부터 포도 재배를 시작했다고 전해지며, 가성비 좋은 와인들이 꽤 있다. 질 좋은 레드 와인 생산지로 유명한 리오하Rioja 지역 와인도 추천할 만하며, 단일 지역 와인으로는 전 세계적으로도 유명한 주정강화 와인으로 알려진 와인 셰리Sherry가 있다. 또한, 프랑스 품종으로 만드는 페네데스 지방의 스파클링 와인인 카바도 맛이 훌륭하다. 스페인 최다 와인 산지는 중심부 고원지대 라 만차La Mancha다.

1926년부터 도입한 원산지 통제와 와인 등급 제도 DODenominación de Origen가 있어 레스토랑, 바에서 주문하거나 와인 전문점에서 구입할 때 참조하면 좋다.

❶ **비노 데 메사** Vinos de Mesa
여러 품종을 섞어 만들기도 하는 테이블 와인

❷ **VCIG** Vinos de Calidad con Indicación Geográfica 품질이 괜찮은 와인 생산 지역

❸ **DO** Vinos con Denominación de Origen
특정 고급 와인 생산지에서 생산된 것

❹ **DOCa** Vinos con Denominación de Origen Calificada
DO 와인 규정에 부합하는 것으로 리오하와 프리오라토Priorato가 해당된다.

❺ **비노 데 파고** Vinos de Pago
특수 환경, 훌륭한 와인을 생산한 실적이 있는 곳, 특정 구역 내 위치한 단일 포도밭에서 생산하는 와인이다.

그 외에도 숙성 기간에 따라 아래와 같이 나뉜다.

- 크리안사Crianza 2년 숙성, 6개월은 작은 오크 통에서 숙성
- 레세르바Reserva 3년 숙성, 1년은 오크통 숙성
- 그란 레세르바Gran Reserva 5년 숙성, 18개월은 오크통 숙성으로 나뉘기도 함

추천 카탈루냐 와인 맛집

샴푸 샴파니 Xampú Xampany

최고급 타파스 안주가 유명한 스파클링 카바 바이다. 최상급 식재료만 이용해 만드는 홈메이드 안주가 맛있기로 유명하다. 카바와 와인으로 만드는 2종류의 상그리아는 재료를 아낌없이 사용해 상큼한 맛이 일품이다.

엘스 소르티도스 델 파를라멘트
Els Sortidors del Parlament

멋스러운 와인 배럴을 테이블로 사용하는 분위기 있는 곳이다. 다양한 연령층의 손님들이 찾는 곳으로 부담 없이 들르기에 좋다. 독특한 와인이 많고, 원하는 가격대의 와인을 찾아주기도 한다.

라 비냐 델 세뇨르 La Vinya del Senyor

수백 개의 빈티지를 자랑하는 바이다. 산타 마리아 델 마르 성당 앞에 자리 잡고 있어 운치는 덤. 계절마다 맛 좋은 빈티지를 엄선하며, 주마다 정기적으로 메뉴가 변경된다.

라 비나테리아 델 칼 La Vinateria del Call

밤이 오면 포도 향을 뿜어내는 핫플레이스로 160여 종의 스페인 와인을 보유하고 있다. 구유대인 지구에 위치해 있어서 어두운 분위기가 멋스러운 바이다.

> **Tip** 카바는 샴페인이 아니에요!
>
> 프랑스 샴페인Champagne 지방의 포도로 만든 스파클링만을 샴페인이라 부른다. 샴페인을 취급하는 바는 바르셀로나에서 샴파녜리아Xampyeria라고 한다. 마찬가지로 카탈루냐의 스파클링 카바Cava도 카탈루냐에서 생산한 것 외에는 그 이름을 허용하지 않는다. 카바 외에도 모스카텔Moscatell도 추천할 만하다. 카탈루냐 지역의 모스카텔은 다른 지역의 모스카텔보다 더 진한 맛이 특징이다.

EATING 07
새콤달콤 상그리아&칵테일

상큼하고 달콤한 것들이 섞였으니 맛이 없을 수가 없다. 상그리아는 시원할수록 더 잘 넘어가는 여름 칵테일의 대명사. 끝을 모르고 목 뒤로 넘어가는 칵테일과 함께하는 낮의 일정은 훨씬 더 상쾌하고, 밤은 영원할 것만 같이 즐겁다.

© Joan Cabac_s

추천 상그리아 & 칵테일 맛집

로베야 네그라 L'Ovella Negra

스포츠 경기를 중계하는 시끌벅적 즐거운 바. 대표 메뉴인 홈메이드 상그리아가 맛있기로 유명하다. 카탈루냐 광장 부근에서 오랜 시간 영업해온 곳으로, 현지인들이 많이 찾는 로컬 스폿이다. '검은 양'이라는 뜻을 가진 이름에 걸맞게, 이 가게의 마스코트인 귀여운 양이 그려진 티셔츠나 머그잔 등을 판매한다. 기념품으로 구매해도 좋겠다.

부보 본 Bubó Born

초콜릿 상점과 칵테일 바가 나란히 위치한 부보 본. 초콜릿 케이크로 수상 경력이 있는 쇼콜라티에가 상주하고 있다. 오렌지 껍질로 만든 리큐어 코엥트로Cointreau를 넣은 상그리아가 이 집의 인기 비결.

마가리타 블루 Margarita Blue

멕시칸과 지중해 음식이 주 메뉴인 라이브 바. 클래식 칵테일부터 무알콜 칵테일까지 모두 갖추고 있다. 자체 개발한 마가리타 블루Margarita Blue가 특히 인기 있다. 시 낭송과 음악 연주회 등 각종 공연을 정기적으로 연다.

콰트르 가츠 4 Gats

세계적인 화가 피카소와 달리가 즐겨 찾았던 식당. 이곳의 메뉴판도 피카소의 작품이니 놓치지 말자. 분위기는 좋지만, 요리 맛에 비해 가격이 비싼 것이 아쉽다.

라센소르 L'Ascensor

'엘리베이터'를 뜻하는 이름처럼 윤이 나는 어두운 원목으로 꾸민 엘리베이터를 타고 입장하는 독특한 콘셉트의 바이다. 와인 리스트가 훌륭하며, 모히토가 맛있기로 유명하다.

EATING 08

여름 여행자라면 물처럼 들이킬
바르셀로나 맥주

해변에서 하루 종일 수영하고 태닝을 할 때, 바둑판 같은 에이샴플라 지구에서 길을 잃었을 때, 캄프 누에서 FC 바르셀로나 경기를 볼 때. 쨍한 바르셀로나 태양 아래 시원한 맥주보다 더 잘 어울리는 음료는 떠올리기가 힘들다. 쾌활한 바르셀로나 사람들은 맥주병도 깨질 듯 힘차게 부딪히며 즐거워한다.

TALK

스페인의 맥주

무더운 날씨가 계속되는 나라답게, 스페인 사람들은 맥주를 즐겨 마신다. 스페인 맥주의 평균 알코올 지수는 4~5.5%로 높지 않은 편이다. 대부분의 바에서는 손잡이로 따르는 생맥주를 구비하고 있고 라거, 논알콜 맥주도 갖추고 있다.

▌어떻게 주문할까?

브랜디 잔이나 칵테일 잔 정도의 작은 사이즈는 카냐Caña, 그다음 사이즈는 300ml가 조금 안 되는 매우 얇고 긴 잔인 투보Tubo가 있다. 일반 파인트 잔은 핀타Pinta, 카냐와 핀타 사이의 사이즈 도블레 Doble(카냐 2배 크기)를 갖추고 있는 바도 있다. 작은 피처 정도 크기의 큰 잔은 자라Jarra, 코파Copa 또는 탄케Tanque라 한다. 주문할 때 크기를 따로 말하지 않으면, 보통 핀타로 가져다준다. 논알콜 맥주는 세르베사 신Cerveza Sin이 있다.

핀타 / 코파

▌꼭 마셔보자, 클라라 Clara

맥주와 레몬 탄산수를 1:1 비율로 섞은 스페인식 레몬 맥주 클라라. 한 번 마셔보면 그 맛을 영원히 잊지 못한다는 마성의 스페인 음료다. 술술 잘 넘어갈 뿐만 아니라 짭조름한 맛의 타파스와 함께 먹으면 몇 병은 연달아 마셔줘야 하는, 달콤새콤한 맛이라 여성들에게 특히 인기 있다. 병맥주를 시키려면 메디아나Mediana를 주문하도록 하자.

클라라

추천 바르셀로나 맥주 맛집

블랙랩 브루하우스 앤 키친 BlackLab Brewhouse&Kitchen

자체 양조장에서 만드는 맛있는 맥주를 맛볼 수 있는 펍이다. 시즌별로 새로운 맥주를 선보이기도 하며, 홈페이지에 자세한 주조 과정과 재료, 알코올 도수 등을 소개한다. 클래식한 맥주부터 신선한 맥주까지 모두 취급해 맥주 덕후들에게 추천하는 곳이다. 양조장은 개방되어 있어 언제든 구경할 수 있고, 매주 일요일 오후 5시에는 맥주 투어가 진행된다.

Tip 바르셀로나 맥주 페스티벌 Barcelona Beer Festival

2012년 처음 열린 바르셀로나의 맥주 페스티벌. 2013년에는 2배 이상의 사람들을 끌어 모으며, 성공 가도를 달리기 시작한 축제다. 바르셀로나 맥주 페스티벌에서는 250개 브랜드에서 600여 종 이상의 맥주가 168개의 탭에서 뿜어져 나온다.

페스티벌 기간 동안 맥주와 다양한 안주를 묶어 시식을 진행하고, 테이스팅뿐 아니라 전문가들의 강연이나 간담회 등 다채로운 프로그램들이 빼곡히 3일 동안 진행된다. 맥주는 3가지 온도로 준비되고 지역 레스토랑들과 협업하여 검증된 맛있는 안주도 먹어볼 수 있으며, 모든 것은 평소보다 훨씬 더 싼 가격에 판매하니 까다로운 맥주 애호가들부터 지나가다 들리는 관광객들까지 모두 만족할 수밖에 없는 축제. 5월에 열린다.

Data 홈페이지 www.barcelonabeerfestival.com

맥주, 무엇을 시키면 좋을까

에스트레야 Estrella
바르셀로나에서 1876년부터 양조해 온 대표적인 맥주 브랜드. 에스트레야 도라다 Estrella Dorada와 좀 더 다크한 볼 담 Voll Damm 맥주가 주력 상품이다.

모리츠 Moritz
비교적 순한 맛의 맥주로 에스트레야 다음으로 인기가 좋다. 가족이 운영하는 양조장에서 만드는 모리츠는 에스트레야보다 좀 더 진한 맛이다.

간단한 맥주 용어와 표현

- 맥주 🔊 쎄르베싸 Cerveza
- 중간 크기 병맥주 🔊 우나 메디아나 una mediana
- 작은 병 맥주(0.2L) 🔊 운 낀또 un quinto
- 1L 🔊 우나 리뜨로나 una litrona
- 드라프트 맥주 🔊 우나 까냐 una caña
- 작은 크기 드라프트 맥주 🔊 우나 까냐 뻬께냐 una caña pequeña

비어캡 BierCab

바르셀로나 크래프트 맥주 붐에 크게 기여한 곳이며, 까다로운 맥주 애호가들도 좋아할 만한 맥줏집이다. 다양한 국가의 맥주를 판매하는데 특히 벨기에 맥주를 다양하게 구비하고 있다. 30개의 탭 맥주 외에도 병맥주도 다채롭게 갖추고 있다. 손님이 너무 많다면 병맥주 한 병 사들고 나와 호텔에서 편하게 마시는 것도 좋겠다.

파브리카 모리츠 Fabrica Moritz

바르셀로나에서 가장 긴 맥주 바를 갖춘 곳. 마이크로 양조장과 바로 연결된 탭에서 뽑아내는 시원한 맥주를 맛볼 수 있다. 양조장을 구경할 수도 있어서 항상 많은 사람들로 북적이는 바이다.

라 세르베세라 아르테사나 La Cervesera Artesana

허니 에일, 페일 에일, 유기농, 무알콜, 독립 브랜드 등 세상에 존재하는 맥주는 다 있다. 맥주 좀 마셔본 맥주 덕후들을 흥분시킬 훌륭한 맥주 리스트를 갖춘 곳.

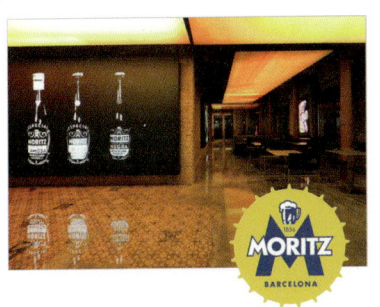

(EATING 09)

달콤한 디저트, 커피 한 잔, 그리고 브런치! **바르셀로나 카페**

아무리 바쁜 일정이지만 쉬어가는 오전이 필요한 날이 반드시 있다. 마치 바르셀로나에 사는 현지인처럼, 내일도 모레도 다음 주도 다음 달에도 있을 것처럼 여유를 부리고 싶은 날에는 편안한 분위기와 맛있는 브런치가 있는 카페가 제격이다.

바르셀로나에서 꼭 먹어야 할 디저트

파네예츠 Panellets

만성절에 먹는 카탈루냐 지방의 전통 과자로 견과류를 돌돌 말아 굴려 만드는 주전부리. 여러 종류의 견과류를 사용할 수 있으나 전통 레시피는 잣을 사용한다.

엔사이마다 Enxaïmada

17세기 마요르카에서 처음 만들어졌다는 스페인 전통 페이스트리. 달팽이 모양으로 돌돌 말려 있는 빵 위에 듬뿍 뿌린 파우더 슈거가 특징이다.

부뇰 Bunyol

도넛과 같이 튀긴 스페인 전통 빵이다. 속을 채운 재료나 함께 뿌려주는 소스 맛에 따라 종류가 굉장히 다양해진다.

크레마 카탈라나 Crema Catalana

토치로 구운 설탕을 톡톡 깨서 부드러운 커스터드 크림을 떠먹는 것. 프랑스 크렘 브륄레 Crème Brulée와 유사하다.

쉬쇼 Xuixo

지로나 Girona 지방의 페이스트리 튀김. 진하게 졸여 요리한 크림 크레마 카탈라나 Crema Catalana로 속을 채운 뒤에 튀긴다.

> **Tip 유용한 카페 용어**
> - 에스프레소 🔊 까페 또는 까페 쏠로 Café, Café solo
> - 진한 에스프레소 🔊 까페 꼬르또 Café corto
> - 아이스 커피 🔊 까페 꼰 이엘로 Café con hielo
> - 카페 라테 🔊 까페 꼰 레체 Café con leche, Café amb llet

추천 바르셀로나 유명 카페

에스파이 수크르 Espai Sucre

설탕으로 할 수 있는 모든 것을 만날 수 있는 곳으로 디저트만 판매한다. 유칼립투스, 셀러리, 사과로 만든 수프나 커피 샤베트 등 용기를 내서 주문해야 할 독특한 메뉴들로 가득하다.

그란자 둘시네아 Granja Dulcinea

크림과 초콜릿과 쿠키가 가득한 카페다. 휘핑 크림을 얹은 핫초코 수이소스 Suïssos가 가장 알려진 메뉴. 설탕을 듬뿍 뿌린 부드러운 비스킷 멜린드로스 Melindros와 마요르카의 달팽이처럼 생긴 페이스트리 엔사 이마다 Ensaïmada는 꼭 먹어봐야 할 디저트. 메뉴 모두 테이크아웃 가능.

피크닉 레스토랑 Picnic Restaurant

날씨 좋은 날 소풍 가는 기분으로 찾기 좋은 카페. 스페인, 미국, 영국식 핑거 푸드와 깔끔한 브런치를 선보이는데, 모두 기대 이상의 맛이다. 특히 이곳의 구운 토마토와 페타 치즈를 맛보려면 토요일 아침 일찍 일어나 부지런히 찾아가야 한다.

밀크 Milk

아일랜드에서 온 커플이 운영하는 브런치 플레이스. 2005년 오픈해 꾸준히 인기 있는 카페로, 바르셀로네타에 인접해 있어 언제나 많은 사람들로 붐비는 맛집이다. 에그 베네딕트와 팬케이크가 추천 메뉴. 저녁에는 칵테일을 마시려는 사람들로 붐빈다.

EATING 10

평생 기억에 남을 식사, **미쉐린 레스토랑**

맛에 민감한 여행자는 다른 것은 다 양보해도 식비는 줄일 수 없다 외친다. 여행의 추억과 한데 엉키면 1유로짜리 길거리 군것질도 언제나 좋지만 딱 하루, 딱 한 끼의 제대로 된 식사를 위해 몇 달 전에 예약하는 수고를 마다 않는다. 미식가들을 위해 미쉐린 별들을 자랑스럽게 달고 있는 검증된 레스토랑을 소개한다. 맛과 멋이 보장된 곳에서 잊지 못할 식사를 해보자.

ⓒ Cinc Sentits

TALK

미쉐린 레스토랑
Michelin Restaurants

미쉐린 레스토랑은 프랑스의 유명 타이어 회사 미쉐린Michelin에서 해마다 발행하는 레스토랑 가이드 〈미쉐린 가이드〉에 실리는 레스토랑들을 가리키는 말이다. 그중에서도 별 1~3개를 부여하여 등급이 나뉜다. 미쉐린 평가 요원들은 평범한 손님으로 가장해 1개의 식당을 1년 간 여러 차례 방문하여 평가하고 등급을 매긴다. 1990년 〈미쉐린 가이드〉가 첫 출판되었으며, 현재까지 레스토랑 평가의 절대적인 기준으로 여겨지고 있다. 빨간 가이드북의 표지 때문에 '레드 가이드'라고 부르기도 한다.

바르셀로나에는 18개의 1스타, 5개의 2스타, 3개의 3스타 미쉐린 레스토랑이 있다. 또한 별을 주기에는 아쉽지만, 훌륭한 식당이라 평가하는 중가 식당에게 부여하는 빕 구르망Bib Gourmand을 포함한 미쉐린 가이드Michelin Guide 하위 추천 리스트까지 포함하면 총 84개의 미쉐린 레스토랑들이 있다.

〈미쉐린 가이드〉

> **Tip** 미쉐린 별점 가이드
> - ★ 해당 분야에서 아주 뛰어난 레스토랑
> - ★★ 훌륭한 요리를 맛보기 위해 찾아갈 만한 레스토랑
> - ★★★ 이례적으로 우수한 요리를 맛보기 위해 특별히 멀리 오는 수고를 해도 아깝지 않은 레스토랑

바르셀로나의 미쉐린 레스토랑

싱크 성티츠 Cinc Sentits

독창적인 요리를 선보이는 미쉐린 1스타 레스토랑. 카탈루냐 캐비어와 같이 신선하고 질 좋은 지역 식재료를 사용하고, 시즌이나 공휴일에 맞추어 다양한 이벤트를 선보인다.

비아 베네토 Via Veneto

최고의 전통 카탈루냐 음식점. 벨 에포크Bell Époque 시대를 테마로 한 중후하고 무게감 있는 분위기의 인테리어와 격식 있는 서비스가 인상적인 미쉐린 레스토랑이다.

아박 ÀBaC

'천재 요리사'라고 일컬어지는 조르디 크루스의 미쉐린 3스타 레스토랑. 젊은 감각으로 놀라운 메뉴를 선보인다. 훈제 스테이크 타르타르와 다양한 갑각류 요리가 대표적이며, 천 개가 넘는 와인 전용 셀러도 갖추고 있다.

모멘츠 Moments

만다린 오리엔탈 호텔의 미쉐린 2스타 레스토랑으로 아구 스튜, 사슴 스테이크 등을 맛볼 수 있다. 스타 셰프 카르메 루스카예다는 정식 교육을 받지 않았으나, 뛰어난 감각과 손맛으로 2005년 미쉐린에서 별을 받았다.

Step 05
Shopping

바르셀로나를
남기다

01 예상치 못한 쇼핑 천국 바르셀로나 공항 쇼핑
02 스페인 부동산 몸값 1위 쇼핑 스트리트 그라시아 거리
03 현지에서 훨씬 싼 스페인 스파 브랜드 쇼핑
04 꼭 쇼핑해야 하는 스페인 로컬 브랜드

05 바르셀로나 백화점 쇼핑
06 알뜰살뜰 쇼퍼들을 위한 아웃렛 쇼핑
07 스페인 남자들은 어디서 옷을 살까? 남자들을 위한 쇼핑 가이드
08 친구들이 열광하는 바르셀로나 기념품

SHOPPING 01

예상치 못한 쇼핑 천국
바르셀로나 공항 쇼핑

단 며칠을 보냈을 뿐인데 정이 들어 떠나고 싶지 않은 바르셀로나. 인천행 비행기에 몸을 싣는 것을 더욱더 힘들게 만드는 것은 엄청나게 큰 공항의 쇼핑 구역이다. 도시를 추억하기에 완벽한 기념품이 즐비하다. 역동적인 선수들의 모습을 담은 대형 포스터가 걸린 바르샤 스토어, 게이트로 이동하는 마지막 순간까지 카드를 손에 쥐고 다니게 하는 스페인 패션 브랜드 상점들까지! 도착하고 떠나는 발걸음들이 공항에 닿는 단 몇 시간을 무척이나 즐겁게 만들어준다.

바르셀로나 면세점
주소 El Prat de Llobrega, 08820 **운영** 대부분 06:00~22:00 **홈페이지** barcelona.shopdutyfree.com/en/

터미널 1 쇼핑 정보

면세
- 1층 바르셀로나 면세점 Barcelona Duty Free
  E구역, 스카이 센터
- 익스프레스 면세점 Express Duty Free B구역
- 3층 바르셀로나 면세점 Barcelona Duty Free D구역

패션 1층
- 바르샤 스토어 Barça Store • 브라우니 Brownie
- 버프 Buff • 버버리 Burberry • 데시구알 Desigual
- 제옥스 Geox • 제이디스포츠 JD Sports
- 라 카사 데 라스 카르카사스 La Casa de las Carcasas
- 리바이스 Levi's • 망고 MANGO
- 무니치 Munich • 파르푸아 Parfois • 레이밴 Ray-Ban
- 선글라스 헛 Sunglass Hut • 테드 베이커 Ted Baker
- 빅토리아 시크릿 Victoria's Secret

기념품&인테리어 소품
- 허브 Hub • 허드슨 Hudson • 릴레이 Relay
- 나투라 Natura • 리투알스 Rituals • 스탬프 Stamp
- 슈퍼스컹크 Superskunk

전자 제품
- 카피 Capi • 테크 앤 플라이 Tech&Fly

스낵 & 식료품
- 돌체마니아 Dolcemania • 푸디스 Foodies
- 시바리움 Sibarium • 초콜랏 팩토리 Chocolat Factory
- 롤리 Lolly • 투론스 비센스 Torrons vicens

터미널 2 쇼핑 정보

면세
- 1층 바르셀로나 면세점 Barcelona Duty Free
  U, W구역
- 익스프레스 면세점 Express Duty Free M, S, Y구역
- 2층 바르셀로나 면세점 R구역

패션 & 액세서리
- 바르샤 스토어 Barça Store • 버프 Buff
- 레이밴 Ray-Ban • 선글라스 헛 Sunglass Hut
- 타스콘 Tascón • 더 패션 플레이스 The Fashion Place
- 빅토리아 시크릿 Victoria's Secret

기념품 & 인테리어 소품
- 허드슨 Hudson • 나투라 Natura
- 띵킹 바르셀로나 Thinking Barcelona
- 리플레이 Relay • 슈퍼스컹크 Superskunk
- 더 마켓 The Market

전자 제품
- 테크 앤 플라이 Tech&Fly

스낵 & 식료품
- 투티 프루티 Tutti Frutti
- 브레드웨이 Breadway
- 산타글로리아 Santagloria
- 시바리움 Sibarium • 하겐다즈 Häagen Dazs

Tip 마지막 쇼핑 찬스, 공항!

바르셀로나 공항은 세계 여러 공항들 중에서도 쇼핑 공간의 규모도 상당하고 품목과 브랜드, 가격대도 다양하다. 시내에서 면세 혜택을 받으면 공항에서의 가격과 차이가 나지 않으니 시간상 구매하지 못한 품목들 위주로 쇼핑하는 것을 추천한다. 면세 한도 및 경유지의 액체 반입 가능 여부 등은 계산 전 꼭 기억해야 한다.

스페인에서 EU 국가로 이동 시 면세 한도
EU 국가끼리는 반입 가능한 알코올과 담배에 대한 제한이 없지만 다음의 기준 이상으로 반입할 시 관세청의 검문을 받을 수 있다.

• 담배	800개
• 시가리요	400개
• 시가	200개
• 파이프용 담배	1kg
• 맥주	110L
• 증류주	10L
• 와인	90L
• 강화 와인(포트 또는 셰리)	20L

* 육로로 다른 EU 국가 방문 시 300유로, 항공편이나 수로로 방문 시 430유로 이상의 물건

> SHOPPING 02

스페인 부동산 몸값 1위 쇼핑 스트리트
그라시아 거리

호텔 방으로 들고 들어오는 '성과'가 없어도 다녀온 것에 큰 뿌듯함을 느끼게 되는 특별한 곳. 바깥 바람이 들어오는 작은 환풍구, 얼마나 시간이 지났는지 알려줄 벽시계 하나 찾아볼 수 없는 백화점 건물 속에 갇혀 쫓기듯 쇼핑하는 것과는 차원이 다른 쇼핑 경험을 할 수 있다. 거대한 야외 미술관 같은 느낌이 드는 거리다.

그라시아 거리, 황금 네모
Passeig de Gràcia, Quadrat d'Or

- ❶ 산타 에우랄리아 Santa Eulalia
- ❷ 지미 추 Jimmy Choo
- ❸ 돌체앤가바나 Dolce & Gabbana
- ❹ 카롤리나 헤레라 Carolina Herrera
- ❺ 카르티에 Cartier
- ❻ 구찌 Gucci, 루이 비통 Louis Vuitton
- ❼ 샤넬 Chanel
- ❽ 로에베 Loewe
- ❾ 겐조 Kenzo
- ❿ 코스 COS
- ⓫ 아돌포 도밍게스 Adolfo Dominguez
- ⓬ 막스마라 Maxmara
- ⓭ 디젤 Diesel
- ⓮ 마시모 두티 Massimo Dutti
- ⓯ 리모와 Rimowa
- ⓰ 프라다 Prada
- ⓱ 펜디 Fendi
- ⓲ 에르메스 Hermès
- ⓳ 롤렉스 Rolex
- ⓴ 훌라 Furla, 빔바 이 롤라 Bimba y Lola
- ㉑ 엠포리오 아르마니 Emporio Armani
- ㉒ 조 말론 Jo Malone, 우먼시크릿 Women'Secret
- ㉓ 망고 MANGO
- ㉔ 버버리 Burberry
- ㉕ 스와로브스키 Swarovski
- ㉖ 키엘 Kiehls
- ㉗ 망고 MANGO
- ㉘ 이자벨 마랑 Isabel Marant
- ㉙ 자라 홈 Zara Home
- ㉚ 유니클로 UNIQLO
- ㉛ 스텔라 맥카트니 Stella McCartney, 생 로랑 Saint Laurent
- ㉜ 발렌티노 Valentino

Tip
크리스마스 쇼핑 시즌을 알리는 바르셀로나 쇼핑 나이트 Barcelona Shopping Night가 매년 11월 말 그라시아 거리에서 시작된다.

그라시아 거리 Passeig de Gràcia

각이 제대로 잡힌 여러 브랜드의 쇼핑백들을 양손에 나누어 쥐고 또각또각 하이힐 소리를 내며 5번가를 신나게 걸어 내려가는 쇼퍼홀릭 뉴요커는 못되더라도 기분만큼은 똑같이 낼 수 있는 번화한 쇼핑 거리. 못해도 스파 브랜드 쇼핑백 두어 개는 들게 되는 곳. 지름신이 제대로 강림하는 이곳은 그라시아 거리다.

- 무엇을 찾아도 이 거리에 있다

카탈루냐 광장에서 시작해 그라시아에서 끝나는 바르셀로나 최고의 쇼핑 거리. '그라시아로 가는 길'이라는 뜻의 그라시아 거리에는 주머니 부담 없이 가볍게 돌아볼 수 있는 스파 브랜드 매장들이 큰 규모로 입점해 있다. 럭셔리 쇼핑을 즐기고 싶은 사람들도 명품 매장들이 끝없이 늘어선 이 거리에서 만족스러운 쇼핑을 할 수 있을 것이다. 원래 쇼핑을 좋아하지 않거나 다른 것들을 하느라 쇼핑할 시간이 없는 여행자라면 그라시아 거리만 돌아보아도 충분하다고 느낄 정도다. 대부분의 브랜드 상점들과 디자이너 브랜드들의 플래그십 스토어, 크고 작은 로컬 숍이 가득하다.

황금 네모 Quadrat d'Or

디아고날 거리를 중앙에 두고 남쪽으로는 카탈루냐 광장, 북로는 디아고날가Avinguda Diagonal, 그리고 양옆으로는 산 호안 거리Passeig de Sant Joan와 문타네가Carrer de Muntaner를 경계로 하는 에이샴플라 지역의 황금 네모 지역은 그야말로 '비까번쩍'한 상점들이 집합해 있는 쇼퍼들의 천국이다.
모더니스트 양식의 건축물들이 많은 지역이라 건축학도들도 꼭 들르는 지역이다. 세라믹 아트와 스테인드글라스, 철제 구조물, 모자이크, 석상 등 눈이 무척 즐거운 사각지대다.

바르셀로나 쇼핑의 기본

대부분의 상점들은 오전 10시쯤 문을 열고 오후 8시쯤 문을 닫는다. 토요일에는 대부분 문을 열지만 하절기, 동절기 특별 세일 기간을 제외하고는 일요일에 문을 여는 곳은 거의 없다. 바르셀로나 해변 쪽에 위치한 백화점 마레마그눔이 일요일에 문을 여는 유일한 쇼핑 플레이스다.
큰 상점이나 백화점은 점심시간에 쉬지 않지만 개인이 운영하는 가게나 소규모 상점들은 문을 닫을 수 있다. 요일, 상점마다 다르므로 꼭 가보고 싶은 곳이 있다면 미리 체크해두자.

걷기에도 즐거운 거리

가우디뿐 아니라 루이스 도메네크 이 몬타네르Lluís Domènech i Montaner, 조셉 푸이그 이 카다파르크Josep Puig i Cadafalch, 엔릭 사그니에Enric Sagnier 등 카탈루냐 모더니즘 건축가들은 모두 이 거리에 대표 작품을 가지고 있다. 카사 바트요, 카사 밀라, 페드레라, 카사 아마트예르 역시 그라시아 거리에 위치해 있다.
쇼퍼들의 양손이 가벼워도 이 거리를 걷는 것이 더욱 즐거울 수 있도록 시 정부는 큰 돈을 들여 대로를 보수하고 조명을 교체했

다. 현대적인 건축물들로 이루어진 이 넓은 대로의 양옆은 울창한 가로수가 들어서 있고, 바르셀로나 최고의 레스토랑들이 눈에 익은 브랜드 간판들 사이에 자리한다. 기념 엽서에 자주 등장하는 벤치와 가로등이 하나로 된 것도 그라시아 거리에 있다. 카탈란 건축가 페레 팔케스Pere Falques의 작품이다.

> SHOPPING 03

현지에서 훨씬 싼
스페인 스파 브랜드 쇼핑

상하의가 서로 어울리는지조차 관심이 없는, 전생에 패션과 크게 싸워 이번 생에서도 담을 쌓고 등을 돌리고 사는 사람을 제외하고는 일 년 중 '언젠가는' 쇼핑을 위해 지갑을 열 일이 있다. 기본 아이템이나 몇 달 후 사게 될 옷들을 굳이 바르셀로나에서 사야 하는 이유, 혹은 핑계를 만들어주는 것이 바로 스페인 스파 브랜드 양대 산맥이다. 앞으로 당분간 무너질 일이 없을 것처럼 보이는 이 거대한 스파 브랜드들의 출입문은 하루에 몇 번을 열리고 닫힐지 가늠조차 되지 않는다.

추천 스페인 스파 브랜드

자라 ZARA

이 가격에 자라 상품을 구매했다고 하면 아무도 믿지 않을, 뿌듯한 쇼핑을 보장하는 스페인 대표 스파 브랜드다. 여성복, 남성복, 아동복 라인과 인테리어 제품을 판매하는 자라홈Zara Home까지 보유하고 있으며, 성황리에 판매 중이다. 현재 전 세계 88개국에 약 6,000여 개의 매장이 있는 세계적인 브랜드.

망고 MANGO

자주 본 브랜드지만 이런 가격표는 본 적이 없을 것이다. 이 가격에 쇼핑하고 나면 한국에 돌아가서는 절대 망고 옷을 사 입을 수 없을 정도로 가격 차이가 크다. 스페인 브랜드로 타 유럽 도시보다 매장 개수도 많고 디스플레이도 훌륭하다. 그러니 다채롭고 개성 있는 망고 옷들을 쇼핑할 여유 자금은 꼭 가져올 것.

> **Tip** 대표적인 중저가 브랜드 상점들이 모여 있는 펠라이Pelai 거리
>
> 카탈루냐 광장Plaça Catalunya에서 우니베르시타트 광장Plaça Universitat까지 뻗은 이 거리는 시우타트 베야 Ciutat Vella와 에이샴플라Eixample를 나누는 경계 역할을 하여 접근성이 훌륭하다. 이곳에 중저가 브랜드 상점들이 모여 있어 예산이 넉넉지 않은 쇼퍼들이 주로 찾는다.
>
> - 스페인 패션 브랜드 스트라디바리우스 Stradivarius   주소 Carrer Pelai, 30
> - 대형 메이크업 스토어 세포라 Sephora   주소 Carrer Pelai, 13
> - 속옷 우먼시크릿 Women'Secret   주소 Carrer Pelai, 14
> - 스파 브랜드 자라 Zara   주소 Carrer Pelai, 58
> - 스파 브랜드 첼리오 Celio   주소 Carrer Pelai, 42
> - 네덜란드 브랜드 C&A   주소 Carrer Pelai, 54

스트라디바리우스 Stradivarius

보편적인 캐주얼 의류에 강한 브랜드인 스트라디바리우스. 가격은 친근하나 브랜드 이름에 걸맞게 질 좋은 옷들을 장인과 같은 책임감으로 만들어낸다. 한국에도 매장이 있다.

버쉬카 Bershka

봄, 여름과 잘 어울리는 가녀리고 하늘하늘한 옷들로 가득하다. 2014년 본격적인 한국 론칭을 선언한 인디텍스 그룹의 브랜드다.

풀 앤 베어 Pull&Bear

베이직한 야구 점퍼나 후드 티셔츠와 같이 언제 어디서나 입을 수 있는 스타일. 견고하고 튀지 않는 심플함이 매력적인 브랜드다.

Tip 매장 찾기

이 페이지에서 소개한 여러 스파 브랜드들은 바르셀로나에 많은 매장들을 가지고 있다. '패스트 패션Fast Fashion'의 성격에 어울리게 매장이 새로 생겨나기도 하고 문을 닫거나 이사를 가기도 한다. 주소를 표시한 가장 큰 대표 매장을 제외하고 나머지 매장들의 위치를 확인하는 가장 정확한 방법은 각각의 홈페이지에 있는 '매장 찾기Store Finder' 기능을 이용하는 것이다. 각 매장의 오픈 시간, 전화번호 등의 정보와 구체적인 위치를 확인할 수 있다. 바르셀로나에서는 서울과 같이 '명동 지점', '동대문 지점'이라고 매장명을 따로 부여하지 않고 있으니 다른 지점을 찾아갈 때는 주소를 반드시 알아둘 것. 구글지도에서도 대부분 확인이 가능하다.

SHOPPING 04
꼭 쇼핑해야 하는 **스페인 로컬 브랜드**

'여기 아니면 못 사~' 구매 대행 서비스가 있어도, 마음먹고 쇼핑하면 비행깃값이 아깝지 않다. 품질 좋고 맵시 나는 멋진 유러피안 브랜드가 스페인에 유난히 많다. 참아왔던 쇼핑 본능을 분출하기에 딱 좋은 대표적인 '동네' 패션!

저렴하게 구입할 수 있는 스페인 로컬 브랜드

코스 COS
H&M 계열의 브랜드로 앤아더 스토리즈보다 가격대가 약간 높은 하이엔드 라인이다. 퀄리티가 떨어지지 않으면서도 가격도 질 대비 훌륭한 브랜드여서 단아한 오피스룩과 디너 파티, 중요한 약속에 차려 입기 좋다. 시즌이나 유행을 타지 않는 무난한 디자인이 가장 큰 장점. 스페인 브랜드는 아니지만 스페인에서는 기타 유럽 국가보다 비교적 더 착한 가격에서 살 수 있어 구매할 것을 강력 추천한다.

앤아더 스토리즈 &Other Stories
스웨덴 스파 브랜드 H&M의 세컨드 브랜드다. 한국에는 아직 많이 알려지지 않았지만 질리지 않고 오래 입을 수 있는 미니멀한 디자인의 액세서리와 의류가 많아 주목받고 있다. 한국에는 매장이 많지 않고 제품도 다양하지 않으므로 바르셀로나에서 놓치지 말아야 할 브랜드다.

마시모 두티 Massimo Dutti
한국에도 마니아층이 두터운 마시모 두티. 직장인들을 겨냥해 출시한 브랜드로, 색상과 소재 사용에서 스페인 느낌이 물씬 나는 로컬 브랜드다. 클래식한 디자인부터 개성 있는 의류와 액세서리, 신발, 가방 디자인이 훌륭해 눈썰미 좋은 쇼퍼들이 애용한다.

우먼시크릿 Women'Secret

한국에서도 즐겨 찾는 여성 고객들이 많은 스페인 속옷 브랜드. 한국과 비교해 가격 차이가 어마어마하다. 자주 세일 및 프로모션 행사를 진행하기 때문에 현지에서 구매하지 않으면 안 되는 품목 중 하나다.

ⓒ Women'Secret

오이쇼 OYSHO

우먼 시크릿이 발랄하고 귀여운 프린트로 인기몰이를 한다면 오이쇼는 은은한 색과 작고 얌전한 무늬의 패턴 속옷 브랜드. 스포츠웨어와 홈웨어 등도 판매하고 있는데 나이키나 아디다스와 비하면 가격이 저렴하다. 질과 디자인에 있어서도 빠지지 않는다. 특히 요가 팬츠나 스포츠 탑과 같은 운동복이 인기 있다. 바르셀로나 도시 내 여러 매장이 있다.

SHOPPING 05
바르셀로나 **백화점 쇼핑**

상점에서 그다음 상점으로, 쇼핑백까지 양손에 들고 소매치기 신경 쓰며 이동하는 것은 너무나 어렵고도 힘든 일이다. 대도시의 특장점 백화점 쇼핑은 그래서 필수이고 또 감사하다. 시간도 체력도 바닥났지만 그래도 무언가를 쇼핑해야 한다면 다른 쇼핑 스케줄은 모두 클리어하고 백화점 1곳만 야무지게 돌아보자.

추천 바르셀로나 백화점

엘 코르테 잉글레스
El Corte Inglés

원스톱 쇼핑의 끝판왕. 마드리드에서 큰 성공을 거둔 후 바르셀로나까지 진출해 카탈루냐 사람들의 마음을 사로잡은 백화점이다. 런던의 셀프리지스 Selfridges&Co., 뉴욕의 메이시스Macy's와 견줄 만큼 바르셀로나 사람들에게 큰 사랑을 받고 있다.

아레나스 데 바르셀로나 Arenas de Barcelona

에스파냐 광장에 위치하여 접근성이 좋고, 백화점 돔에서 바라보는 몬주익 언덕이 아름다워 쇼핑할 맛이 나는 백화점이다. 백화점 내 테라스에서 바라보는 360도 막힘없는 경치도 훌륭하다. 밤에는 백화점 외관의 독특한 네오무데하르Neo-Mudéjar 양식의 파사드 사이로 새어나오는 조명이 아름다워 야경을 보러 찾는 사람도 많다. 6층에 걸쳐 총 100여 개의 상점이 있다. 백화점 내 영화관, 피트니스 센터, 카페, 레스토랑 등이 입점해 있어 항상 사람들로 붐빈다.

리야 디아고날 L'illa Diagonal
필요로 하는 모든 서비스를 누릴 수 있는 만능 백화점. 중저가 브랜드와 실용적인 물건들을 판매해 방대한 쇼핑 리스트를 한 번에 해결할 수 있다. 망고와 같은 대표적인 스파 브랜드뿐만 아니라 인테리어 디자인 상점 데카슬론, 페드로 델 이에로, 아포데미아 등 170여 개의 상점과 체인 레스토랑, 슈퍼마켓, 4성급 호텔, 헬스클럽, 공원을 갖추고 있다.

마레마그눔 Maremagnum
항구 포트 벨에 자리 잡고 있어 이곳을 둘러본 후 부근에서 온종일 시간을 보내도 좋다. 쇼핑으로 두 손을 채우고, 해산물 레스토랑에 들러 배도 채우자. 유리로 된 건물이 바닷가에 위치한 백화점답게 시원하고 현대적인 모양을 하고 있으며, 약간 벌어진 조개를 연상케 한다. 바르셀로나에서 일요일에 문을 여는 유일한 백화점이므로 일요일에는 사람들이 굉장히 많이 몰린다.

디아고날 마르 Diagonal Mar

무려 80,000㎡나 되는 어마어마한 규모의 쇼핑몰. 200여 개의 상점이 입점해 있다. 비즈니스 구역인 포룸Forum에 위치해 있어 쇼핑뿐 아니라 영화 관람, 식사는 물론 다채로운 서비스를 제공한다. 주차장은 처음 3시간이 무료이며, 3층은 'DiagonalMar'로 와이파이를 연결하면 무료로 사용할 수 있다. 구석구석 놓여 있는 벤치에서는 핸드폰 충전도 가능하다.

Tip 바르셀로나 빅 세일

1월 둘째 주 경 시작해 약 6~7주 동안 계속되는 신년 세일이 백화점 최대 세일 기간이다. 7월 초 시작되는 여름 세일도 못지않게 핫하다. 8월 말까지 가장 더운 2달 동안 바르셀로나 사람들은 시원하게, 아낌없이 질러대며 쇼핑으로 더위도 스트레스도 날려버린다. 하지만 이때가 아니더라도 경기가 좋지 않아 현지인과 관광객의 지갑을 열기 위해 부활절 세일, 크리스마스 세일, 백화점 자체 세일, 브랜드 자체 세일 등 언제나 세일을 한다.
카탈루냐어로 세일이라는 뜻인 'Rebajas' 또는 'Rebaixes'가 보이나 눈을 크게 뜨고 다닐 것! 특히 스페인 브랜드인 자라는 세일을 하지 않아도 다른 유럽 도시들보다, 한국보다 착한 가격으로 많은 품목을 판매하니 자라 쇼핑만큼은 놓치지 말자.

택스 리펀! 지불 금액의 최대 21% 돌려받기

- 택스 리펀 TAX REFUND 이란?

면세란 원래 가격에 포함되어 있는 부가가치세VAT를 돌려받는 것으로, 비유럽연합 국가의 쇼퍼들은 바르셀로나에서의 쇼핑을 면세로 즐길 수 있다. 최대 21%까지 할인 혜택을 받을 수 있으니 세일 기간이 아닐 때에도 기분을 낼 수 있다. 바르셀로나에 있는 모든 상점들의 90%가량이 면세 혜택을 허용한다. 그러나 택스 프리 쇼핑Tax Free Shopping 스티커를 붙여놓은 곳들은 그렇게 많지 않아 면세 혜택을 놓치는 경우가 다반사이다. 확실히 하는 가장 좋은 방법은 구매 전 "택스 프리Tax Free?"라 물어 보는 것.

- 택스 리펀 조건

1. 스페인에서는 총 금액에 상관없이 택스 리펀이 가능하다.
2. 물건 구입할 때 매장에서 택스 리펀을 요청해서 서류를 받아야 한다.
3. 귀국 시 가지고 돌아갈 물품에만 적용된다. 소비하는 기타 서비스(레스토랑, 카페 등)는 영수증에 적용되지 않는다.
4. 구매한 물품은 사용하지 않은 상태여야 한다. 바르셀로나 공항에서의 검사는 짐을 안 풀어보는 것으로 유명하지만 혹시 모르니 뜯지 않도록 한다.

- 택스 리펀 절차

출국 전 바르셀로나 시내에서 택스 리펀 받는 법

1. 쇼핑할 때 각각의 상점에서 가격을 지불한 후 면세 서류를 작성해 달라고 부탁한다. 여권 소지는 필수다.
2. 시내 택스 리펀 사무실에 이 서류들을 제출해 확인 스탬프를 받고 환급을 받는다.
3. 시내에서 택스 리펀을 처리한 후에 떠나기 전 공항에서도 스탬프를 받아야 한다.

Tip 서류 작성 시

카드 번호 적는 란에 번호를 적으면 그 자리에서 현금으로 돌려받지 못하고 카드와 연결된 계좌로 입금된다. 환율이 불리하므로 유로로 받는 편이 좋다. 또, 서류에 해당하는 개인 정보를 확인하고 여권(사본 불가)과 환급금을 받아볼 신용카드를 확인하자. 만약 추후 개인 정보가 맞지 않는 경우 현지 택스 리펀 사무소에서 수령해간 금액에 해당하는 금액에 벌금을 더해 신용카드에 청구한다.

구매한 물건의 부피가 크다면

스페인은 운송 업체 DHL과 계약이 되어 있어 면세 관련 서류 작업을 대행해 준다. 구매한 제품들을 가지고 다니기 힘들다면 구매 시 바로 한국으로 배송할 수 있다.

만약 비행기로 바르셀로나 아웃을 하지 않는 경우

선박, 자동차, 또는 열차로 바르셀로나를 떠나는 여행자라면 바르셀로나에서 면세 혜택금을 받을 수 없다. 이럴 때에는 상점 주인에게 바트 리클레임VAT Reclaim 봉투를 요청해 면세 서류를 넣는다. 항구, 기차 터미널에 위치한 세관 사무소를 찾아 바트VAT 서류를 제출하여 스탬프를 받는다. 유럽을 떠나기 전에 반드시 이 스탬프들을 받아야 한다. 한국으로 돌아가서 마드리드에 위치한 택스 리펀 환급 사무소로 이 서류들을 보내면 된다.

이 경우 환급금은 계좌로 입금받거나 수표로 받을 수 있고 대부분의 은행들이 해외 수표 발행 수수료를 꽤 많이 징수하기 때문에 계좌 입금이 가장 편한 옵션이다. 환급되는 시기는 이로부터 약 3달 후이다.

- **주로 이용하는 택스 리펀사 2곳을 알아보자**

글로벌 블루 Global Blue | **플래닛 택스 프리** Planet Tax Free

2곳의 택스 리펀사 홈페이지에서 택스 리펀 혜택을 받을 수 있는 나라별 조건과 진행 절차를 상세히 알아볼 수 있다. 글로벌 블루는 여권을 스캔하거나 환급 추적기를 통해 면세 거래 내역을 알아볼 수 있다. 플래닛 택스 프리는 영수증 바코드 번호를 입력해 진행 상태를 확인해 볼 수 있다.

Data 홈페이지 www.globalblue.com(글로벌 블루) / www.planetpayment.com(플래닛 택스 프리)

글로벌 블루 Global Blue

카탈루냐 광장 투어리스트 인포메이션 센터
Data 지도 P.226-B
가는 법 메트로1번 Cayalunya역 하차, 도보 1분
주소 Plaça de Catalunya, 17, 08002
전화 932-853-834 **운영** 월~토 10:00~20:00

웨스트필드 글로리스
Data 지도 ● 휴대지도-14, P.330-B
가는 법 메트로 1번 라인 타고 Glòries역 하차
주소 Avenida Diagonal, 208, 08018
전화 934-860-404 **운영** 월~토 10:00~21:30

플래닛 택스 프리 센터

프낙
Data 지도 P.226-B **가는 법** 메트로 1번 라인 타고 Catalunya역 하차, 도보 1분 **주소** C. C. El Triangle, Plaça de Catalunya, 4, 08002 **운영** 10:30~21:00

엘 코르테 잉글레스
Data 지도 ● 휴대지도-13, P.227-C
가는 법 메트로 1번 라인 타고 Catalunya역 하차, 도보 1분 **주소** Plaça de Catalunya, 14, 08002
전화 933-063-800 **운영** 09:00~21:30

바르셀로나 공항에서 택스 리펀 스탬프 받기

1. 쇼핑할 때 각각의 상점에서 가격을 지불한 후 면세 서류를 작성해 달라고 부탁한다.
2. 공항에서 반드시 짐을 부치기 전에 이 서류들을 세관에 보이고 확인 스탬프를 받는다. 짐을 열어볼 수 있어야 하기 때문이다. 택스 리펀 스탬프를 찍어 주는 곳 T1은 출국층 3층, T2는 탑승동 B0층에 위치한다. 스페인 내에서 구매한 제품은 디바DIVA 키오스크를 통해 간편하게 처리할 수 있다. 환급금을 받기 위해 환전소로 가면 줄이 길기 때문에 대기 번호표를 받고 기다려야 하는 경우가 다반사다. 시간이 여유롭지 않으면 시내에서 미리 택스 리펀을 받고 오는 것이 좋다.
   Data 공항 택스 리펀 스탬프 사무소 운영 T1 24시간 운영, T2 07:00~22:00
3. 세관에서 확인 도장을 서류를 받은 후 공항 내 모든 환전소에서 원하는 화폐 단위로 면세 할인된 비용을 돌려 받을 수 있다.

- **환전소에서 환급금 받기**

현금으로 돌려받기를 원하는 경우 스탬프를 찍은 다음 바로 옆 창구 TAX FREE RFUNDS에서 수령한다. 카드로 받고자 하는 경우 서류를 넣은 봉투를 택스 리펀사에 맞는 우체통에 넣는다.

SHOPPING 06
알뜰살뜰 쇼퍼들을 위한 **아웃렛 쇼핑**

면세 혜택과 세일 기간만을 노린 것도 모자라 현지 스파 브랜드 쇼핑만을 해온 알뜰한 당신! 밥 한 술 뜨고 굴비 한 번 쳐다보는 자린고비 정신으로 무장한 짠순이 짠돌이도 무장해제시킨다. 그 이름도 아름다운 아웃렛 쇼핑 타임이다.

라 로카 빌리지 La Roca Village

질리지 않고 오래 쓸 것이라 다짐해도 큰 지출을 하기 두려운 명품 브랜드들을 마음 편히 살 수 있다. 이월 상품이면 어떠하랴, 이 가격이면 모든 것이 용서된다 싶을 만큼 아웃렛에서는 믿기지 않는 가격으로 질 좋은 명품 브랜드와 고가 브랜드 상품들을 살 수 있다. 바르셀로나에서 제일 가는 아웃렛 라 로카 빌리지는 연중 내내 최대 60%의 할인율로 150여 개의 브랜드 상품들을 판매한다. 18세기 카탈루냐 건축 양식으로 지은 멋진 건물들을 거니는 것 자체가 즐거워 꼭 쇼핑이 목적이 아니더라도 일정이 허락한다면 둘러볼 만한 곳이다. 아이들을 위한 놀이터까지 마련한 섬세한 서비스도 방문자들의 호평을 부른다.

Data **가는 법** 도심에서 라 로카 빌리지까지 직행으로 운행하는 쇼핑 익스프레스 Shopping Express 버스로 40분 **요금** 왕복 티켓 일반 온라인 20유로, 버스 탑승 시 구매 22유로, 3~12세 온라인 10유로, 버스 탑승 시 구매 12유로 **주소** Santa Agnès de Malanyanes, 08430 **전화** 938-423-939 **운영** 10:00~21:00 / 1/1, 1/6, 5/1, 9/11, 12/25, 12/26 휴무 **홈페이지** www.larocavillage.com **앱** La Roca Village

---

Tip 라 로카 빌리지 가는 다른 방법

사갈레스 Sagalés 버스
바르셀로나 노드역 Estació del Nord 정류장에서 탑승

- 바르셀로나 → 라 로카 빌리지

월~목	09:00, 10:00, 11:00, 12:00, 13:00, 15:00, 16:00, 18:00, 20:00, 21:45
금~일·공휴일	09:00, 10:00, 11:00, 12:00, 13:00, 14:00, 15:00, 16:00, 17:00, 18:00, 19:00, 20:00, 20:45, 21:45

- 라 로카 빌리지 → 바르셀로나

월~목	08:15, 09:15, 10:05, 11:05, 12:05, 14:05, 15:05, 17:05, 19:05, 21:05
금~일·공휴일	08:15, 09:15, 10:05, 11:05, 12:05, 13:05, 14:05, 15:05, 16:05, 17:05, 18:05, 19:05, 20:05, 21:05

 요금 왕복 일반 18유로, 편도 일반 12유로 **소요 시간** 약 40분 **전화** 938-130-014
홈페이지 www.sagales.com/excursio/10/la-roca-del-valles-shopping-bus

솜 멀티에스파이 Som Multiespai

도심에 위치한 아웃렛. 저렴한 쇼핑을 하고 싶지만 굳이 외곽까지 나가는 수고를 하는 것이 내키지 않는 사람들을 위한 곳이다. 쇼핑만을 목적으로 하기에는 매장 수가 많지 않아 추천하지 않는다. 다만 다양한 레스토랑과 카페, 영화관 등이 입점해 있는 복합쇼핑몰이기 때문에 가족과 함께하기 좋다. 주요 취급 브랜드로는 드루니Druni, 망고, 레프티스. 스프린터Sprinter, 케롤Querol 등이 있다.

Data 지도 지도 밖
가는 법 메트로 1번 라인 타고 Fabra I Puig역 하차, 도보 7분
주소 Avenida Rio de Janeiro, 42, 08016
전화 932-765-070
운영 동절기 월~토 09:30~21:00 / 하절기 09:30~22:00
홈페이지 sommultiespai.com

레프티스 Lefties

'남은 것들'이라는 Left Over를 줄인 단어를 상호명으로 쓰는 유머러스한 매장이다. 본래는 자라, 풀 앤 베어, 버쉬카 등 인디텍스 그룹 산하 브랜드의 '남은 제품'을 위한 매장이었으나, 현재는 레프티스 자체 브랜드 라인에 주력하고 있다. 레프티스는 자라보다 낮은 가격이 매력적이다. 매장 한편에서는 시즌이 지난 인디텍스 브랜드 제품도 만나볼 수 있다. 일요일에도 문을 여는 백화점 마레마그눔에도 레프티스 매장이 있다.

Data 지도 ● 휴대지도-18, P.322-B
가는 법 메트로 1번 라인 타고 Universitat역 하차, 도보 1분
주소 Carrer de Pelai, 2-4, 08001
전화 933-175-070
홈페이지 www.lefties.com/es/en

SHOPPING 07
스페인 남자들은 어디서 옷을 살까?
남자들을 위한 쇼핑 가이드

'옷 잘입는 남자'가 여러 여성들의 이상형 조건으로 꼽히고 여행에서의 목적 중 하나가 쇼핑인 남자 여행객들도 점점 더 늘어나는 추세. 남자친구, 남편, 아빠를 위한 쇼핑을 하고 싶은 여성 쇼퍼들도 많을 테니 스페인 남자들이 어디서 쇼핑하는지 잠깐 보고 가실게요~

추천 남자 브랜드 쇼핑

더 아웃포스트 The Outpost

꾸며도 티가 많이 안 나는 고급스러운 패션을 추구하는 남자들이 좋아할 곳이다. 앨버트 서스튼Albert Thurston, 코르넬리안 타우루스 Cornelian Taurus, 매킨토시Mackintosh 같은 브랜드들의 라인업에서 가장 인기 많은 아이템들을 선별해 판매한다.

푸리피카시온 가르시아 Purificación García
패션에 관심 많은 남자라면 한 번쯤은 들어보았을 영국의 맞춤 양복을 선보이는 브랜드다. 클래식한 정장부터 알록달록한 캐주얼 의류까지 모두 취급하는 남성 전용 패션 매장. 오래 입을 수 있는 디자인의 옷들이 많아 다양한 연령층이 좋아한다.

스카치 앤 소다 SCOTCH&SODA
언제 어디서나 입을 수 있는 기본적인 디자인에 빈티지함을 살짝 얹은 스카치 앤 소다의 바르셀로나 지점. 남성복과 여성복을 모두 취급하다. 캐주얼한 체크 셔츠와 치노 팬츠부터 클래식한 정장 블레이저까지 다양한 룩이 준비되어 있다.

SHOPPING 08
친구들이 열광하는
바르셀로나 기념품

파리에 다녀온 친구가 주는 에펠탑 열쇠고리, 런던을 여행한 직장 동료가 건네는 귀여운 빨간색 이층 버스 미니어처. 그렇다면 바르셀로나에서는 어떤 기념품을 사야 할까? 추억과 재치, 애정을 담은 센스 있는 선물을 챙기자!

추천 스페인 여행 기념품

야드로 Lladró

한국에서도 이미 마니아층이 두터운 사랑스러운 스페인 도자기 인형 브랜드. 70년이 넘은 장수 브랜드다. 스페인 발렌시아에서 제작하는 야드로는 매 시즌 변화무쌍한 라인을 발표해 한 번 사들이기 시작하면 수집가가 될 수밖에 없다. 장식장에 넣어두고 매일 봐도 질리지 않는다. 보들보들 질감이 눈으로 보는 것만으로도 충분히 느껴지는 파스텔톤의 아름다운 자기 인형을 만들어 판매한다. 한국보다 훨씬 가격이 저렴함은 당연. 하지만 도자기인 만큼 바르셀로나가 아웃인 경우에만 단단히 안전 포장을 거듭해 사올 것을 권한다.

Data 지도 ● 휴대지도-8, P.270-C
가는 법 메트로 3번 라인 타고 Passeig de Gràcia역 하차, 도보 10분
주소 Passeig de Gràcia, 101, 08008 **전화** 932-701-253
운영 월~토 11:00~15:00, 16:00~20:00 **홈페이지** www.lladro.com

에스파드류 Espadrille

친구들을 위한 센스 있는 선물. 바닥을 삼베로 엮고 천으로 발등을 덮는 에스파드류는 선선한 날씨가 특징적인 해변가 도시와 무척 잘 어울린다. 40년대부터 훌륭한 에스파드류를 한 땀 한 땀 정성스럽게 만드는 바르셀로나 제일의 핸드메이드 에스파드류 상점 라 마누알 알파르가테라La Manual Alpargatera를 추천한다. 달리Dali가 단골손님이었으며 디자이너 장 폴 고티에Jean Paul Gaultier도 여름마다 온다.

Data 지도 ● 휴대지도-13, P.234-F
가는 법 메트로 3번 라인 타고 Liceu역 하차, 도보 5분
주소 Carrer d'Avinyó, 7 08002 **전화** 933-010-172
운영 월~토 10:00~14:00, 16:00~20:00 **홈페이지** lamanual.com

투론 Turrón

우리나라의 엿과 비슷한 스페인 전통 누가Nougat 과자다. 끈적한 식감에 달콤한 맛이 일품이다. 견과류가 들어가 있어 고소하고 부드럽게 쭉 늘어나 부모님께 선물하기에 좋다.

오르니만스 만사니야 콘 미엘
Hornimans Manazanilla con Miel

스페인 여행자들에게 적극 추천하는 기념품으로, 한국 여행자들에게는 일명 '국화꽃 꿀차'로 불린다. 부피도 무게도 가격도 부담 없다. 국화 향이 진하고 달콤한 맛이어서 계속 마시게 된다는 품질 좋은 차. 두통, 감기, 눈의 피로에 효과가 있다고 한다.

FC 바르셀로나 기념품
꼭 캄프 누에 가지 않더라도 람블라스 거리를 뒤덮고 있는 것이 바르셀로나 유니폼이라 할 정도로, 도시 어디를 가나 FC 바르셀로나 팀과 관련한 기념품을 살 수 있다. 바르셀로나 공항에도 따로 공식 매장이 있으니 출국 전 시간이 남으면 여기에서 구입해도 좋다.

카가너 Caganer

바지 내리고 앉아 있는 유명 인사들의 익살스런 미니어처 피규어를 보고 열이면 열 의아해 할 것이다. 이는 18세기부터 카탈루냐 지방에서 유행한 크리스마스 전통이다. 서양 다른 나라에서 아기 예수가 탄생하는 구유 모형을 아기자기하게 꾸미는 것과 달리 카탈루냐 사람들은 모두가 화장실에 가듯 인간은 동등하다는 뜻으로 바지 내린 인형을 장식한다. 준비가 되면 신은 스스로를 보일 것이라는 메시지를 전하기 위해 볼 일을 보는 인형을 구유에 놓기도 한다.

믿기지 않겠지만 영국 엘리자베스 여왕과 오바마 전 미국 대통령부터 FC 바르셀로나 선수들까지 많은 유명 인사들이 바지를 내리고 앉아 있는 모형들이 여러 기념품 상점에 있다. 바르셀로나에서만 찾아볼 수 있는 익살스런 기념품이다.

Step 06
Sleeping

바르셀로나에서 **자다**

© Casa Gracia

01 여행자들이 가장 많이 애용하는 **2~3성급 호텔**
02 특별한 밤을 보내고 싶은 그대 **4~5성급 디자인 부티크 호텔**
03 혼자 여행해도 외롭지 않아 **호스텔**

> SLEEPING 01

여행자들이 가장 많이 애용하는
2~3성급 호텔

10시간도 넘게 유럽의 자갈길을 걸을 때에는 몰랐던 피로와 고통이 하루를 마치고 숙소에 돌아와 신발을 벗는 순간 한꺼번에 몰려온다. 예산에 부담을 주지 않으면서도 피로 회복을 보장할 수 있는 아늑한 침대. 따끈한 목욕물에 물장구치며 다음날 스케줄을 여유롭게 짚어볼 수 있는 나만의 공간. 쉬려고 떠나온 여행자가 마땅히 누려야 할 호사를 갖춘 2~3성급 호텔을 소개한다.

ⓒ Hotel Jazz

© Hotel Jazz

편안한 재즈 음악 같은 호텔
호텔 재즈 Hotel Jazz

카탈루냐 광장에서 걸어서 딱 2분! 객실 크기는 작은 편이지만 갖출 것은 다 갖춘 호텔이다. 통유리 외관이 시원스럽고 무난하면서도 디테일에서 승부하는 편안한 인테리어가 호텔의 이름 '재즈'와 무척 잘 어울린다. 출장 여행객들을 위한 비즈니스 센터를 완벽하게 갖추고 있다. <u>GOOD</u> 플랫 스크린 TV, 무료 와이파이, 위성 케이블, 뷔페 스타일 조식, 전 객실 금연, 방음 처리 객실.

Data 지도 ● 휴대지도-12, P.234-B
가는 법 메트로 1, 2번 라인 타고 Universitat역 하차, 도보 5분
주소 Carrer de Pelai, 3, 08001
전화 935-529-696
홈페이지 www.hoteljazz.com
E-mail jazz@nnhotels.com
요금 스탠다드룸 121유로부터

블랙&화이트가 자아내는 세련된 분위기
호텔 유로파크 Hotel Europark

모던한 모노톤이 강렬한 인상을 남긴다. 호텔 누녜스 이 나바로 그룹Hotels Nuñez y Navarro에 속해 있다. 투숙 전 홈페이지로 원하는 서비스를 추가로 주문할 수 있어 와인, 꽃 장식 등으로 더욱 특별한 경험을 할 수 있다. 객실 내에서 마사지를 받을 수도 있어 커플과 여성 여행자들에게 인기가 많다. 8층에는 테라스와 야외 수영장이 있으며, 매주 금요일에는 호텔 자체적으로 도시 투어를 무료로 진행한다. <u>GOOD</u> 피트니스 센터, 24시간 룸서비스, 회의실, 비즈니스 센터, 플랫 스크린 TV, 무료 와이파이, 온라인 체크인.

Data 지도 ● 휴대지도-8, P.271-D
가는 법 메트로 4번 라인 타고 Girona역 하차, 도보 2분
주소 Carrer d'Aragó, 323-325, 08009 **전화** 934-579-205
홈페이지 www.hoteleuropark.com/es/
요금 더블룸 180유로부터

© Allegro Barcelona

초현실적인 디자인의 밝은 호텔
아예그로 바르셀로나 Allegro Barcelona

56개의 디스코 풍 객실이 펑키함을 보여주는 호텔이다. '고급 호스텔의 1인용 객실과 부티크 호텔의 객실이 혼재된 분위기를 풍긴다'고 〈뉴욕 타임즈〉가 평한 바 있다. 이곳의 미래적인 인테리어에 적응하는 데 조금 시간이 걸릴 수도 있으나, 강렬한 실내 장식만큼이나 톡톡 튀고 밝은 스태프들이 한국에 돌아와서도 오래 기억날 만큼 즐거운 숙소다. 객실 등급은 객실 등급은 슈페리어, 디럭스, 주니어 스위트, 펜트하우스로 구분된다. <u>GOOD</u> 무료 와이파이, 세탁 서비스, 위성 케이블, 플랫 스크린 LCD TV, 정오까지 제공되는 푸짐한 조식 19유로(스페인 감자 오믈렛 등을 포함하는 뷔페 스타일).

Data 지도 ● 휴대지도-8, P.270-C
가는 법 메트로 3, 5번 라인 타고 Diagonal역 하차, 도보 3분 **주소** Carrer Rosselló, 205, 08008
전화 932-385-606 **홈페이지** www.barcelo.com/en-es/allegro-barcelona/ **요금** 더블룸 128유로부터

최고의 위치와 전망
비 호텔 B Hotel

에스파냐 광장과 아레나스 데 바르셀로나 맞은편에 위치한다. 공항버스를 타기에 최고의 위치. 호텔 누녜스 이 나바로 그룹Hotels Nuñez y Navarro에 속해 있다. 8층에는 수영장과 몬주익의 환상적인 뷰가 내려다보이는 테라스가 있다. 방음 시설이 잘되어 있고, 쾌적하고 넓은 객실은 현대미술품으로 장식되어 있다. 호텔 내부 비 바B Bar에서는 현대적인 타파스 요리와 다양한 스페인 와인을 판매한다. 가격 프로모션을 자주 진행하므로, 예약 전 홈페이지를 꼭 확인하자. <u>GOOD</u> 주차장 완비, 루프톱 야외 수영장, 풀 바.

Data 지도 ● 휴대지도-11, P.292-D
가는 법 메트로 1, 3, 8번 라인 타고 Espanya역 하차, 도보 2분
주소 Gran Via de les Corts Catalanes, 389-391, 08015 **전화** 935-529-500 **홈페이지** www.b-hotel.com
요금 더블룸 153유로부터

몬주익 발치의 시크한 호텔
호텔 브루멜 Hotel Brummell

1870년 건물을 리노베이션한 브루멜은 몬주익 언덕과 가깝다. 스리랑카에서 영감을 얻어 푸른색으로 치장하고, 젊은 유러피언 디자이너의 미술품으로 장식된 실내가 인상적. 객실 형태가 다양한데, 테라스와 야외 욕조가 있는 객실, 2~3개의 방과 부엌, 거실로 이루어진 아파트도 있다. 요가 등 스포츠 프로그램도 종종 진행하며 조식은 유료. <u>GOOD</u> 룸서비스, 야외 풀장, 사우나, 마사지&스파, 자전거 대여, 아티산 커피와 유기농 와인을 판매하는 카페 겸 레스토랑 브루멜 키친, 무료 와이파이.

Data 지도 • 휴대지도-12, P.293-F
가는 법 메트로 2, 3번 라인 타고 Paral·lel역 하차, Carrer Nou de la Rambla 따라 직진, 도보 6분
주소 Carrer Nou de la Rambla, 174, 08004 전화 931-258-622 홈페이지 www.hotelbrummell.com
요금 더블룸 231유로부터

와인을 테마로 하는 부티크 호텔
호텔 프락틱 비노테카 Hotel Praktik Vinoteca

맛있는 호텔로 소문난 프락틱 호텔 체인은 바르셀로나에 여러 지점이 있다. 호텔 프락틱 디아고날 대로 지점은(주소 Carrer de Provença, 279, 08037) 사람들이 붐비는 베이커리 호텔. 상대적으로 조용한 비노테카는 와인을 테마로 한다. 전문 소믈리에가 와인에 대해 조언도 해준다. <u>GOOD</u> 24시간 컨시어지 서비스, 비치 타월 대여, 공항버스 등 교통편과 각종 투어 예약, 무료 와이파이.

Data 지도 • 휴대지도-7, P.270-F
가는 법 메트로 1, 2번 라인 타고 Universitat역 하차, 도보 8분 주소 Carrer de Balmes, 51, 08007
전화 934-545-028 홈페이지 www.hotelpraktikvinoteca.com 요금 더블룸 162유로부터

> SLEEPING 02

특별한 밤을 보내고 싶은 그대
4~5성급 디자인 부티크 호텔

사랑의 결실을 맺는 허니무너와 연인들이 해마다 더 많이 찾는 것을 보면 바르셀로나가 얼마나 아름답고 신나는지 진가가 점점 더 드러난다. 즐거운 낮뿐 아니라 낭만적이고 기억에 남을 밤도 중요한 여행객들을 위해 특별한 숙소를 소개한다. 이 도시의 장점을 모두 갖춘 개성 넘치는 숙소가 여기에 있다.

맞춤형 프라이빗 서비스
올라 호텔 Ohla Hotel

외부의 카탈루냐 고딕 양식과 조화를 이루는 어두운 톤의 세련된 실내 디자인이 돋보이는 별 5개의 모던한 호텔. 람블라스 거리 건너편 비아 라이에타나 거리에 있어 위치도 완벽하다. 베개의 폭신함과 이불에서 나는 향까지 손님에게 물어 철저히 개인만을 위해 꼭 맞춘 방을 제공하는 부티크 호텔이다. 옥상의 수영장에서 가우디의 작품들을 감상하며 물살을 가르는 기분을 느껴보자.
GOOD 미쉐린 레스토랑&캐주얼한 레스토랑, 74개 객실, 금연, 24시간 프런트 데스크, 스파, 옥상 테라스 바, 무료 와이파이.

Data 지도 ● 휴대지도-C, P.235-C
가는 법 메트로 4번 라인 타고 Urquinaona역 하차. 바다를 향하여 비아 라에이타나 거리를 걸어 내려간다
주소 Via Laietana, 49, 08003
전화 933-415-050
홈페이지 www.ohlabarcelona.com 요금 더블룸 302유로부터

편안함을 중요시하는 신발 회사 캠퍼의 프로젝트 호텔
카사 캠퍼 Casa Camper

어디든 똑같은 호텔방이 지루하다면? 감각 있는 사람들을 위한 호텔 카사 캠퍼를 추천한다. 일반 객실도 스위트룸급으로 신경 써 꾸며놓아 인테리어를 중요시하는 사람들이 좋아할 부티크 호텔이다. 보헤미안 분위기의 라발 지구에 위치한 카사 캠퍼의 객실들은 모두 깔끔한 타일 바닥이 깔려 있고 해먹이 걸려 있다. 방의 구조가 굉장히 독특하여 모든 방들의 객실은 가장 안쪽에 위치하고, 방 안에 복도를 지나야 거실에 해당하는 라운지가 나타난다. 고급스러운 호텔이지만 조용하지 않은 게 단점.
GOOD 무료 스낵 뷔페, 베이비시팅 서비스, 24시간 헬스장.

Data 지도 ● 휴대지도-B, P.234-B
가는 법 메트로 1번 라인 타고 Catalunya역 하차, 도보 5분
주소 Carrer d'Elisabets, 11, 08001 전화 933-426-280
홈페이지 www.casacamper.com 요금 더블룸 211유로부터

디자인과 서비스로 승부하는 부티크 호텔
코튼 하우스 호텔, 오토그래프 컬렉션
Cotton House Hotel, Autograph Collection

19세기 신고전주의 양식 건물에 위치한 그라시아 대로에 있는 5성급 호텔. 전 세계 유니크한 부티크 호텔만을 엄선하는 오토그래프 컬렉션 호텔에 속해 있다. 아주 작은 물건 하나라도 영혼이 깃들어 있다는 것을 전제로 세심하게 디자인한 인테리어가 눈에 띈다. 주요 명소와 근접해 있고, 교통편도 좋다. 일부 객실은 발코니를 포함한다. 지중해 레스토랑과 칵테일 바도 있다. 전통 마야식 마사지를 제공하는 마얀 스파도 추천한다. 호텔의 미니 카브리오 컨버터블도 렌트해 이용할 수 있다. <u>GOOD</u> 루프톱 야외 풀, 테일러링 서비스, 24시간 룸서비스, 대리석 욕실, 이브닝 턴다운 서비스.

Data 지도 ● 휴대지도-13, P.270-F
가는 법 메트로 4번 라인 타고 Girona역 하차, 도보 6분 **주소** Gran Vía de les Corts Catalanes, 670, 08010 **전화** 934-505-045 **홈페이지** bit.ly/48pPGrP **요금** 더블룸 360유로부터

현대 예술품 같은 자태의 멋진 호텔
에이치 10 큐빅 H10 Cubik

바르셀로나 대성당 근처에 있다. 세련되고 현대적인 분위기에 창을 크게 만들어 자연광을 많이 받는 환하고 예쁜 호텔. 로컬 디자이너 라자로 로사 비올란이 스타일링했다. 객실은 모두 101개로 서재와 미팅룸이 있고, 주니어 스위트 일부는 사그라다 파밀리아 전망이다. <u>GOOD</u> 외부 피트니스 센터와 연계해 무료로 이용 가능하다. 수영장, 레스토랑, 바, 테라스는 모두 전망 좋은 8층에 있고, 웰컴 드링크 제공.

Data 지도 ● 휴대지도-C, P.235-C
가는 법 메트로 1, 4번 라인 타고 Urquinaona역 하차, 도보 2분
주소 Via Laietana, 69, 08003 **전화** 933-202-200
홈페이지 www.h10hotels.com/en/barcelona-hotels/h10-cubik
요금 더블룸 243유로부터

중후한 외관과 세련된 내부가 만들어내는 독특한 조화로움
호텔 풀리처 바르셀로나 Hotel Pulitzer Barcelona

1920년대 아르 데코 건물을 개조해 2004년 문을 연 부티크 호텔. 카탈류냐 광장과 람블라스 거리 사이에 있어 교통편과 주요 관광지 접근성도 좋다. 원목을 사용해 튼튼하고 심플한 객실은 가죽 소파와 미술 작품들로 꾸몄다. <u>GOOD</u> 91개 객실, 지정 흡연 구역 보유, 베이비시팅 서비스, 24시간 메디컬 서비스, 옥상 테라스 바, 라이브 공연, 라이브러리, 반려견 허용.

Data 지도 ● 휴대지도-B, P.234-B
가는 법 메트로 1번 라인 타고 Catalunya역 하차, 도보 3분
주소 Carrer de Bergara, 8, 08002 **전화** 934-233-898
홈페이지 www.hotelpulitzer.es
요금 더블룸 239유로부터

이것은 지금까지 보지 못한 편안한 독특함
오펠리아스 Ofelias

호안 미로 공원과 에스파냐 광장 바로 옆에 위치하여 교통이 편하다. 봄, 여름에는 바르셀로나의 녹음을 가까이 느낄 수 있는 곳이다. 채광이 좋고 각 방에 딸린 넓은 테라스와 편안한 침대, 독특한 건물 구조와 객실 내부 설계가 여러 투숙객들의 찬사를 자아낸다. 따뜻한 느낌의 로맨틱한 부티크 호텔. <u>GOOD</u> 44개 객실, 금연, 24시간 프런트 데스크, 야외 수영장, 옥상 테라스 바, 무료 자전거 대여, 마사지 서비스.

Data 지도 ● 휴대지도-11, P.292-B
가는 법 메트로 1번 라인 타고 Rocafort역 하차, 도보 10분
주소 Carrer de Llançà, 24, 08015 **전화** 937-690-300
홈페이지 www.ofeliashotel-barcelona.com
요금 더블룸 253유로부터

SLEEPING 03

혼자 여행해도 외롭지 않아 **호스텔**

혼자 떠나는 여행객들이 이따금 밀려오는 외로움에 맞설 수 있는 최고의 장소. 가난한 배낭여행자들이 주머니 사정 걱정 없이 몇 날 며칠 묵어갈 수 있는 숙소, 한국에서 열심히 공부한 영어를 실력보다는 용기로 밀어붙여 볼 수 있는 실전. 가장 자유로운 상태의 세계 각국의 남녀노소가 모여 친구가 되는 호스텔이다.

ⓒ Equity Point Gothic Hostel

© Casa Gracia

깔끔쟁이들이 사랑에 빠질 만한 곳
카사 그라시아 Casa Gracia

가성비 좋은 도미토리부터 프라이빗한 아파트먼트까지 갖춰 어떤 형태의 여행자라도 만족할 만한 곳이다. 숙소가 워낙 깨끗해서 베드 버그에 물렸다든지, 냄새나는 매트리스에서 뒤척였다든지 하는 후기가 거의 없다. 여러 액자와 거울로 장식한 포근한 라운지에서 수많은 여행객들이 웃고 떠들며 바르셀로나의 밤을 하얗게 지새운다. 하우스키핑이 잦아 언제나 깔끔하다. 친절한 스태프들이 여행의 여러 면모를 꼼꼼히 안내하고, 볼만한 공연이나 축구 게임 등을 TV에서 중계하는 날이면 큰 식당, 테라스, 라운지의 대형 스크린으로 다같이 감상할 수 있도록 한다. <u>GOOD</u> 지도 제공, 키 카드 출입, 무료 수건 제공, 야외 테라스, 다양한 액티비티 운영.

Data 지도 ● 휴대지도-8, P.270-C
가는 법 메트로 3번 라인 타고 Diagonal역 하차. Avingda Diagonal 대로 건너 반대편으로 바로 보이는 정원 Jardins de Salvador Espriu 옆 작은 골목에 위치
주소 Pg de Gràcia, 116Bis, 08008 **전화** 931-740-528
홈페이지 casagraciabcn.com
E-mail info@casagraciabcn.com
요금 도미토리 37.40유로부터, 더블룸 161.50유로부터

더 이상 싼 게 비지떡은 아니다
산 조르디 그라시아 Sant Jordi Gracia

바르셀로나 호스텔 유저들의 평을 보면 산 조르디는 대부분 상위권에 랭킹해 있을 정도. 어느 지점을 선택해도 만족할 가격과 서비스를 제공한다. 연두색과 하얀색으로 깨끗하게 단장한 방들은 호스텔 중에서도 특히 저렴해서 학생들에게 사랑받는다. 여름에는 시원한 테라스에서 맥주병을 부딪히는 소리가 동이 틀 때까지 들려오는 에너지 넘치는 곳. <u>GOOD</u> 24시간 리셉션, 지도 제공, 키 카드 출입, 라커룸 제공, 무료 와이파이, 엘리베이터, 헤어 드라이어, 세탁 설비, 부엌 이용 가능, 루프톱 파티오.

Data 지도 ● 휴대지도-3, P.309-H
가는 법 메트로 3번 라인 타고 Fontana역 하차, 도보 8분
주소 Carrer de Terol, 35, 08012
전화 930-465-216
홈페이지 www.santjordihostels.com/hostel-sant-jordi-gracia
요금 도미토리 26.32유로부터

© Sant Jordi Rock Palace

호텔처럼 세련된 호스텔
360 호스텔 바르셀로나 360 Hostel Barcelona

360 호스텔은 대부분 도미토리로 이루어져 있다. 큰 집에 모두 하숙하는 것 같은 편안함이 특징이지만 군더더기 없는 모던한 인테리어가 깔끔한 이미지를 풍긴다. 매일 저녁 스페인 전통 요리를 만들어 먹고 즐기는 프리 디너 이벤트가 있어 여행자들과 함께 어울리기 좋다. <u>GOOD</u> 24시간 리셉션, 지도 제공, 세탁 설비, 라커룸 제공, 보드 게임&게임룸, 투어&여행 안내 데스크, 부엌 이용 가능.

Data 지도 ● 휴대지도-13, P.235-C 가는 법 메트로 1번 라인 타고 Arc de Triomf역 하차, Passeig de Sant Joan 대로 반대편으로 건너 도보 5분 주소 Carrer de Bailèn, 7, 08010
전화 932-469-973 E-mail 360hostelbarcelona@gmail.com 요금 도미토리 36유로부터

신뢰도 높은 호스텔 체인의 인기 지점
세이프티 바르셀로나 고딕 Safestay Barcelona Gothic

바르셀로나에서 가장 유서 깊은 지역 시우타트 베야에 위치한 호스텔. 호안 미로와 피카소를 절로 떠올리게 만드는, 바르셀로나다운 알록달록한 인테리어가 즐겁다. 실제로 피카소 미술관과 약 150m 떨어져 있어 도심과의 접근성도 나무랄 것이 없다. 바르셀로나 외에도 런던, 베를린, 프라하, 빈, 마드리드, 리스본, 피사, 아테네 등에 지점을 가지고 있다. 바르셀로나에는 고딕 지점 외에 그라시아에도 지점이 있다. 혼성뿐만 아니라 여성용 도미토리도 갖췄다. 조식 포함 여부에 따라 가격이 달라진다. **GOOD** 24시간 리셉션, 조식 제공, 독서등, 라커 제공, 세탁 설비, 바르셀로나 인포메이션 데스크, 액티비티와 투어 상담, 부엌 이용 가능, 루프톱 테라스, 푸드 파티, 워킹 투어 운영.

Data 지도 ● 휴대지도-G, P.235-G
가는 법 메트로 4번 라인 타고 Jaume I역 하차, Argenteria 출구에서 도보 3분
주소 Street, C/ dels Vigatans, 5, 9 08003 5, 08003 **전화** 932-687-808 **홈페이지** www.safestay.com/barcelona-gothic/ **E-mail** safestaygothic@safestay.com **요금** 도미토리 40.50유로부터

© Equity Point Gothic Hostel

Tip 호스텔 예약 시 주의 사항
호스텔 이용 시 가장 큰 장점은 가격이기 때문에, 조식이 포함되어 있고 무료 와이파이가 제공되는 곳, 수건이나 자전거 대여 등 기타 서비스에 비용을 청구하지 않는 곳이 가장 좋다. 또 호스텔마다 취소, 변경 지침이 다르니 예약 시 꼭 확인해 며칠 전까지 취소를 해야 수수료를 물지 않는지 확인하자. 늦은 체크인과 늦은 체크아웃을 하는 경우에도 페널티가 있을 수 있다. 사물함이 있어도 자물쇠 또는 열쇠를 제공하지 않는 경우가 대부분이므로, 한국에서 챙겨가도록 한다. 한국에서 저렴한 가격에 사는 것을 호스텔에서 비싸게 팔기도 하고, 판매하지 않는 경우도 있어 사용하지 못하게 될 수도 있다.

요리를 배워가자!
호스텔의 최대 장점 중 하나는 부엌을 이용하는 것. 묵어가는 일정이 꽤 된다면 장을 보고 이름표를 붙여 공용 냉장고에 보관해 요리를 할 수 있다. 밥 없이는 못 사는 사람들은 간단한 레토르트 식품과 햇반을 호스텔에서 유용하게 사용할 수 있다.

Step 07
Suburbs Travel

바르셀로나에서
근교를 가다

01 바르셀로나에서 여행하기 좋은 근교 지역 티비다보
02 바르셀로나에서 여행하기 좋은 도시 No.1 마드리드

03 바르셀로나에서 여행하기 좋은 도시 No.2 세비야
04 바르셀로나에서 여행하기 좋은 이비사섬

스페인 여행 어디로 가볼까?

독립된 광역자치주 17개와 자치시 2개, 도 50개로 구성된 스페인. 지역적인 개성과 특징이 뚜렷하다는 점 때문에 이보다 더 여행하기 다채롭고 즐거운 곳이 없다.

- 스페인 동부

피레네 산맥의 춥고 건조한 기후와 해안가의 따뜻한 지중해성 기후를 보인다. 지리적으로 프랑스와 가까워 영향을 많이 받았다. 바르셀로나의 카탈루냐 지방이 바로 이 동부 지역에 속한다.

- 스페인 중부

중부는 스페인 문화의 발상지로, 다양한 시대별 건축 양식이 남긴 성과 성당들을 도처에서 볼 수 있다.

- 스페인 북부

피레네산맥Pyrénées에서 포르투갈 국경에 이르는 높은 절벽과 좁고 긴 해안가가 특징. 이베리아 반도의 이슬람화를 막기 위한 기독교도들의 성지 순례길이 가장 유명하다.

- 스페인 남부

넓은 안달루시아를 대표하는 남부에서는 동쪽의 사막 지대와 습지, 시에라네바다산맥Sierra Nevada과 해안까지 다양한 자연 환경을 접할 수 있다. 남부는 이슬람 왕국이 마지막까지 있던 지역으로, 그 문화의 영향이 남부인들의 생활 곳곳에 남아 있다. 특히 건축과 음식 등에서 찾아볼 수 있다. 남부를 대표하는 문화 플라멩코와 투우가 스페인의 대표 이미지가 된 것처럼 스페인에서 가장 큰 인상을 줄 수 있는 지역이다.

- 스페인 제도

스페인령의 섬으로는 지중해의 발레아레스 제도와 아프리카 북서쪽의 카나리아 제도가 있다. 지상 낙원 같은 날씨로 최고의 휴양지로 사랑받는다.

바르셀로나 엘 프랏 공항에서 취항하는 대표 항공사

바르셀로나만을 보고 가는 여행자가 아니라면 철도 또는 저비용항공을 필수로 이용하기 마련이다. 항공사에 따라 이용하는 터미널이 다르니 아래 표를 참고해 시내와 공항을 오고 가는 교통편과 공항에서의 쇼핑 등의 일정을 계획하도록 하자.

터미널 1 Terminal 1

	IATA Code	항공사 명	국가
AEGEAN	A3	에게안항공 (Aegean Airlines)	그리스
airberlin	AB	에어 베를린 (Air Berlin)	독일
AIR CANADA	AC, RV	에어 캐나다 (Air Canada)	캐나다
AIRFRANCE	AF	에어 프랑스 (Air France)	프랑스
American Airlines	AA	아메리칸항공 (American Airlines)	미국
Austrian	OS	오스트리아항공 (Austrian Airlines)	오스트리아
BRITISH AIRWAYS	BA	영국항공 (British Airways)	영국
Emirates	EK	에미레이츠항공 (Emirates)	아랍에미레이트
FINNAIR	AY	핀에어 (Finnair)	핀란드

	IATA Code	항공사 명	국가
IBERIA	IB, YW, ANE, IBE, IBS	이베리아 (Iberia)	스페인
KLM	KL	KLM	네덜란드
Lufthansa	LH	루프트한자 (Lufthansa)	독일
QATAR	QR	카타르항공 (Qatar Airways)	카타르
SINGAPORE AIRLINES	SQ	싱가포르항공 (Singapore Airlines)	싱가포르
SWISS	LX	스위스항공 (Swiss International Airlines)	스위스
TURKISH AIRLINES	TK	터키항공 (Turkish Airlines)	터키
UNITED	UA	유나이티드항공 (United Airlines)	미국
vueling	VY	부엘링항공 (Vueling Airlines)	스페인

터미널 2 Terminal 2

	IATA Code	항공사 명	국가
airBaltic	BT	에어 발틱 (Air Baltic)	라트비아
easyJet	U2	이지젯 (Easyjet)	영국
easyJet	DS	이지젯 스위스 (Easyjet Switzerland)	스위스

	IATA Code	항공사 명	국가
Jet2	LS	젯투닷컴 (Jet2.com)	영국
Luxair	LG	룩스에어 (Luxair)	룩셈부르크
RYANAIR	FR	라이언에어 (Ryanair)	아일랜드

SUBURBS TRAVEL 01

바르셀로나에서 여행하기 좋은 근교 지역
티비다보 Tibidabo

티비다보는 당일치기 여행에 매우 적합하여 또 다른 도시를 찾을 여건이 안 되는 여행자들에게 1순위로 추천하는 교외 여행지다. 그라시아 지구에서 조금만 더 지도를 넓히면 티비다노산과 티비다보 놀이공원이 우뚝 서 있다. 이 놀이공원은 티비다보를 가는 목적이다. 높은 언덕 위에 조성된 100년도 더 된 빈티지한 놀이기구를 타는 기분은 한국에서 놀이공원에 다녀오는 것과는 굉장히 다른 감수성을 자극한다.

© Parc D'Atraccions Tibidabo S.A

🟡 당일치기 추천 일정 🟡

바르셀로나에서 높은 언덕에 위치한 동네로 이동하는 데 사용하는 교통 수단, 푸니쿨라! 도시 내 총 3개가 있는 바르셀로나의 푸니쿨라 중 하나는 티비다보로 향한다. 푸니쿨라로 올라 도착한 성당과 산에서 보는 경치를 감상하고, 놀이공원으로 달려가 하루 종일 신나게 놀자! 놀이공원에는 많은 먹거리들이 있어 즐거움과 허기 모두 티비다보 놀이공원 내에서 해결할 수 있다.

티비다보 Tibidabo

- 사그라트 코르 Temple Expiatori del Sagrat Cor
- 티비다보 놀이공원 Parc d'atraccions del Tibidabo
- 콜세롤라 탑 Torre de Collserola
- 코스모카이샤 CosmoCaixa
- 티비다보 푸니쿨라 Tibidabo Funicular
- 토레 벨레스가드 Torre Bellesguard
- 아빈구다 티비다보 Avingunda Tibidabo

Tip 하늘에서 1,130m를 여행하는 가장 재미있는 방법

티비다보 푸니쿨라 Funicular del Tibidabo
티비다보 푸니쿨라는 발비드레라Vallvidrera, 몬주익의 것과 함께 바르셀로나 3대 푸니쿨라를 이룬다. 트람비아 블라우Tramvia Blau의 종착역 플라사 델 독토르 안드레우Plaça del Doctor Andreu와 티비다보 놀이공원과 사그라트 코르 성당Temple de Sagrat Cor이 있는 티비다보 꼭대기를 연결한다. 운행 시간은 계절마다 달라지며 홈페이지에서 확인 가능하다. 1월 5일부터 31일까지는 운행하지 않는다.

Data 지도 P.199
가는 법 카탈루냐 광장에서 FGC 7번 라인 타고 Avinguida Tibidabo역 하차, 트람비아 블라우로 환승해 종착역 Plaça del Doctor Andreu역에서 푸니쿨라 탑승 **홈페이지** www.tibidabo.cat
요금 12유로, 티비다보 놀이공원·아레아 파노라미카Área Panorámica 입장권에 포함

© Parc D'Atraccions Tibidabo S.A

 100년 넘게 바르셀로나의 동심과 즐거움을 책임져온
티비다보 놀이공원 Parc d'Atraccions del Tibidabo

화려한 기술을 뽐내는 최첨단 롤러코스터를 볼 수 있는 곳이 아니다. 하지만 언덕 위에서 철컹거리며 움직이는 알록달록한 놀이기구들과 고개만 돌리면 내려다볼 수 있는 바르셀로나의 아름다운 풍경이 가장 큰 매력 포인트인 도시 티비다보. 여러 레스토랑과 25개의 놀이기구, 로봇박물관Museo del Autómatas, 그리고 바르셀로나 시가지를 한눈에 내려다볼 수 있어 관광객들에게 큰 사랑을 받고 있는 지상 500m 높이의 스카이 워크Sky Walk를 갖추고 있다.
영화감독 우디 앨런Woody Allen의 바르셀로나를 배경으로 한 영화 〈비키 크리스티나 바르셀로나 Vicky Cristina Barcelona〉 촬영지이기도 했으며, 자연 친화적인 정겨운 유원지다.

Data 지도 P.199 가는 법 카탈루냐 광장에서 FGC 7번 라인 타고 Avinguida Tibidabo역 하차, 트람비아 블라우로 환승하여(왕복 4.70유로) 종착역 Plaça del Doctor Andreu역에서 푸니쿨라(왕복 3유로)를 타고 산에 오른다.
*겨울철에는 푸니쿨라를 금~일에만 운행. 동절기에는 버스(196번)를 이용하면 된다.
주소 Plaça Tibidabo, 3-4, 08035 전화 932-117-942 운영 매달 개장 요일이 바뀌니 홈페이지를 확인한다. 개장 시간은 주로 11:00~20:00, 21:00 홈페이지 www.tibidabo.cat 요금 일반 35유로, 신장 1.2m 이하 14유로, 신장 90cm 미만 무료 , 60세 이상 10.50유로

> **Tip** T2A, T2B 버스
> BSM 산 제니스 주차장BSM Sant Genis Parking Lot (주소 Paseo de la Vall d'Hebron, 138-176) 앞에서 출발하는 T2B와 카탈루냐 광장에서 출발하는 T2A버스가 바르셀로나 시내와 티비다보를 이어준다.

파리의 사크레쾨르 대성당을 본떠 지은
사그라트 코르 Sagrat Cor

'예수의 신성한 심장'이라는 이름을 가진 성당이다. 스페인 건축가 엔릭 사그니에Enric Sagnier의 작품으로 1961년 완공되었으며, 프랑스 파리의 몽마르트르 언덕에 위치한 사크레쾨르 대성당Basilica of the Sacred Heart of Christ을 본떠 건축했다. 엘리베이터를 타고 올라갈 수 있는 고딕 양식 바실리카를 포함해, 1900년대의 건축 양식을 감상할 수 있다.

영화나 화보에서 쉽게 볼 수 있는, 바르셀로나를 감싸 안고 있는 듯 양팔을 벌리고 서 있는 예수상이 성당 가장 꼭대기에 올라 있다. 그 외에도 뾰족한 고딕 첨탑들이 성당의 위엄을 더한다.

Data 지도 P.199 가는 법 티비다보 산 정상에 위치 (티비다보 놀이공원 가는 길과 동일)
주소 Carretera Vallvidrera al Tibidabo, 111, 08035 운영 09:00~21:00 요금 엘리베이터 5유로

 날씨가 좋으면 몬세라트도 보여요
콜세로라 탑 Torre de Collserola

268m 높이의 높은 탑으로, 날씨가 좋은 날에는 바르셀로나 근처에 위치한 유명한 와인 산지 몬세라트Montserra까지 내다볼 수 있다. 1992년 올림픽을 위해 건축되었다. 티비다보 투어 버스 또는 111번 버스를 타고 갈 수 있다(바르셀로나 카드 소지자는 무료 입장 가능). 매달 방문 가능한 요일과 시간이 다르니 홈페이지에서 시간표를 확인하도록 하자.

Data 지도 P.199
가는 법 티비다보 도착 후 투어 버스 또는 111번 버스 타고 Torre de Collserola정류장 하차, 도보 4분
주소 Carretera de Vallvidrera al Tibidabo, S/N, 08017 전화 934-069-354
홈페이지 www.torredecollserola.com
요금 일반 5.60유로, 학생 3.90유로

SUBURBS TRAVEL 02

바르셀로나에서 여행하기 좋은 도시 No.1
마드리드 Madrid

유럽 국가의 수도 중 635m의 가장 높은 해발고도에 위치한, 유럽에서 여섯 번째로 인구가 많은 도시인 마드리드. 마드리는 10세기경 톨레도를 방어하기 위해 무어인이 세운 성채 마헤리트에서 온 것. 톨레도에서 마드리드로 바뀐 후 지금까지 스페인의 수도 역할을 하고 있다.

기본 정보

면적 605.77km²
시간대 UTC+1, 서머타임 UTC+2
인구 3,233,527명(2024년 기준)
언어 스페인어
기후 여름은 덥고 건조하며, 겨울은 춥고 눈이 많이 내린다. 맑은 날이 많으나 고원 도시이기 때문에 한서의 차가 극심한 대륙성 기후다.
홈페이지 www.madrid.es
관광 안내소
• 마요르 광장 관광 안내소
주소 Plaza Mayor, 27, 28012
• 프라도 거리 관광 안내소
주소 Plazade Cánovas del Castillo, 1, 28014

한국 대사관
주소 Calle González Amigo, 15, 28033
전화 913-532-000

항공편 대한항공 인천 ➜ 마드리드 직항편 주 3회 (화, 목, 일) 취항. 약 14시간 45분 정도 소요. 기타 유럽계 항공사의 경유편 이용도 가능하다.
치안 일부 지역에서 목 조르기, 마취 후 강도 등 강력 범죄 피해가 지난 몇 년간 빈번히 발생해 특히 주의해야 한다.
이동거리 바르셀로나에서 기차로 2시간 반~3시간 정도 소요되며, 10~30분 간격으로 기차가 매우 자주 배치되어 있다.

3박 4일 추천 일정

1st DAY

마드리드 왕궁 Palacio Real

도시의 동편에 있어 '오리엔테 궁전Palacio de Oriente'이라고도 불리는 이곳은 에스파냐 왕실을 상징하는 건축물이다. 화재로 소실된 적이 있어 방탄성 돌과 화강암으로만 건축했다. 현재는 공식 행사에만 사용한다. 관광객에게는 3,000여 개의 방 중 50여 개를 개방한다. 전시된 당대 최고의 스페인 예술가들 작품에서 화려한 궁중 생활을 엿볼 수 있다. 왕궁 앞에는 국립극장Teatro Real이 있다.

Data 지도 P.203-C 가는 법 메트로 2, 5번 라인 타고 Opera역 하차, 도보 6분 주소 Calle de Bailén, S/N, 28071 전화 914-548-700 운영 하절기 4~9월 월~토 10:00~19:00, 일 10:00~16:00 / 동절기 월~토 10~3월 10:00~18:00, 일 10:00~16:00 / 1/1, 1/6, 5/1, 12/25 휴관 홈페이지 www.patrimonionacional.es
요금 일반 12유로 / 25세 이하 학생·65세 이상 6유로 / 5세 미만·5월 18일·10월 12일 무료

푸에르타 델 솔 Puerta del Sol

16세기까지 이 자리에 있었던 태양이 새겨진 중세 성문 덕분에 '태양의 문'이라는 뜻의 이름이 붙여졌다. 주요 관광지들이 이 문을 중심으로 위치해 있어 이곳은 마드리드 관광의 거점이 된다. 마드리드에서 가장 활기를 띠는 광장이다. 한가운데에는 1997년 세워진 카를로스 3세 왕의 조각상과 마드리드 문장에서 따온 나무에 기대 열매를 먹는 곰의 조각상El Oso y El Madroño이 있어 찾기 쉽다.

Data 지도 P.203-C 가는 법 메트로 1, 2, 3번 라인 타고 Sol역 하차, 도보 1분
주소 Puerta del Sol, 28014

그란 비아 Gran Via

마드리드는 교통의 중심 거리 그란 비아를 기준으로 하여 위쪽 신시가지와 아래쪽 구시가지로 나뉜다. 그란 비아는 마드리드에서 가장 상업적인 대로로, 쇼핑과 식사, 문화 생활 등 모든 것을 해결할 수 있는 곳이다. 이 넓고 긴 대로는 에스파냐 광장Plaza de España에서 시작해 알칼라 거리Calle de Alcalá까지 이어진다. 밤 늦은 시각에도 언제나 사람들이 나와 있는 잠들지 않는 길.

Data 지도 P.203-C **가는 법** 메트로 1, 5번 라인 타고 Gran Via역 하차

시벨레스 광장 Plaza de Cibeles

알칼라 거리에서 그란 비아로 가는 입구라 할 수 있다. 광장을 중심으로 주변에는 높은 첨탑이 있는 중앙 우체국, 과거 부에나비스타 궁전이었던 육군 본부 건물, 과거 리나레스 궁이라 불렸으며 현재 라틴아메리카 문화를 공유하는 카사 데 아메리카 등이 있다. 광장 내 있는 시벨레스 분수는 마드리드를 상징하는 건축물로, 대리석으로 만든 사자가 이끄는 수레를 타고 있는 시벨레스가 새겨져 있다. 이 분수는 해가 지면 조명을 받아 더욱 아름답다.

Data 지도 P.203-C **가는 법** 메트로 2번 라인 타고 Banco de España역 하차, 도보 2분
주소 Plaza de Cibeles, 28001

마요르 광장 & 산 미겔 시장 Plaza Mayor & Mercado de San Miguel

관광객들과 지역 주민들 모두 즐겨 찾는 마드리드의 중앙 광장. 외부로 통하는 9개의 아치문이 특징이다. 이곳에서 도시의 각종 행사, 종교 의식, 처형 등 역사적인 사건들이 모두 일어났다고 한다. 마요르 광장 관광 후 바로 옆에 있는 산 미겔 시장을 들른다. 시장이라 할 수 없을 정도로 깔끔하고, 깨끗한 식재료를 판매한다. 푸드코트에서 간단하게 식사하기 좋다.

Data 지도 P.203-C 가는 법 메트로 1, 2, 3번 라인 타고 Sol역 하차, 도보 5분 주소 Plaza de San Miguel, S/N, 28005 전화 915-424-936 운영 일~목 10:00~24:00 / 금·토 10:00~다음 날 01:00 홈페이지 www.mercadode-sanmiguel.es

2nd DAY

프라도 미술관 Museo del Prado

1819년 문을 연 프라도는 스페인에서 가장 많은 방문자를 받는 인기 미술관이다. 7,000개가 넘는 작품들이 있으나 전시 공간이 모자라 1,500여 점만 내놓는다고 한다. 스페인 바로크를 대표하는 궁정 화가 벨라스케스Velázquez와 고야Goya의 어두운 블랙 페인팅Las Pinturas Negras 등 스페인 회화의 정수를 이곳에서 모두 볼 수 있다.

Data 지도 P.203-D 가는 법 메트로 2번 라인 타고 Banco de España역 하차, 도보 10분. 시벨레스 광장에서 도보 10분 주소 C. de Ruiz de Alarcón, 23, Retiro, 28014 전화 913-302-800 운영 10:00~20:00 홈페이지 www.museodelprado.es 요금 일반 15유로, 65세 이상 7.50유로

산 프란시스코 엘 그란데 성당 Basílica de San Francisco el Grande

마드리드 구시가지 라티나La Latina 지역에 위치한 산 프란시스코 광장Plaza de San Francisco에 위치한 이 성당에는 고야Goya를 비롯한 유명 화가들의 작품이 전시되어 있다. 마드리드에서 가장 규모가 큰 교회로 한때는 에스파냐 국가 신전이기도 하였다. 3개의 첨탑과 본당 주변을 둘러싼 6개의 예배당을 비롯하여 건축가 사바티니Sabatini의 걸작인 거대한 원형 천장이 이곳의 가장 유명한 볼거리다.

Data 지도 P.203-C 가는 법 메트로 5번 라인 타고 Puerta de Toledo역 하차, 도보 10분
주소 C. de San Buenaventura, 1, Centro, 28005 전화 669-892-313

레티로 공원 El Parque del Buen Retiro

마드리드에서 가장 크고 인기 있는 공원. 가족들과 함께 피크닉을 즐기는 마드리드 시민들로 인해 주말에는 매우 붐빈다. 마드리드의 허파라 불리는 이 공원을 찾아가면 전 세계에서 수집한 3만여 개의 식물들 사이에서 맑은 공기를 마실 수 있다. 공원 내의 크리스탈 궁Palacio de Cristal에도 꼭 가보자.

Data 지도 P.203-D 가는 법 메트로 1번 라인 타고 Atocha역 하차, 도보 10분
주소 Plaza de la Independencia, 7, 28001 운영 4~9월 06:00~24:00 / 10~3월 06:00~22:00
홈페이지 www.esmadrid.com/informacion-turistica/parque-del-retiro

3rd DAY

 ### 레이나 소피아 국립미술관 Museo Nacional Centro de Arte Reina Sofia

에스파냐 왕비인 소피아 왕비의 이름을 따온 미술관이다. 줄여서 '소피아 미술관', '소피아 왕비 미술관' 또는 '소피아'라고도 부른다. 피카소의 유명 작품 〈게르니카Guernica〉를 포함해 달리, 미로, 타피에스, 로베르토 마타 등 스페인을 대표하는 근현대 예술가들의 작품을 전시한다.

Data **지도** P.203-D **가는 법** 메트로 1번 라인 타고 Atocha역 하차, 도보 10분 **주소** Calle de Santa Isabel, 52, 28012 **전화** 917-741-000 **운영** 수~토, 월 10:00~21:00 / 일 10:00~14:30 / 화 휴무
홈페이지 www.museoreinasofia.es **요금** 일반 12유로수~토, 월 10:00~21:00 / 일 10:00~14:30 / 화 휴무

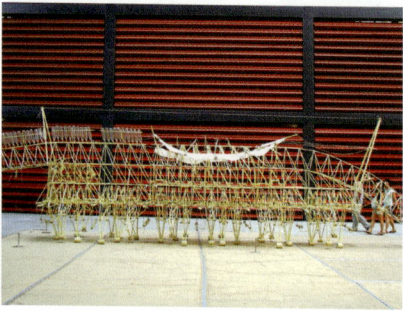

카사 데 캄포 Casa de Campo

마드리드 서쪽의 푸름을 담당하는 녹지인 카사 데 캄포는 테니스 코트와 수영장, 동물원, 아쿠아리움까지 모두 갖춘 만능 공원이다. 케이블카로 연결되어 있어 이동이 쉽다. 계절별로 다양한 행사와 축제가 열리고, 특히 6월의 장미 축제가 유명하다. 이곳에서 약 2.5km 길이로 뻗어 있는 텔레페리코 마드리드Teléferico Madrid를 타고 마드리드 시내를 하늘에서 내려다보자.

Data **지도** P.203- C **가는 법** 메트로 6, 10번 라인 타고 Príncipe Pío역 하차, 도보 10분
주소 Paseo de la Puerta del Ángel, 1, 28011 **전화** 915-291-028
홈페이지 www.madridtourist.info/casa_campo_park.html

오에스테 공원&데보드 신전 Parque del Oeste&Templo de Debod

1959년 이집트의 댐 건설 공사 당시 유적들이 수몰되지 않도록 하기 위해 40여 개국이 도움을 주어 이집트 유적들이 안전하게 보호되었다. 이에 대한 감사의 표시로 이집트 정부가 선물한 귀중품들 중 스페인이 받은 것이 바로 오에스테 공원 내 위치한 이 데보드 신전이다. 주변에는 스페인에서 가장 아름다운 공원 중 하나로 꼽히는 로살레스 공원Parque de Rosales도 있으니 함께 구경해보

Data 지도 P.203-A · C 가는 법 메트로 6, 10번 라인 타고 Príncipe Pío역 하차, 도보 13분
주소 Paseo de Moret, 2, 28008 전화 913-667-415

4th DAY : 체크아웃 *다음 도시로 이동, 집으로!*

Tip 일주일에 한 번 서는 마드리드를 대표하는 **벼룩시장 엘 라스트로** El Rastro

약 500년의 역사를 자랑하는 마드리드의 명물. 이 벼룩시장은 리베라 데 쿠르티도레Ribera de Curtidore 거리를 중심으로 좌우로 뻗은 좁은 골목길 안에서 매주 일요일에 열린다. 아무것도 사지 않고 구경하는 것만으로도 즐거운 엘 라스트로지만 아무것도 사지 않을 수 없다. 각종 스페인 특산물, 가죽 제품, 수공예품, 장신구, 의류, 가구, 골동품 등 없는 것 없이 모두 팔고 있기 때문이다. 사람들이 좁은 길에 많이 모이니 소매치기에 유의하자.

Data 지도 P.203-C
가는 법 메트로 5번 라인 타고 La Latina역 하차, 도보 6분 주소 Calle Ribera de Curtidores, 28005
운영일 · 공휴일 09:00~15:00 홈페이지 www.madridtourist.info/rastro_market.html

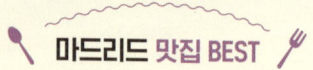

마드리드 맛집 BEST

헤밍웨이가 극찬한 최고의 식당
보틴 Botin

1725년 문을 열어 기네스북에 등재된 세계에서 가장 오래된 식당이다. 역사가 느껴지는 중후한 인테리어도 멋스럽지만 훌륭한 요리 맛으로 승부를 보는 진정한 맛집이다. 생후 2주 정도 된 새끼 돼지 통구이 요리 코치니요 아사도Cochinillo Asado가 가장 잘 팔리는 요리다. 디저트로는 치즈 케이크가 인기 있다.

Data 지도 P.203-C
가는 법 메트로 1번 라인 타고 Tirso de Molina역 하차, 도보 5분
주소 Calle Cuchilleros, 17, 28005
전화 913-664-217
운영 13:00~16:00, 20:00~23:30
홈페이지 www.botin.es
요금 코치니요 아사도 27.15유로

식물원 옆 레스토랑
엘 보타니코 El Botánico

아름다운 스페인 마드리드 왕립 식물원La Tienda del Real Jardín Botánico de Madrid 옆에 위치해 경치 좋은 레스토랑이다. 아침 맑은 공기는 덤. 테라스 자리가 조용해 인기가 많다. 영어 메뉴가 없으니 홈페이지에서 미리 확인하고 가는 것을 추천한다. 참치 타타키Tataki de Atún Rojo con Sesamo, Guacamole y Soja와 메추라기알을 곁들인 아티초크 요리Flores de Alcachofa con Huevos de Codorniz가 인기 메뉴다. 레스토랑 분위기에 비해 전반적으로 가격은 조금 높은 편이다.

Data 지도 P.203-D
가는 법 메트로 1번 라인 타고 Atocha역 하차, 도보 5분
주소 Calle de Ruiz de Alarcón, 27, 28014
전화 914-202-342
운영 11:00~24:30
홈페이지 www.restaurante-botanico.com
요금 디저트 7유로 안팎, 메인 요리 19.50~57.50유로

200년 가까이 한결같이 달콤한 케이크를 구워온
안티구아 파스틸레리아 델 포소
Antigua Pastilería del Pozo

1830년 오픈한 이래 처음과 같은 모습으로 최고의 맛과 멋을 모두 지켜오고 있는 안티구아 파스텔레리아 델 포소. 마드리드에서 제일 가는 케이크를 굽는 곳으로도 입소문 난 맛집이다. 푸짐한 양과 친절한 서비스로 한 번만 찾아가도 단골이 되어 여러 번 가게 되는 곳. 달콤한 냄새가 유혹하는 가게다. 동그란 모양의 케이크 로스코네스Roscones를 비롯해 다른 곳에서는 먹어볼 수 없는 메뉴들이 많으니 놓치지 말자.

Data 지도 P.203-C
가는 법 메트로 1, 2, 3번 라인 타고 Sol역 하차, 도보 5분
주소 Calle del Pozo, 8, 28012
전화 915-223-894
운영 화~토 09:30~14:00, 17:00~20:00 / 일 09:30~14:00
홈페이지 antiguapasteleriadelpozo.com

세계 정상들도 마드리드를 방문하면 찾는다는 소문난 맛집
카사 루시오 Casa Lucio

벽 하나를 메운 와인병과 큼직한 햄이 주렁주렁 매달린 모습이 입맛을 돋우는 레스토랑이다. 클래식한 마드리드 음식을 전문으로 하는 식당이며 육류가 전문인 곳이지만, 가장 유명한 메뉴는 감자튀김과 함께 서빙되는 달걀 요리, 우에보스 데 에스트레야도스 Huevos de Estrellados다.

Data 지도 P.203-C
가는 법 메트로 5번 라인 타고 La Latina역 하차, 도보 5분
주소 Calle de la Cava Baja, 35, 28005
전화 913-653-252
운영 13:00~16:00, 20:30~23:30
홈페이지 www.casalucio.es
요금 소꼬리찜, 오븐 대구구이 등 메인 요리 25유로 안팎

SUBURBS TRAVEL 03

바르셀로나에서 여행하기 좋은 도시 No.2
세비야 Seville

스페인의 대표 화가 디에고 벨라스케스Diego Rodríguez de Silva Velázquez를 낳은 도시. 자유로운 영혼 집시들이 창시한 열정의 춤 플라멩코의 발상지. 고대 이베리아 시대부터 현대에 이르기까지 가장 많은 이민족이 자취를 남긴 곳. 이슬람과 기독교의 다양한 문화가 공존하며 독특한 문화적 특징을 띄기에 스페인에서도 남달리 개성 강한 곳으로 꼽힌다. 역동적이고 다양한 색을 가진 매력 넘치는 안달루시아의 세비야로 떠나보자.

기본 정보

면적 140km²
시간대 UTC+1, 서머타임 UTC+2
인구 700,000명(2024년 기준)
기후 한여름에는 그야말로 찜통인 무더위를 자랑한다. 11월까지도 선선하다.
홈페이지 www.visitasevilla.es
관광 안내소 세비야 대성당과 시내(코스투레로 데 라 레이나)에 위치해 있다.

- **세비야 대성당 관광 안내소**
주소 Plaza del Triunfo, 1-3, 41004
전화 954-787-578

- **코스투레로 데 라 레이나** Costurero de la Reina
주소 Paseo de las Delicias, 9, 41012
전화 945-471-232

치안 스페인 내에서는 안전한 도시다. 그러나 붐비는 곳에서는 소지품에 주의하자.

이동 거리 바르셀로나에서 항공편을 이용하면 1시간 40분 정도 소요된다.
고속 열차 AVE로는 5시간 30분 정도 소요.
세비야 – 마드리드 고속철도 이용 시 2시간 37분 (23유로부터)
세비야 – 바르셀로나 고속철도 이용 시 5시간 40분 (38유로부터)

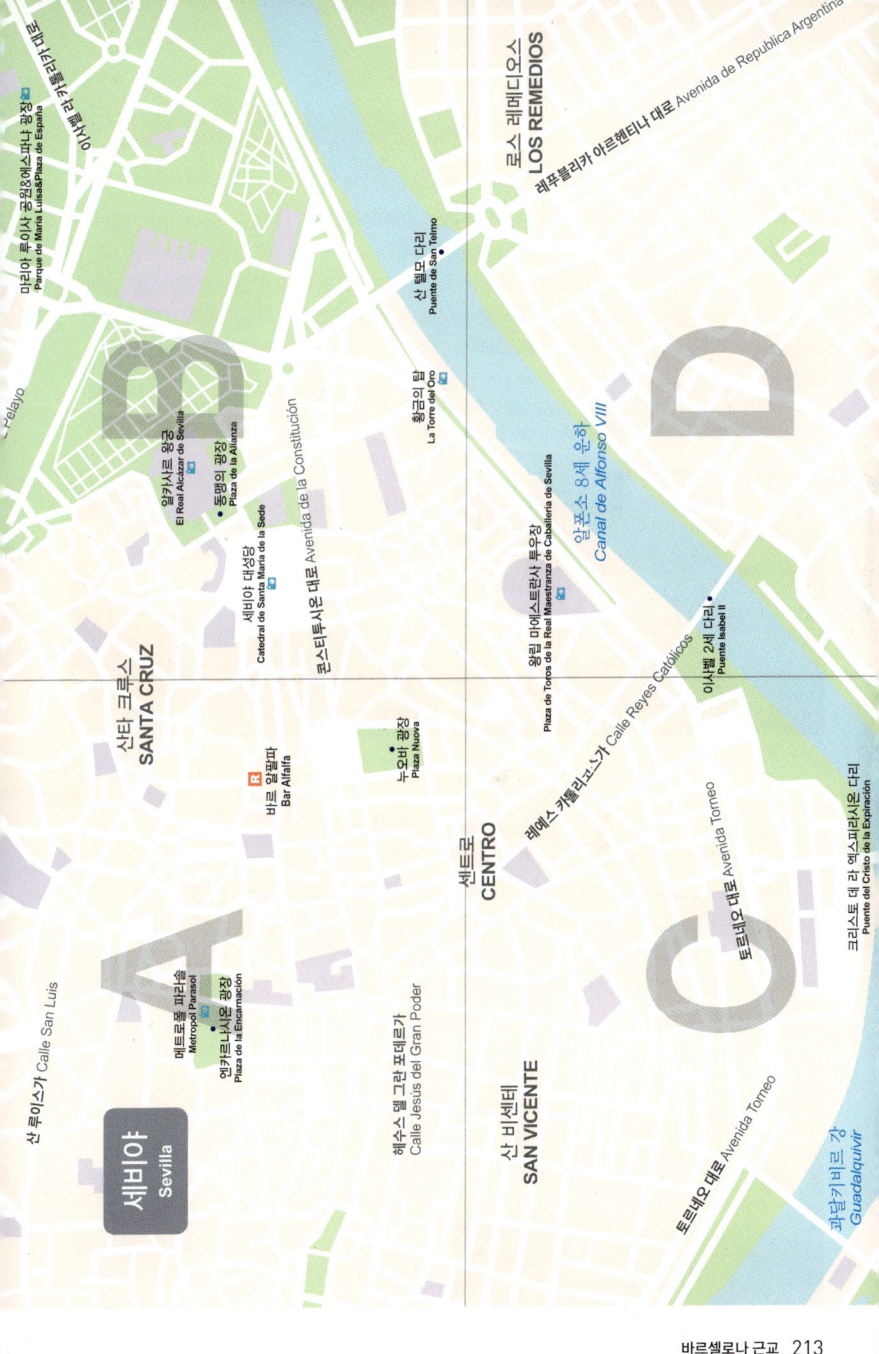

2박 3일 추천 일정

1st DAY

세비야 대성당 Catedral de Santa María de la Sede

세비야는 오랫동안 이베리아 반도 내 이슬람 문화의 중심지로 다른 도시들에 비해 가톨릭 유적이 많지 않다. 대성당은 15세기에 이슬람을 정복한 기독교도들이 8세기에 건설된 모스크를 허물고 지은 곳. 무슬림들의 기도 시간을 알리는 탑인 미나레트에 28개의 종을 달고 고딕 지붕을 얹어 전체적으로는 고딕 양식이지만, 이전에 모스크 흔적도 찾아볼 수 있다. 바티칸의 산 피에트로, 런던의 세인트 폴에 이어 세계에서 세 번째로 큰 성당이다. 내부에 크리스토퍼 콜럼버스의 유해가 담긴 관이 있다.

Data 지도 P.213-B 가는 법 메트로 1번 라인 타고 Puerta de Jerez역 하차, 도보 10분
주소 Avenida de la Constitución, S/N, 41001 전화 902-099-692 운영 월~토 10:45~17:00, 일 14:30~18:00
요금 일반 온라인 11유로 홈페이지 www.catedraldesevilla.es

알카사르 왕궁 El Real Alcázar de Sevilla

유럽의 암흑기였던 14세기에 지어진 성채는 여러 번의 침략을 겪으며 다양한 왕조와 국가들에 의해 재건축되고 보수되어 수많은 방들이 각기 다른 매력을 갖게 되었다. 그라나다의 알람브라 궁을 모델로 만들어졌기 때문에 그의 자매 건축물로도 자주 언급된다. 현재까지 사용되는 왕궁으로는 유럽에서 가장 오래되었으며, 1987년에는 유네스코 세계 문화유산에 등재되었다. 여름에는 종종 정원에서 콘서트도 열린다.

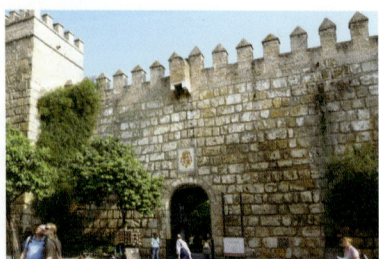

Data 지도 P.213-B
가는 법 메트로 1번 라인 타고 Puerta de Jerez역 하차, 도보 5분
주소 Patio de Banderas, S/N, 41004
전화 954-502-324
운영 09:30~17:00 / 1/1, 1/6, 성금요일, 12/25 휴관
홈페이지 www.alcazarsevilla.org
요금 1층 13.50유로, 침실 5.50유로, 4~9월 월요일 18:00 이후·10~3월 16:00 이후 무료

마리아 루이사 공원&에스파냐 광장
Parque de María Luisa&Plaza de España

1893년 산 텔모 궁전 정원의 반을 세비야시에 기증한 마리아 루이사 왕비의 이름을 붙인 공원이다. 로시니의 오페라 〈세비야의 이발사 Il Barbiere di Siviglia〉의 배경이 이 공원이라고 알려져 있다. 공원 내 위치한 웅장한 반원 모양의 극장식 건축물이 둘러싼 에스파냐 광장은 김태희가 CF에서 플라멩코를 추던 곳이다.

Data 지도 P.213-B **가는 법** 메트로 1번 라인 타고 Prado de San Sebastián역 하차, 도보 5분
주소 P.º de las Delicias, s/n, 41013 **운영** 월~일 08:00~24:00 **전화** 955-473-232

플라멩코 Flamenco

산타 크루스Santa Cruz 지역을 중심으로 크고 작은 타블라오스가 위치해 있다. 매일 공연하는 플라멩코 공연도 놀랍지만, 특별한 공연이 열릴 때는 바로 2년(짝수 해)마다 열리는 세비야의 테아트로 데 라 마에스트란사Teatro de la Maestranza의 플라멩코 예술 비엔날레La Bienal de Flamenco de Sevilla 기간. 홈페이지(www.labienal.com)에서 축제 기간을 살펴보자.

2nd DAY

메트로폴 파라솔 Metropol Parasol

세계에서 가장 크고 가장 혁신적인 목구조물로, 현대 세비야 문화를 대표하는 랜드마크다. 1990년 엔카르나시온 광장 Plaza de la Encarnacion 재개발의 일환으로 증축된 이 건축물은 독일 건축가 위르겐 메이어–헤르만Jurgen Mayer-Hermann의 작품이다. 과거 세비야가 직물 공업으로 유명했던 것에 기반해

직물 구조인 씨줄과 날줄을 상징하는 모습을 하고 있다. 파노라마 테라스에서의 경치가 좋고, 레스토랑과 박물관 등이 지하에 위치한다.

Data 지도 P.213-A **가는 법** 버스 27, 32번 타고 Imagen(Plaza Encarnación) 정류장 하차, 도보 1분
주소 Plaza de la Encarnación, S/N, 41003 **운영** 4~10월 09:30~24:30 / 11~3월 09:30~24:00 **요금** 15유로

황금의 탑 La Torre del Oro

무어인의 침략을 막기 위해 망루로 사용한 13세기 건축물이다. 바깥의 첫 번째 몸통과 그 안에 위치한 얇은 두 번째 몸통으로 이루어진 특이한 구조다. 꼭대기에 올라가 전망대로 과달키비르강Rio Guadalquivir과 시내를 내려다보는 탁 트인 경관이 시원하다.

Data 지도 P.213-B
가는 법 메트로 1번 라인 타고 Puerta de Jerez역 하차, 도보 3분
주소 Paseo de Cristóbal Colón, S/N, 41001
전화 954-222-419 **운영** 월~금 09:30~18:45 / 토·일 10:30~18:45 / 공휴일 휴관
홈페이지 www.visitasevilla.es/monumentos-y-cultura/torre-del-oro
요금 일반 3유로, 65세 이상·학생·6~14세 1.50유로 / 6세 미만·월요일 무료 / 오디오 가이드 2유로

왕립 마에스트란사 투우장
Plaza de Toros de la Real Maestranza de Caballería de Sevilla

1761년에서 1881년 사이에 건조되어 스페인에 남아있는 가장 오래된 건축물 중 하나. 1만 이천여 명을 수용하며, 경기는 3월 말이나 4월 초부터 10월 12일까지 열린다. 경기가 없는 날은 09:00~18:15까지 (여름에는 20:15까지) 15분 간격으로 경기장 투어를 진행한다. 이곳에서 경기했던 투우사들의 초상화와 의상도 볼 수 있다.

Data 지도 P.213-D
가는 법 메트로 1번 라인 타고 Puerta de Jerez역 하차, 도보 10분 **주소** Paseo de Cristóbal Colón, 12, 41001 **전화** 954-224-577
운영 일~수, 금~토 09:30~21:00 / 일, 목 09:30~15:00
홈페이지 www.realmaestranza.com
요금 일반 10유로

> **Tip** 세비야의 세마나 산타 Semana Santa
>
> 부활절 전의 일요일부터 일주일간 십자가를 지고 언덕을 오르는 것으로 시작해 예수 부활 전까지의 고난을 재연하는 고난주간 행사 세마나 산타Semana Santa를 가장 크게 여는 세비야. 세마나 산타가 끝난 직후, 4월 말에 여는 화려한 봄의 달 페리아 데 아브릴Feria de Abril도 볼만하다.

산타 크루즈 지구 Barrio de Santa Cruz

동맹의 광장Plaza de la Alianza 반경 1km 정도에 해당하는 이 지구는 유대인들과 귀족들이 살던 곳으로, 안달루시아 가옥들이 즐비하다. 카페나 레스토랑들이 많아 식사를 하기에 적합하다.

Data 지도 P.213-A
가는 법 세비야 대성당과 알카사르 왕궁 사이에 위치
주소 Barrio de Santa Cruz, 41004

3rd DAY : 체크아웃 다음 도시로 이동, 집으로!

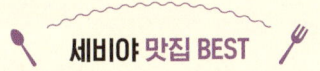

세비야 맛집 BEST

작고 허름하지만 얕잡아볼 수 없는 맛집
바르 알팔파 Bar Alfalfa

시에스타 시간에도 쉬지 않고 영업해 여행객들의 허기진 배를 채워주는, 인기 있는 작은 바. 도심 한가운데 위치해 있어 어디에서 찾아가도 걸어가기에 편하다.

Data 지도 P.213-A
가는 법 메트로 1번 라인 타고
Puerta de Jerez역 하차,
도보 15분
주소 Calle Candilejo, 1, 41004
전화 954-222-344
운영 09:00~24:00
홈페이지 baralfalfa.negocio.site
요금 타파스 2.50유로부터

SUBURBS TRAVEL 04

바르셀로나에서 여행하기 좋은
이비사 Ibiza 섬

유럽의 모든 젊은이들이 평생 한 번의 여름이라도 이 섬에서 보내기를 원한다. DJ와 함께 뛰고 소리지르며 에너지 넘치는 밤을 단 하루도 쉬지 않고 즐길 수 있다. 비행기가 착륙할 때 탑승한 승객 전원이 환호성을 지르고 발을 구르는, 신나는 음악과 바다와 뜨거운 태양의 섬 이비사. UMF, EDM 페스티벌 등 한국 클러버들의 심장에 불을 당기는 축제들로 지금까지 시동을 걸었다면, 그다음 파티는 이비사에서 즐겨보는 것은 어떨까?

기본 정보

면적 571km²
시간대 UTC+1, 서머타임 UTC+2
인구 약 147,000명(2024년 기준)
기후 맑고 온화한 지중해의 섬 기후
홈페이지 tourism.eivissa.es
관광 안내소
• 공항과 시내에 안내소가 있다.
주소 Plaça de la Catedral, S/N **전화** 971-399-232

치안 스페인 제일 가는 소매치기들의 집합소다. 휴대폰도 테이블 위에 올려두지 말 것. 클럽에서는 함부로 물이나 음료를 받아 마시지 않도록 하고, 눈앞에서 새로 뜯어주는 것이 아니라면 음식물, 음료수는 모두 거절해야 한다.

이동 거리 바르셀로나에서 경비행기로 약 1시간 소요된다.

3박 4일 추천 일정

1st DAY

달트 빌라 Dalt Vila

구시가지쯤에 해당하는 유적지다. 2500여 년의 역사를 굳게 닫힌 성문 안에 가두고 지켜온 알무다이나 성Almudaina Castle은 유네스코가 지정한 세계 문화유산이다. 돌아보는 데 얼마 걸리지 않고 또 이비사섬에서 놀기 시작하면 코앞에 두고도 찾아보기가 힘드니 달트 빌라를 가장 먼저 둘러보는 것을 추천한다. 그리 높지는 않지만 성채 꼭대기까지 올라 이비사 시내를 내려다보는 것도 색다르다.

Data 지도 P.219
가는 법 이비사 타운에서 도보 10분 **주소** Dalt Vila, 07800

> **Tip 이비사 교통**
> 이비사 타운(에이비사Eivissa)에서 이비사섬의 다른 주요 도시로 이동하는 버스의 번호와 노선, 배차 시간, 가격, 지도 등이 상세히 나와 있다.
> **Data** 홈페이지
> www.ibizabus.com

플라야 덴 보사 Platja d'en Bossa

가장 젊은 층이 모여 노는 동네로 새로 짓는 클럽이나 호텔들도 이곳으로 몰린다. 이비사에서도 핫한 구역. 보라보라 Bora Bora 해변가가 가장 인기 많은 플라야 덴 보사의 해변이다. 고운 백사장 위에서 일광욕을 하며 에너지를 충전한다.

Data 지도 P.219
가는 법 14번 버스 타고 Playa d'en Bossa 정류장 하차
주소 Platja d'en Bossa, 07807

파챠 Pacha

1973년 문을 연 이비사 클럽 1세대! 자체 컴필레이션 앨범으로도 유명하다. 클럽 내, 섬 곳곳, 그리고 공항에 있는 파챠 기념품 숍에서 클럽의 유명한 앵두 로고가 박힌 헤드폰이나 이어폰, 폰 케이스 등을 모두 사 오고 싶을 정도로 디제잉도, 분위기도 흔들리지 않는 이비사섬의 1등 클럽이다. 매일 다양한 파티가 열린다. 인기 있는 파티는 일찌감치 온라인으로 예약할 것. 아니면 낮에 돌아다니는 티켓 판매원들에게라도 미리 구입해 두는 것이 좋다.

Data 지도 P.219
가는 법 이비사 타운에서 도보 15분 또는 디스코 버스 이용
주소 Avenida 8 de Agosto, 07800
전화 971-313-612
홈페이지 pacha.com

디스코 버스 Disco Bus

여름 동안 밤에만 운영하는 클러버들을 위한 버스. 이비사가 가장 흥하는 6~9월 동안에는 새벽 4시에 클럽에서 나오는 사람들을 위해 섬 전역을 오가는 디스코 버스가 운행된다. 주요 클럽들이 위치한 동네들을 모두 들러 택시비를 절감할 수 있어 언제나 만석이다.

디스코 버스 루트

3번 버스
- 산 안토니Sant Antoni ➡ 프리빌리지Privilege ➡ 암네시아Amnesia ➡ 파차Pacha-푸에르토 데 이비사Puerto de Ibiza

산 안토니 출발 시간

23:45, 24:00, 24:30, 01:00, 01:30, 02:00, 02:30, 03:00, 04:00, 04:30, 05:00, 05:30, 06:00

푸에르토 데 이비사 출발 시간

24:00, 24:30, 01:00, 01:30, 02:00, 02:30, 03:00, 03:30, 04:30, 05:00, 05:30, 06:00, 06:30

3B번 버스
- 산 안토니Sant Antoni ➡ 플라야 덴 보사Platja d´en Bossa(Ushuaia-Hï)

산 안토니 출발 시간

16:00, 16:45, 17:30, 18:15, 19:00, 19:45, 20:30, 21:15, 22:15, 23:00, 23:30, 24:00, 24:30, 01:00, 01:30, 02:00, 03:00, 04:00, 05:00, 06:00

플라야 덴 보사 출발 시간

16:45, 17:30, 18:15, 19:00, 19:45, 20:30, 21:30, 22:30, 23:00, 23:45, 24:15, 24:45, 01:00, 01:30, 02:15, 03:00, 04:00, 05:00, 06:00, 07:00

Tip 이비사는 여름에만 찾아주세요

11월이 되면 그렇게 시끄럽던 섬이 쥐죽은 듯 고요해진다. 5월까지 기다려야 또 다시 달릴 수 있는 동절기 금지 여행지다. 모든 클럽들이 10월 말이 되면 굿바이 파티를 하고 파티나 공연도 없게 되니 혹시나 바르셀로나 여행을 겨울에 계획하며 이비사도 들러 볼까 생각하는 사람들은 다음을 기약하기를!

이비사 클럽 입장료는 얼마나?

보통 입장료는 40유로를 웃돌지만 세계적인 DJ가 파티를 열거나 유명 팝 가수들이 와서 공연하는 경우 2배 가까이 가격이 오르기도 한다. 길에서 호객행위를 하는 티켓 판매자들을 꽤 많이 볼 수 있다. 대부분 같은 가격에 팔고 있어 바가지를 쓰는 일은 거의 없다.

2nd DAY

산타 에우랄리아 & 에스 카나 히피 마켓
Santa Eulalia&Hippy Market Punta Arabí, Es Caná

히피들이 숲속에 차려놓은 마켓에서 이들이 입을 법한 현란한 색과 문양의 패브릭 제품이나 이비사 기념품을 구입해보자. 이비사 타운보다 가격도 저렴하고 마켓 중앙에 위치한 오픈 원형 무대에서 음악이나 연극 등 다채로운 공연도 감상할 수 있어 들려볼 만하다.

Data 지도 P.219 가는 법 산타 울라리아로 이동하는 보트에서 내려 시내로 진입하는 대로 끝 주소 Avda. Punta Arabi, S/N, 07849 Santa Eulalia 운영 4·5·10월 10:00~18:00, 6·7·9월 10:00~19:00, 8월 10:00~20:00

포르멘테라 Formentera

세상에서 가장 한가롭고 여유 넘치는 아름다운 포르멘테라. 이비사에서 배로 30분만 달리면 갈 수 있는 가까운 거리이지만 극과 극으로 분위기가 다르다. 수직으로 내리쬐는 작열하는 태양 아래서 태닝을 즐기다 너무 더워지면 투명한 바다로 뛰어들기를 반복하며 온종일 시간을 보내야 할 것 같다. 아름다운 포르멘테라의 자연 경관은 그 어떤 것에도 견줄 수 없다.

Data 지도 P.219 가는 법 이비사의 주요 항구에서 30분~1시간 간격으로 보트가 다닌다 주소 Formentera, Illes Balears 요금 편도 약 30유로

우슈아이아 이비사 비치 호텔 Ushuaïa Ibiza Beach Hotel

풀빌라와 아파트로 구성된 호텔. 큰 거미가 기어가는 듯한 외관 장식이 돋보이는 이비사에서 가장 비싸고 좋은 호텔 중 하나다. 호텔 내 수영장 앞에 엄청나게 큰 무대가 설치되어 있어 투숙객들은 문만 열고 나와서 공연을 감상할 수 있도록 하였고, 외부인들은 공연 티켓을 사서 입장해야 즐길 수 있다. 여름마다 가장 인기 좋은 DJ들과 아티스트들이 우슈아이아로 공연을 하러 온다.

Data **지도** P.219 **가는 법** 14번 버스 타고 Playa d'en Bossa 정류장 하차 또는 디스코 버스 이용. 이비사 타운에서 택시로 약 10분 소요 **주소** Platja d'en Bossa, 10, 07817 **전화** 971-396-710 **홈페이지** ushuaiaibiza.com

디시-텐 DC-10

이비사 공항과 가까워 떠나기 전까지, 혹은 또는 도착하자마자 달려갈 수 있는 트렌디한 클럽. 1999년 처음 문을 연, 이비사 최초의 언더그라운드 클럽이다. 아침까지 이어지는 애프터 아워 파티로 유명하다. 강한 비트의 언더그라운드 일렉트로닉 뮤직을 주로 틀며 밤새 춤추고 싶은 클러버들이 가장 좋아하는 곳. 공항과 가까워 음악 소리 사이로 비행기가 이착륙하는 소리를 들을 수 있다.

Data **지도** P.219 **가는 법** 이비사 타운에서 택시로 약 7분 **주소** Carretera las salinas, km 1, 07818 **운영** 수~일 휴무, 월 18:00~24:00, 화 24:00~06:00 **전화** 971-932-013 **홈페이지** www.dc10ibiza.com/

3rd DAY

산 안토니오 San Antonio

영어권 여행객들, 특히 단체로 여행을 오는 고등학교를 갓 졸업한 학생들이나 30대 직장인들이 많이 몰려온다. 영국식 펍이나 버거, 팬케이크 등을 판매하는 아메리칸 다이너도 꽤 많고, 해변가와 시내가 도보 10분 거리라 해수욕과 맛있는 상그리아를 마시며 TV로 스포츠 경기를 관람하며 오전, 오후를 느긋하게 보낼 수도 있다. 산 안토니오에서 가장 큰 해변인 사레날 데 산 안토니오S'Arenal de San Antonio에서는 패러글라이딩, 바나나 보트 등 다양한 워터 레저 활동도 준비되어 있다.

Data 지도 P.219
가는 법 1~9번, 19번, 22번 버스 타고 Sant Antoni 정류장 하차
주소 San Antoni, 07800

선셋 스트립 Sunset Strip

해지기 1시간 전부터 테라스 자리는 단 한 좌석도 남아있지 않은 곳이 바로 산 안토니오의 선셋 스트립이다. 말 그대로 노을을 감상하기 좋은 곳이다. 해가 넘어가는 것을 DJ가 스피닝하는 편안한 라운지 음악을 들으며 정면에서 감상할 수 있는 카페 맘보Café Mambo나 카페 델 마르Café del Mar가 가장 인기가 좋다. 미리 예약해 두는 것을 추천한다. 해가 지평선 뒤로 넘어갈 때 함께 모인 수백 명의 사람들이 환호하고 사진을 찍으며 뜨거운 이비사의 밤이 다시 돌아왔음을 서로 축하한다. 해마다 150만 명의 운 좋은 사람들이 선셋 스트립의 노을을 감상한다고 한다.

카페 델 마르 Café del Mar

라운지 음악의 대가 카페 델 마르. 선셋 스트립 노른자위 땅을 차지한 목 좋은 카페로, 관광객들이 이름을 듣고 찾아와 발 디딜 틈 없이 매일 붐빈다. 편안하면서도 감각적인 라운지 음악에 일가견이 있어 꾸준히 앨범을 내왔고 자체 레이블 아래 아티스트들도 소속되어 있는 곳이다. BBC 라디오 1, MTV 등 세계 여러 나라의 매체들이 공연 실황 중계를 하기도 한다.

Data 지도 P.219
가는 법 1~9번, 19번, 22번 버스 타고 San Antoni 정류장 하차
주소 Calle Vara de Rey, 27, 07820 Sant Antoni de Portmany
전화 689-008-494
홈페이지 cafedelmar.com/ibiza
요금 칵테일 15~16유로

 ### 카페 맘보 Café Mambo

카페 델 마르 바로 옆에 있으며, 역시나 테라스 자리가 가장 빨리 동이 나는 카페. 밤 늦은 시각에는 DJ들을 초대해 여느 클럽처럼 파티를 주최한다. 이름은 몰라도 해지는 모습과 너무나 잘 어울리는 목소리의 스페인 가수가 마이크를 들고 나와 해넘이를 기다리는 사람들이 지루하지 않도록 노래를 부른다. 안주와 칵테일이 맛있으나 너무 바쁜 날에는 웨이터들이 영수증을 잘못 가져오기도 하니 계산 전에 한 번 더 살펴보는 주의를 기울이자.

Data 지도 P.219
가는 법 1~9번, 19번, 22번 버스 타고 San Antoni 정류장 하차
주소 Carrer Vara de Rei, 40, 07820
전화 971-346-638
홈페이지 cafemamboibiza.com
요금 칵테일 5유로부터

프리빌리지 Privilege

섬에서 자체적으로 운영하는 디스코 버스나 택시 말고는 딱히 갈 길이 없다. 섬 중앙부에 위치하여 바로 옆에 있는 암네시아와 함께 허허벌판을 지킨다. 그러나 주변에 카페 하나 찾아볼 수 없어도 어디서 이렇게 좋은 DJ들을 부르는지 가지 않을 수 없는 훌륭한 파티 라인업을 자랑하니 매일 밤 문전성시를 이룬다.

Data 지도 P.219
가는 법 3번 버스 타고 San Rafael/Previlege 정류장 하차 또는 디스코 버스 이용
주소 Urbanización San Rafael, S/N, 07816
전화 971-198-160
홈페이지 privilegeibiza.com

암네시아 Amnesia

한때 '이비사'하면 연상되는 사진이 바로 암네시아 클럽의 목요일 거품 파티Foam Party였다. 요즘은 새로 생겨난 클럽들의 파티에 밀려 예전 같지는 않지만 그래도 여전히 인기가 좋다. 목요일 새벽 3시, 클럽 천장에서 하얀 거품이 뿜어져 나올 때가 이비사의 일주일 중 가장 뜨거운 시간.

Data 지도 P.219
가는 법 3번 버스 타고 Amnesia 정류장 하차 또는 디스코 버스 이용
주소 Carretera Ibiza a San Antonio Km 5, 07816
전화 971-198-041
홈페이지 amnesia.es

4th DAY : 체크아웃 *다음 도시로 이동, 집으로!*

이비사 맛집 BEST

매일 가고 싶은 최고의 타파스 레스토랑

타파스 이비사 Tapas Ibiza

얼마나 더 가야 나올까 싶을 때 나타나는 곳. 군더더기 없는 깔끔한 이름처럼 요리도 맛을 내기 위한 재료들만 아낌없이 넣어 한 입도 남기지 않고 모두 해치울 만큼 마련해 두었다. 현지인들의 강력 추천으로 못 이기는 척하고 들어갔다가 메뉴에 있는 모든 것을 시킬 뻔한 엄청난 곳이다. 친절한 서비스와 와이파이가 또 다른 장점이며 밤이면 조명을 내려 분위기가 로맨틱하게 바뀐다.

Data 지도 P.219
가는 법 산 안토니오 해변가를 따라 길게 뻗은 Avinguda del Doctor Fleming 거리와 수직으로 만나는 Cami de Reguero를 따라 약 300m 걸어서 올라간다.
주소 Camí des Reguerό, 4, 07820 Sant Antoni de Portmany
전화 711-026-875
운영 4~10월 18:00~24:00
홈페이지 www.tapasibiza.com
요금 타파스 7.75~16.95유로

인기 여행지라면 꼭 있는

하드 록 카페 Hard Rock Cafe

섬 전체가 관광객들이 넘쳐 나니 바가지 요금에 맛없는 식당들이 꽤 많다. 짠 스페인 음식이 입에 맞지 않는 사람들도 반가워할 하드 록 카페에서는 거대한 크기의 전형적인 미국식 버거, 샐러드, 샌드위치 등을 제공한다. 록을 테마로 한 기념품을 판매하는 스토어가 있으며 카페 건물 앞의 넓은 광장에서 식사할 수도 있다. 매우 친절하고 영어, 스페인어에 능숙한 웨이터들이 주문과 계산뿐 아니라 여행과 관련한 정보도 상세히 알려준다.

Data 지도 P.219
가는 법 이비사 타운 항구에서 시내 방향으로 Paseo Vara de Rey를 따라 도보 7분
주소 Paseo Vara de Rey 1, 07800
전화 971-306-805
운영 12:00~23:00
홈페이지 www.hardrockcafe.com/location/ibiza/
요금 샐러드, 햄버거 등 메인 요리 20유로 안팎

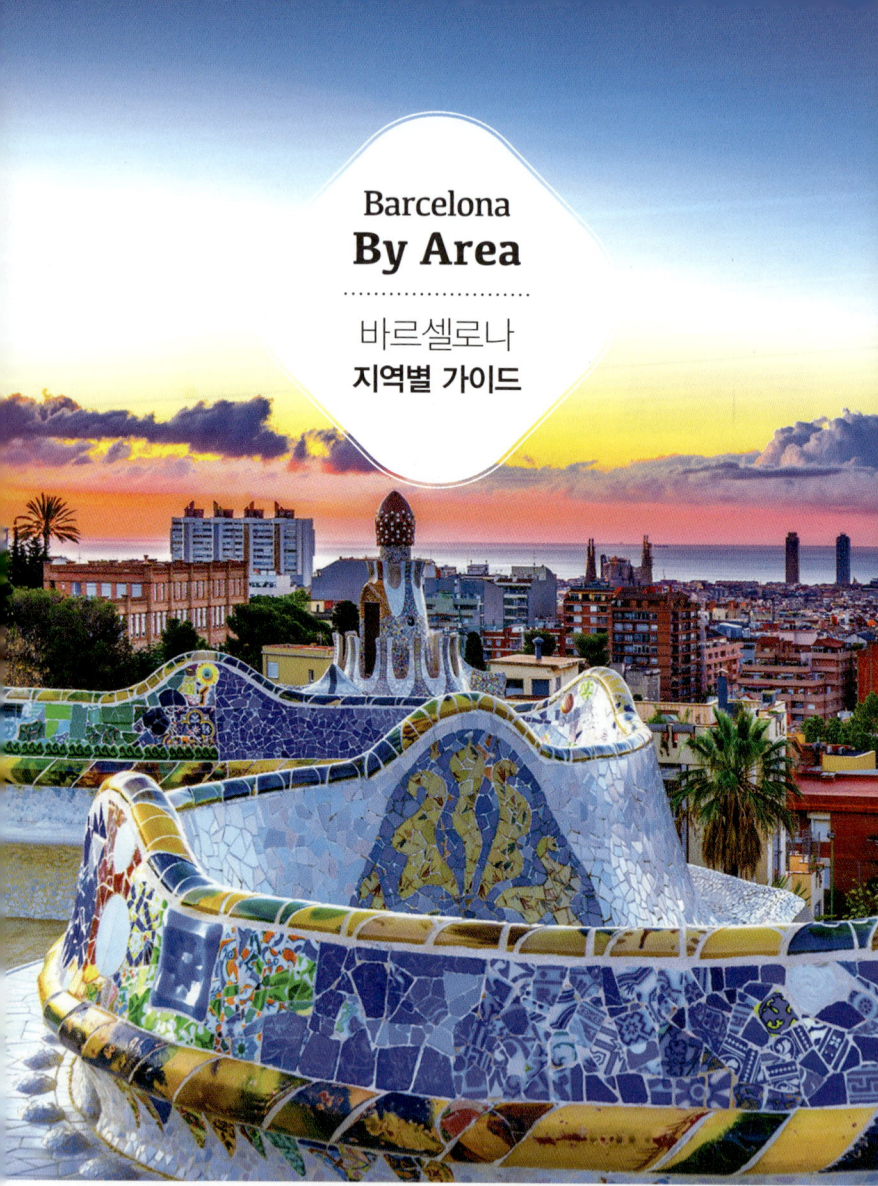

Barcelona
By Area

바르셀로나 지역별 가이드

01 시우타트 베야
02 에이샴플라
03 몬주익

04 그라시아
05 바르셀로네타
06 산 마르티

Barcelona By Area

01

시우타트 베야
CIUTAT VELLA

작지만 바르셀로나를 대표하는 명소들이 콤팩트하게 모여 있는 시우타트 베야. 잘 보존된 구시가지 골목 사이로 느껴지는 역사와 오랜 시간 천천히 축적된 카탈루냐 사람들의 문화. 무엇이든 흡수하고 싶어 설레는 마음으로 돌아보는 여행자는 아름다움에 압도당한다.

시우타트 베야
미리보기

바르셀로나 사람들의 손때 묻은 시우타트 베야. 오래된 골목과 건물에서 세월의 향기가 진하게 풍겨 마치 시간 여행을 온 듯한 기분이 든다. 크지는 않지만 볼 것이 많아 넉넉하게 시간을 할애하는 것이 중요한 관광 구역이다.

* 주요 메트로 역 : 메트로 1번 라인의 Catalunya, Universitat, Urquinaona역, 2번 라인의 Sant Antoni, Paral·lel역, 3번 라인의 Liceu, Paral·lel, Drassanes역, 4번 라인의 Jaume I, Urquinaona역

SEE & ENJOY

시내 교통의 중심지 카탈루냐 광장과 인포메이션 센터가 위치한 센트로Centro는 바르셀로나 관광의 첫 스타트를 끊기 가장 좋은 곳이다. 센트로를 비롯해 유기적이면서도 각기 다른 느낌을 풍기는 문학적 분위기의 힙한 동네 라발El Raval과 클래식한 바리 고딕Barri Gòtic, 트렌디한 본 지구El Borne까지 시우타트 베야는 4개 동네로 이루어져 있다. 걷기만 해도 즐거운 곳이지만 도시를 대표하는 박물관, 미술관들이 많아 시간 가는 줄 모르고 머무르게 될 지역이 바로 시우타트 베야다.

BUY

람블라스 거리와 비아 라이에타나 거리만 돌아보아도 목표로 했던 스페인 브랜드 쇼핑은 끝이 날 것이다. 눈에 익은 브랜드 이름들과 꼭 찾아보고 싶었던 로컬 브랜드들의 상점이 많으며, 작고 아기자기한 소품이나 빈티지 상점들이 유독 많은 동네다.

EAT

저렴하고 맛있는 레스토랑들이 유독 많은 시우타트 베야에서는 열심히 돌아다니느라 지친 몸을 깨울 달콤하고 바삭한 추로스와 하루 중 언제 먹어도 끝없이 들어가는 손가락 두 마디 크기만 한 타파스, 골목 사이 작은 광장마다 자리 잡고 있는 노천 펍에서의 맥주를 추천한다.

 어떻게 갈까?

수많은 교통이 교차하는 지역이기에 접근성에 있어서는 걱정할 필요가 없다. 바르셀로나 어디에서 버스, 트램, 메트로 그 어떤 것에 탑승하더라도 시우타트 베야 부근을 지나간다. 지도를 많이 들여다보며 여행하기 번거로운 날, 바르셀로나에 아직 적응되지 않은 여행 첫날 돌아보기 가장 적합한 곳이다.

 **어떻게 다닐까?**

보행자 전용 길인 람블라스 거리를 중심 가지로 하여 양옆으로 위치한 시우타트 베야는 그리 넓지 않아 걸어서 여행하는 것이 어렵지 않다. 중간에 들러볼 성당과 미술관, 박물관들도 있어 체력이 많이 약한 사람이라도 쉬어갈 곳이 충분하다. 또 다른 동네로 이동하기 유용한 교통 수단이 곳곳에 있어 편리하다.

시우타트 베야
📍1일 추천 코스📍

바르셀로나 여행 첫날 코스로 가장 적합한 바르셀로나 입문자용 여행지. 이 도시의 정수를 모두 모아놓은 곳이며 가장 역사적이고 현대적인 지역이다. 박물관, 미술관에 얼마나 머무르냐에 따라 이 지역에서 보내는 시간이 천차만별이니 미리 가볼 곳을 정해 일정을 짠다.

카탈루냐 광장 인포메이션 센터에서 여행 정보 수집하기

→ 도보 10분

보케리아 시장 구경! 간단한 주전부리 사 먹기

→ 도보 5분

잊지 못할 맛, 추레리아의 추로스 맛보기

↓ 도보 5분

바르셀로나 대성당 직접 보고 인증하기

← 도보 10분

피카소 미술관에서 감성 충전하기

← 도보 5분

카페 데 라카데미아에서 여유 만끽하기

↓ 도보 10분

엘 코르테 잉글레스에서 신나는 쇼핑 삼매경!

→ 도보 5분

카탈루냐 음악당에서 볼만한 공연 알아보기

→ 도보 10분

코메르스 24에서 맛있는 저녁 식사하기

↓ 도보 10분

라센소르에서 식후 칵테일 한 잔!

← 도보 7분

팔라우 달마세스의 플라멩코 공연 관람하기

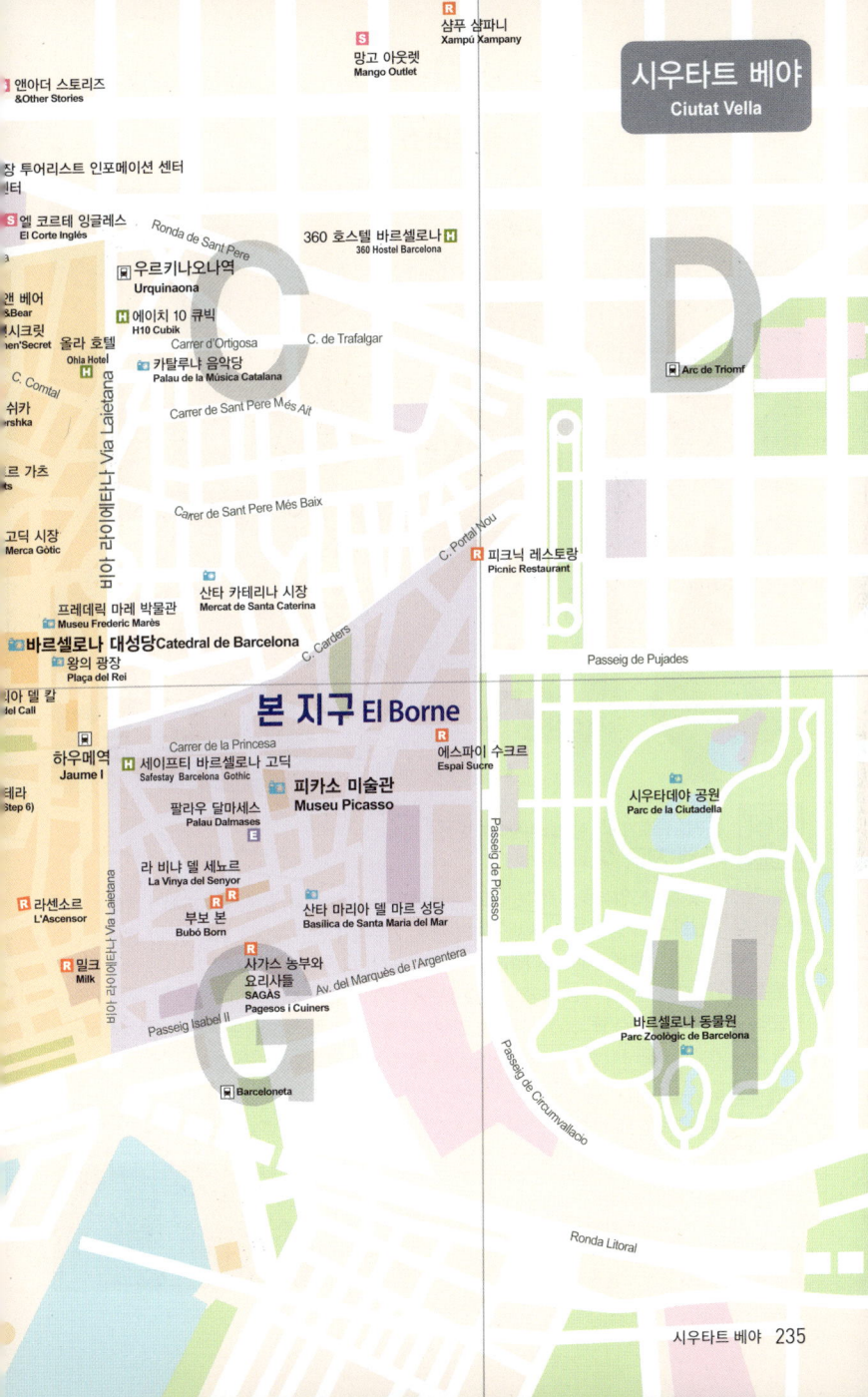

SEE

람블라스 거리

친구를 위해 기꺼이 설계한 가우디의 또 다른 걸작
구엘 저택 Palau Güell

건물 정면은 르네상스 양식을, 내부는 네오-무데하르Neo-Mudéjar 양식(13~16세기 유럽과 아랍의 장식을 결합한 건축 양식)으로 꾸민 구엘의 저택. 가우디가 친구 구엘을 위해 3년간 공들여 건축한 첫 번째 대규모 건물로, 매우 화려하고 웅장하다. 또한, 대문에 장식된 카탈루냐 문양에서 카탈루냐를 향한 가우디의 애정을 가장 많이 느낄 수 있는 건축물이기도 하다.

람블라스 거리를 걷다 우연히 발견하게 되는 가우디의 흔적. 구엘이 개인적으로 사용했던 저택이었던 만큼 여느 가우디 작품보다 좀 더 개인적인 공간을 볼 수 있는 흥미로운 건축물이다.

Data 지도 ● 휴대지도-12, P.234-F
가는 법 메트로 3번 라인 타고 Liceu역 하차, 도보 5분
주소 Carrer Nou de la Rambla 3-5, 08001
운영 4~9월 화~일 10:00~20:00(마지막 입장 19:00) /
10~3월 화~일 10:00~17:30(마지막 입장 16:30) / 12/25~26, 1/1,
1/6, 1월 마지막 주 휴관 **전화** 934-725-775
홈페이지 inici.palauguell.cat
요금 일반 12유로, 18세 이상 학생 9유로

바르셀로나 여행 정보의 집합소, 교통 1번지
카탈루냐 광장 Plaça de Catalunya

카탈루냐 광장에 도착하면 누가 말해주지 않아도 이곳이 바르셀로나 관광의 중심임을 한눈에 알 수 있다. 모든 것이 모여 있는, 메트로 라인 3개가 관통하는 카탈루냐 광장. 이 광장 남쪽부터 바르셀로나 쇼핑의 메카인 람블라스 거리가 시작된다. 카탈루냐 광장은 바르셀로나 중심가로, 주변에 사무실과 은행, 상점, 상가들이 줄지어 들어서 있다. 여행자들의 여행을 도와줄 일등 공신 관광 사무소, 공항버스 정류장도 카탈루냐 광장에 자리 잡고 있다.

Data 지도 ● 휴대지도-13, P.234-B
가는 법 메트로 1번 라인 타고 Catalunya역 하차, 도보 1분
주소 Plaça de Catalunya, 08002

배고픈 자들이여 이리로 오라
보케리아 시장 La Boqueria

바르셀로나 사람들의 식생활을 정의하는 재래시장. 330개의 크고 작은 상점과 매대가 들어선 보케리아 시장은 총면적 2,583㎡로 유럽에서 가장 큰 식료품 시장이다. 맛있는 냄새와 따뜻한 인간미가 가득한 이곳에서는, 방금 식사를 마친 사람도 떠날 때는 양손 가득 먹을 것을 들고 나온다. 맛있는 것밖에 없어 전부 다 못 사는 것이 아쉽다. 결국 다음날 또 방문하게 되는 이유. 1~2유로로 판매하는 신선한 과일주스와 인기 타파스 바인 바르 피노초Bar Pinotxo는 꼭 먹어볼 것을 추천한다.

Data 지도 ● 휴대지도-13, P.234-B 가는 법 메트로 3번 라인 타고 Liceu역 하차. 람블라스 거리 중간에 위치
주소 La Rambla, 91, 08002
운영 월~토 08:00~20:30
전화 934-132-303
홈페이지 www.boqueria.barcelona

붉은 카펫이 아름다운 이곳에서 오페라 공연을 감상해 보자
리세우 극장 Gran Teatre del Liceu

밀라노의 스칼라 극장과 견주어지는 바르셀로나의 오페라 전당. 밤이 되어 조명이 켜지면 더욱 아름답다. 황금 나뭇잎으로 장식된 고급스러운 대형 극장으로 알찬 프로그램으로 가득하다.

방문 전 홈페이지에서 공연 스케줄을 보고 볼만한 공연이 있는지 살펴보자. 운이 좋다면 여행 기간 중 대형 오케스트라나 오페라 공연을 감상할 수도 있다. 현장에서 표를 구하기는 어려우니 여행 전 예매하는 것을 추천한다.

Data **지도** ● 휴대지도-13, P.234-F **가는 법** 메트로 3번 라인 타고 Liceu역 하차, 도보 5분 **주소** La Rambla, 59, 08002 **전화** 934-859-900 **홈페이지** www.liceubarcelona.cat

절로 맥주가 당기는 유쾌한 쉼터
레이알 광장 Plaça Reial

가우디의 첫 작품인 가로등이 서 있는, 시우타트 베야에서 가장 번화한 광장. 왕 페란 3세가 왕가를 높이기 위해 이름을 붙였다. 시원한 맥주 한 잔을 마시며 휴식을 취하고 싶다면 레이알 광장으로 가자. 밤이 되면 더욱 활기를 띤다. 플라멩코 공연을 볼 수 있는 로스 타란토스, 미술 갤러리와 클럽도 모두 레이알 광장에 위치한다.

Data **지도** ● 휴대지도-13, P.234-F **가는 법** 메트로 3번 라인 타고 Liceu역 하차. 람블라스 거리를 내려오다 두 번째 골목에 위치
주소 Plaça Reial, 08002

> **Tip** 광장의 밤을 아름답게 밝히는 레이알 광장의 가로등
>
> 시 주최 공모전에 출품했던 가우디의 초기 작품으로, 맨 위에는 그리스 신화의 헤르메스를 상징하는 모자와 뱀 조각이 있다. 가로등을 올려다보며 가우디의 흔적을 찾는 사람들은 많지 않기 때문에 여러 번 지나치면서도 모르는 경우도 꽤 많다. 레이알 광장에 들어서면 꼭 눈여겨보자. 광장 한가운데에 뾰족한 장식이 여럿 달린 꽤 전투적인 모습의 가로등이 바로 이것이다.

샹들리에가 장엄하고 아름다운 내부
산타 마리아 델 피 성당 Basílica de Santa Maria del Pi

아름다운 장미 창과 6개의 종이 달린 54m 높이의 종탑이 위엄 있는 성당. 14세기 카탈란 고딕 양식으로 건축되었다. 한때 광장에 소나무가 있었기 때문에 카탈란어로 '소나무'라 불리는 '델 피 광장'에 위치해 있다. 정원과 지하 예배당, 카탈루냐 보석 전시관도 있다. 일요일 오전에는 작은 로컬 장이 선다. 잼이나 갓 구운 빵 등을 구경하는 소소한 재미로 주말 아침을 시작해 보는 것도 좋겠다. 성당 앞 한쪽 켠에 공연장이 있어서 종종 음악회가 열리기도 한다. 평일은 12시와 13시, 공휴일에는 12시부터 늦은 오후까지 1시간 간격으로 진행하는 가이드 투어를 통해 종탑에 오를 수 있다.

Data 지도 ● 휴대지도-13, P.234-B
가는 법 메트로 3번 라인 타고 Liceu역 하차, 람블라스 거리로 나와 Carrer del Cardenal Casañas 골목에 위치 **주소** Plaça del Pi, 7, 08002 **운영** 성당 10:00~18:00(12/25~26, 1/1, 1/6, 5/12 휴관) / 기도할 수 있는 피의 예배당La capella de la Sang 09:30~20:30 **전화** 933-184-743 **홈페이지** basilicadelpi.cat
요금 성인 4유로, 7~16세·65세 이상·학생증 소지자 3유로, 6세 이하·장애인 무료 / 입장권+종탑 가이드 투어 8.50유로(공식 개방 시간 외 방문은 무료이나 문이 닫혀 있을 수 있음)

동화 속 숲 신기한 밀랍 인형들
밀랍 인형 박물관 Museu de Cera

인형을 만드는 주인이 직접 연 박물관. 런던 마담 투소 박물관의 바르셀로나 버전이라 생각하면 된다. 달리, 피카소와 같은 유명 인사들의 밀랍 인형들뿐만 아니라 플라멩코 공연장, 왕실 등 다양한 배경과 상황 속의 인형들이 해당 시대에 어울리는 복장을 하고 있어 재미있고 유익하다. 인형들이 단순히 전시되어 있는 것이 아니라, 동화 속 밀림이 우거진 세상에 들어와 있는 듯 꾸며져 있어 인기가 많다.

박물관 내 카페 엘 보스크 데 레 파데스도 추천한다. 깊은 밤 숲 속 테이블에 앉아 있는 듯 괴기하고 또 신비스러운 데코레이션이 오랫동안 발을 붙잡아 둘 것이다.

Data 지도 ● 휴대지도-18, P.234-F **가는 법** 메트로 3번 라인 타고 Drassanes역 하차. 람블라 출구로 나와 람블라스 거리 반대편에 위치 **주소** Passatge de la Banca, 7, 08002 **운영** 10:30~20:00(마지막 입장 19:00) **전화** 933-172-649 **홈페이지** www.museo-cerabcn.com **요금** 일반 21유로, 6~16세 17유로

한때 바다를 호령하던 에스파냐의 역사
해양박물관 Museu Marítim

지금의 스페인은 서퍼들이 열광하는 흰 파도로 유명하지만, 과거에는 해양 무역과 해군으로 이름을 떨쳤던 에스파냐가 아니던가. 오랫동안 해양 강국이었던 스페인, 특히 바르셀로나의 항구는 상업 항구로 오랜 시간 사용되어 왔다.

해양박물관에서는 스페인 바다와 관련한 모든 분야의 유적과 유물을 전시한다. 해군뿐만 아니라 스페인 왕실의 선박, 선원들의 선박 생활 이야기 등 스페인 바다와 관련해 더욱 다채롭고 흥미로운 모습들을 만날 수 있다.

Data 지도 휴대지도-17, P.234-E
가는 법 메트로 3번 라인 타고 Drassanes역 하차, 도보 5분
주소 Avinguda de les Drassanes, 1, 08001
운영 10:00~19:00(마지막 입장 18:00) / 1/1, 1/6, 12/25, 12/26 휴관 / 정원과 요새 매달 1·3주 일요일 11:00~14:00
전화 933-429-920
홈페이지 www.mmb.cat
요금 성인 10유로 / 25세 미만 학생·65세 이상 5유로 / 17세 미만·일요일 15:00부터 무료

수집왕 조각가의 아름다운 공간
프레데릭 마레 박물관 Museu Frederic Marès

조각가 프레데릭 마레가 설립한 박물관이다. 프레데릭 마레가 수집한 고대부터 19세기까지의 히스패닉 조각 컬렉션을 1946년 바르셀로나 시에 기증하였고, 2년 후 일반인들에게 공개되었다. 프레데릭 마레 박물관은 한때 바르셀로나의 백작들이 기거했던 웅장한 고딕 건축물을 사용한다.

조각품 전시와 마레의 수집품 컬렉션Gabinet del Coleccionista으로 나뉘며, 마레의 일상을 엿볼 수 있는 물건과 방대한 수집품들이 함께 전시되어 있다. 박물관 정원도 무척 아름다우니 놓치지 말고 살펴보자.

Data 지도 휴대지도-G, P.235-C **가는 법** 메트로 4번 라인 타고 Jaume I역 하차. 회전 교차로가 나오면 왼쪽 대로로 이동. 바르셀로나 대성당과 마주하고 있다
주소 Plaça de Sant Iu, 5, 08002
운영 화~토 10:00~19:00 / 일·공휴일 11:00~20:00
전화 932-563-500
홈페이지 www.barcelona.cat/museufredericmares
요금 일반 4.20유로, 16~29세·65세 이상 2.40유로 / 16세 미만·일요일 15:00 이후·매달 첫 번째 일요일 무료

비아 라이에타나

 고딕 지구를 대표하는 바르셀로나 대표 성당
바르셀로나 대성당 Catedral de Barcelona

지붕 위의 가고일 석상이 눈에 띈다. 카탈루냐 고딕 양식의 이 대성당은 무려 150년이나 걸려 완공되었다. 바르셀로나의 수호 성녀인 산타 에우랄리아Santa Eulalia에게 헌정하는 성당으로, 에우랄리아의 유골은 입관되어 지하 성당에 안치되어 있다. 또한, 성녀의 순교를 기리기 위해 대성당에서 가장 아름다운 장소인 수도원에서 순교자의 순결성을 상징하는 흰 거위를 키운다.
엘리베이터를 타고 옥상으로 올라가면 만날 수 있는 19세기 종탑과 바르셀로나 시내 풍경도 놓치지 말자. 대성당 앞 광장은 언제나 학생들이나 버스킹을 하는 거리의 음악가들이 점령하고 있다. 역사적인 의미가 있는 명소로 편안하고 자연스럽게 바르셀로나 사람들과 어우러지는 모습을 볼 수 있다.

Data 지도 휴대지도-13, P.235-C
가는 법 메트로 4번 라인 타고 Jaume I역 하차, 도보 4분
주소 Plaça de la Seu, S/N, 08002 **전화** 933-151-554
운영 월~금 09:30~18:30(마지막 입장 17:45) / 토요일 09:30~17:15(마지막 입장 16:30) / 일·공휴일 14:00~17:00(마지막 입장 16:30) **홈페이지** www.catedralbcn.org **요금** 9유로

19~20세기의 아름다운 아르누보 공연장
카탈루냐 음악당 Palau de la Música Catalana

'세상에서 가장 아름다운 공연장'이라 일컬어지는 카탈루냐 음악당. 1908년 카탈루냐 모더니즘을 대표하는 건축가 도메네크 이 몬타네르Lluís Domènech i Montaner (1850~1923년)가 심혈을 쏟아 건축한 걸작이다. 다채로운 음악 공연들이 열리는 공연장은 화려한 스테인드글라스로 꾸며져 있는데, 형형색색의 스테인드글라스가 실내를 가득 채우며 아름다운 선율과 함께 환상적인 조화를 이룬다. 실내 어쿠스틱이 좋아서 공연장 내부는 바깥의 시끄러운 람블라스 거리와는 전혀 딴판이다. 그 안에 울려 퍼지는 고운 선율을 완연하게 지켜낸다. 붉은 벽돌과 통유리로 꾸민, 고전적이면서도 현대적인 실내외 카페에서 공연 전후로 시간을 보내는 것도 좋겠다. 공연 시간을 기다리는 사람들을 위해 종종 사중주단이 나와 간단히 연주를 해주기도 한다.

Data 지도 ● 휴대지도-13, P.235-C
가는 법 메트로 1번 라인 타고 Urquinaona역 하차, 도보 10분
주소 C/ Palau de la Música, 4-6, 08003
운영 셀프 가이드 투어 09:00~15:30 / 매표소 월~금 09:00~21:00 / 토 09:30~21:00 / 일·공휴일 09:30~13:00(공연 당일 2시간 전까지)
요금 셀프 가이드 투어 일반 16유로, 30일 전 예약 12.80유로
전화 932-957-200 **홈페이지** www.palaumusica.cat

> **Tip** 카탈루냐 음악당을 자세히 살펴보고 싶은 사람은 가이드 투어를 이용해 보자. 매일 오전 9시부터 오후 3시까지 1~2시간 간격으로 진행된다. 7~8월은 오전 9시부터 오후 6시까지 운영하며 성수기이니 만큼 가이드 투어를 원한다면 미리 예약하는 것을 추천한다. 홈페이지에서 티켓을 구매할 경우 예약비 1유로가 추가된다. 카탈루냐어, 스페인어, 프랑스어, 이탈리아어, 영어로 진행되며 약 50분 정도 소요된다. 가격은 일반 20유로(30일 전 구매 시 16유로), 35세 미만과 65세 이상은 16유로, 10세 미만 무료다.

보케리아 시장만 있는 게 아니야!
산타 카테리나 시장 Mercat de Santa Caterina

본래 고딕 지구 노동자들이 즐겨 찾는 식재료 시장이었으나, 2005년 지금의 모습으로 리모델링 되었다. 이때 설치한 물결 모양의 화려한 모자이크 타일 지붕은 산타 카테리나 시장에 역동적인 이미지를 심어주었다. 화사한 색상의 타일들은 보는 이들로 하여금 지붕 아래 진열된 신선한 상품들이 떠올려지도록 디자인한 것이다. 바르셀로나 현지인들이 더 자주 찾는 로컬 시장으로, 보케리아 시장보다 조금 더 저렴한 가격에 신선한 과일과 음식을 맛볼 수 있다. 시장 내 가장 인기 있는 레스토랑 퀴네스 산타 카테리나Cuines Santa Caterina에서 잔으로 판매하는 샴페인 카바Cava를 마셔보자.

Data 지도 휴대지도-13, P.235-C
가는 법 메트로 4번 라인 타고 Jaume I역 하차. 회전 교차로까지 걸어 오른쪽 대로에 위치
주소 Avinguda Francesc Cambó, 16, 08003 **운영** 월·수·토 07:30~15:30 / 화·목·금 07:30~20:30
전화 933-195-740 **홈페이지** www.mercatsantacaterina.com

바르셀로나의 굵직한 역사를 품은 광장
왕의 광장 Plaça del Rei

가로 세로 100m가 채 될까 말까 한 작은 크기의 광장인데 이름은 왕의 광장이다. 그러나 바로 이곳에서 중세 시대의 종교 재판이 집행되었고, 콜럼버스가 이사벨 1세Isable I(1474~1504년)를 알현했다는 것을 알고 나면 '왕의 광장'이라는 이름에 수긍할 수 있을 것이다.
바르셀로나 역사박물관도 이곳에 위치해 있다. 시끄러운 도시 소음에서 잠시 벗어나 고요한 바르셀로나의 고딕 건축물과 빛바랜 중후함을 느껴보고 싶다면 이 작은 광장 속으로 가보자. 친절한 바 주인들이 큼직한 잔에 담아주는 상그리아 한 잔으로 목을 축이며 잠시 쉬었다 가자.

Data 지도 휴대지도-13, P.235-C
가는 법 메트로 4번 라인 타고 Jaume I역 하차, 도보 3분 **주소** Plaça del Rei S/N, 08002

20세기 최고의 예술가에게 헌정하는 공간
피카소 미술관 Museu Piccasso

바르셀로나는 피카소가 유년기를 보내며 화풍을 다듬었던 도시로, 곳곳에 그의 어린 시절 추억이 묻어 있다. 피카소의 오랜 친구인 하이메 사바르테스Jaime Sabartés는 피카소의 바람에 따라 사바르테스 개인이 소장하던 컬렉션을 토대로 1963년 고풍스러운 14세기 궁전 건물에 문을 열었다. 유럽 곳곳에 피카소의 이름을 딴 미술관들이 여럿 있지만, 이곳이 첫 번째이다.

14세 때 바르셀로나로 이주하여 미술 공부를 한 어린 피카소의 낙서와 초기 작품들을 만날 수 있다. 다듬어지지 않았지만, 천재성에 감탄하며 감상하다 보면 여러 층에 걸쳐 전시된 작품들을 금세 돌아볼 수 있다. 피카소의 대표작보다는 잘 알려지지 않은 작품들이 많다는 것이 흥미롭다. 미술관을 아우르는 크고 작은 골목에는 개성 있는 카페나 바가 많아 잠시 쉬어 가기에도 좋다.

Data 지도 ● 휴대지도-13, P.235-G **가는 법** 메트로 4번 라인 타고 Jaume I역 하차, 도보 10분
주소 Carrer de Montcada, 15-23, 08003 **운영** 화~일 10:00~19:00 / 1/5 10:00~17:00 /
12/24, 12/31 10:00~14:00 / 1/1, 5/1, 6/24, 12/25 휴관(매표소는 폐관 30분 전 마감)
전화 932-563-000 **홈페이지** www.museupicasso.bcn.cat
요금 상설전 일반 온라인 12유로, 매표소 13유로 / 특별전 일반 온라인 6.50유로, 매표소 7.50유로,
18~24세·65세 이상 4.50유로 / 목요일 16:00~19:00, 매달 첫 번째 일요일, 2/12, 5/18, 9/24 무료
(방문 4일 전까지 온라인 예매 가능, 한정된 입장 인원)

바다에서 무사히 모두 돌아오게 해주소서
산타 마리아 델 마르 성당 Basílica de Santa Maria del Mar

'바다의 성모 마리아' 라는 뜻을 가진 산타 마리아 델 마르 성당. 성당이 자리한 곳은 14세기 당시 바다였다고 전해진다. 이 성당은 지역 어부들의 기금으로 건립되어, 카탈루냐 고딕 양식 속 녹아 있는 서민들이 소박함을 엿볼 수 있다. 어부들이 뱃일을 나가기 전 경건한 마음으로 기도하던 곳. 바르셀로나 사람들에게 유독 사랑받는 성당이다. 미사는 매일 오후 7시 30분에 시작된다.

Data 지도 ● 휴대지도-13, P.235-G
가는 법 메트로 4번 라인 타고 Jaume I역 하차, 도보 5분
주소 Plaça de Santa Maria, 1, 08003 **전화** 933-102-390
운영 10:00~20:30 **홈페이지** www.santamariadelmarbarcelona.org
요금 월~토 10:00~18:00, 일 13:30~17:00 기부금 5유로 / 풀투어(성당+
박물관+납골당+루프톱) 10유로 / 베이직 투어(성당+박물관+납골당) 5유로

Data 지도 🟡 휴대지도-13, P.235-H
가는 법 메트로 4번 라인 타고 Jaume I역 하차, 도보 7분
주소 Passeig de Picasso, 21, 08003
운영 3/23~9/22 10:00~20:00 / 9/23~3/22 10:00~18:00
홈페이지 bit.ly/41E4OiQ
요금 입장 무료 / 보트 대여 2인 6유로, 3인 9유로, 4인 10유로, 30분 기준(10:00~해 질 녘)

바다를 바라보고 있어 더욱 청량한 푸르름
시우타데야 공원 Parc de la Ciutadella

본래는 1888년의 만국박람회장으로 지어졌으나, 공원으로 개조해 시민들의 사랑을 듬뿍 받는 유원지가 된 공원이다. 가우디가 직접 설계에 참여한 폭포수도 있다. 공원 내에는 시원한 그늘 산책로가 많아 하루 중 가장 더운 오후 시에스타(낮잠)를 즐길 생각이 없다면 이곳에서 잠시 태양을 피해도 좋다.
공원에서 보트 놀이를 위해 소정의 금액으로 보트를 대여해주기도 한다. 한산하고 여유로운 이 공원 안에는 바르셀로나 동물원Parc Zoològic de Barcelona과 자연사 박물관Museu Martorell도 있다.

Tip 여름에는 종종 야외 공연이 펼쳐진다. 주로 수요일 저녁과 금요일 저녁에는 재즈공연이 열린다.

스페인 동물원에는 어떤 동물이
바르셀로나 동물원 Parc Zoològic de Barcelona

1892년에 문을 연 이 동물원은 시에서 운영하며, 총 400여 종, 7,500여 마리의 동물들이 서식한다. 아프리카원에는 하마, 코뿔소, 얼룩말, 이베리안 늑대, 코모도왕도마뱀 등을 만날 수 있다. 70여 종의 새들도 동물원을 다채롭게 만든다. 세계에 단 한 마리뿐인 알비노(백반증) 고릴라, 코피토 데 니에베Copito de Nieve는 37년간 이곳에서 지내며 한때는 동물원의 마스코트였다. 안타깝게도 2003년 피부암으로 세상을 떠났다.
바르셀로나 야생 동물들의 생동감을 가장 직접적으로 느껴볼 수 있는 곳.

Data 지도 🟡 휴대지도-18, P.235-H
가는 법 메트로 4번 라인 타고 Ciutadella/Vila Olímpica역 하차, 도보 5분
주소 Parc de la Ciutadella, S/N, 08003
전화 937-065-656
운영 4·10월 10:00~18:00 / 5·6·9월 10:00~19:00 / 7·8월 10:00~20:00 / 11~3월 10:00~16:30 (변동될 수 있으니 홈페이지 확인 필수)
홈페이지 zoobarcelona.cat
요금 일반 21.40유로, 3~12세 12.95유로, 65세 이상 10.50유로

세계 현대미술의 트렌드
바르셀로나 현대미술관 MACBA, Museu d'Art Contemporani de Barcelona

'스페인을 비롯해 전 세계 미술의 흐름을 반영한 전시를 열자'는 것을 모토로 한 최첨단 미술관. 긴 이름을 줄인 '마크바MACBA' 또는 미니멀리즘의 정점을 보여주는 외관 때문에 '진주'라는 애칭으로 불린다. 하얗게 빛나는 모던한 외관과 어울리는 전시들이 가득하다. 본래 바르셀로나의 빈민가였던 라발Raval지역을 밝고 깔끔하게 변화시킨 주역이다.

3층 규모의 전시동과 7층 규모의 사무동으로 이루어져 있고 미술관 앞에는 천사의 광장Plaça dels Àngels이 있다. 20세기 후반 작가들의 1980년대 작품을 중심으로 전시하며 음성, 문서, 영상 등 다양한 매개를 이용하여 여러 개의 세계 미술 관련 전시를 동시에 운영한다. 초대전도 자주 열린다.

Data 지도 ● 휴대지도-12, P.234-B 가는 법 메트로 3번 라인 타고 Catalunya역 하차, 도보 10분 주소 Plaça dels Angels 1, 08001 전화 934-120-810 운영 월·수~금 10:00~20:00 / 토 10:00~20:00 / 일·공휴일 10:00~15:00 / 화(공휴일 제외), 1/1, 12/25 휴관
홈페이지 www.macba.cat
요금 일반 온라인 10.80유로, 매표소 12유로, 학생 9.6유로(한 달 동안 무제한 입장) / 14세 미만, 65세 이상, 장애인, 토 16:00~20:00, 2/12, 4/15, 4/16, 5/18, 9/24 무료

 바르셀로나에서 제일 모던하고 눈부신 공간
바르셀로나 현대문화센터
CCCB, Centre de Cultura Contemporània de Barcelona

바르셀로나 정부 위원회와 시의회에 의해 만들어진 이곳은 사진 촬영이 자유롭고, 무엇보다 '현대' 문화센터답게 비디오 아트, 콜라주, 사진 등 소재에 구애받지 않고 자유롭게 만든 다양한 작품들을 볼 수 있어 사랑받는 전시관이다. 전시뿐 아니라 토론과 각종 행사가 이루어지는 장소이니 홈페이지로 프로그램을 확인해 보자.

Data 지도 ● 휴대지도-12, P.234-B 가는 법 메트로 1, 2번 라인 타고 Universitat역 하차, 도보 5분
주소 Carrer de Montalegre, 5, 08001 전화 933-064-100 운영 화~일 11:00~20:00 / 1/1, 12/25 휴관
홈페이지 www.cccb.org 요금 일반 6유로, 25세 미만·65세 이상 4유로 / 2개 이상 전시 관람 시 일반 8유로, 25세 미만·65세 이상 6유로 / 12세 미만·일요일 15:00 이후 무료

# ENJOY

매일 새벽 람블라스 거리를 뒤흔드는 일렉트로닉 음악
무그 Moog

흑인 음악을 기반으로 여러 공연장을 가지고 있는 마스 아이 마스Mas i Mas 그룹 소속의 일렉트로닉 클럽이다. 세련된 인테리어, 강력한 DJ 라인업 등으로 바르셀로나 젊은이들을 매일 밤 불러 모은다. 자정부터 동트기 전까지 짧고 굵게 놀고 싶은 사람들에게 강력 추천하는 클럽이다.
군더더기 없는 모던한 인테리어와 바르셀로나 젊은이들의 문화를 가장 가까이 느낄 수 있다는 점이 무엇보다 매력적이다. 유명 DJ들이 스테이지를 장악하는 밤에는 티켓이 미리 매진되기도 하니 홈페이지에서 라인업을 살펴보고, 꼭 가고 싶은 파티는 미리 온라인으로 표를 예매해 두는 것을 추천한다.

Data 지도 ● 휴대지도-17, P.234-F 가는 법 메트로 3번 라인 타고 Drassanes역 하차, 도보 5분
주소 Calle de l'Arc del Teatre, 3, 08002 전화 933-191-789 운영 일~목 24:00~다음 날 05:00 / 금 · 토 24:00~다음 날 06:00 홈페이지 moogbarcelona.com

극장 건물을 개조하여 만든 클럽
살라 아폴로 Sala Apolo

매일 문을 여는 클럽이다. 인디와 얼터너티브 음악 팬들의 아지트일 정도로 밴드 공연이 자주 열린다. 라이브 음악의 매력을 아는 사람이라면 여기 만한 곳이 없다. 아래층의 댄스 플로어와 더 넓은 바가 있는 위층으로 구분되어 있다. 주말보다는 평일이 입장료도 싸고 덜 붐빈다. 월록, 팝, 인디, 하우스, 테크노, 디스코, 레게, 펑크, 힙합 등 모든 종류의 음악이 흐른다. 뉴진스의 〈Attention〉 뮤직비디오 촬영지로도 사용됐다.

Data 지도 ● 휴대지도-12, P.234-E
가는 법 메트로 2번 라인 타고 Paral · lel역 하차, 도보 3분
주소 Carrer Nou de la Rambla, 113, 08004 전화 934-414-001
홈페이지 www.sala-apolo.com 운영 · 요금 공연마다 다름

스텝 소리에 몸을 맡긴다
타블라오 플라멩코 코르도베스 Tablao Flamenco Cordobés

람블라스 거리의 끝 항구 부근에 위치한 곳. 1968년부터 성업 중인 플라멩코 공연장이다. 안달루시아 스타일의 인테리어가 인상적이고 관객들도 절로 손뼉을 치고 발을 구르며 '올레!'를 외치게 만드는 흥겨운 음악으로 유명하다. 시원한 바닷바람에 머리를 날리고 더 시원한 플라멩코 리듬에 몸을 맡기는 저녁을 보내고 싶다면 람블라스 끝 쪽에 위치한 타블라오로 가보자. 가볍게 음료를 마시거나 저녁 식사를 하며 공연을 감상할 수도 있다. 밤이 깊어지는 줄도 모르고 함께 박수치고 발을 구르는 플라멩코 공연은 해가 저문 후 매일 밤 3번 열린다.

Data 지도 ● 휴대지도-F, P.234-F
가는 법 메트로 3번 라인을 타고 Liceu역 하차, 도보 5분 **주소** La Rambla, 35, 08002 **전화** 933-175-711
운영 3/15~10/31 음료+공연 17:50, 19:15, 21:00, 22:30 / 저녁 식사+공연 18:00, 19:30, 21:15 /
11/1~3/14 음료+공연 20:15, 22:00 / 저녁 식사+공연 18:45, 20:30 **홈페이지** www.tablaocordobes.es
요금 음료+공연 47유로부터 / 식사+공연 83유로부터

플라멩코 입문자를 위한 공연
로스 타란토스 Los Tarantos

1963년부터 플라멩코 신인들의 등용문이자 거장들의 주 무대였던 공연장이다. 레이알 광장에 위치해 있어 관광객들이 가장 많이 찾는 플라멩코 공연장 중 하나이다. 스페인의 늦은 저녁 식사 시간에 적응하지 못했다면, 저녁 식사 전 이곳을 찾아 플라멩코 공연을 관람하자. 하루 3번 열리는 40분짜리 공연이 있으므로, 시간을 많이 할애할 수 없는 사람들에게 권한다. 하지만 막상 한 번 공연을 보고 나면 풀타임으로 진행되는 공연을 보고 싶어 다시 오게 되므로, 처음부터 전체 공연을 보는 것을 추천한다.

Data 지도 ● 휴대지도-F, P.234-F
가는 법 메트로 3번 라인 타고 Liceu역 하차, 도보 5분
주소 Plaça Reial, 17, 08002 **전화** 933-041-210
운영 18:30, 19:30, 20:30 **홈페이지** www.masimas.com/tarantos
요금 17유로부터

커피 대신 음악을 주세요
카페 마룰라 Café Marula

고딕 지구에서 가장 신나는 비트가 울려 퍼지는 클럽이다. 마드리드의 1호점이 큰 성공을 거두며 바르셀로나에도 문을 열었다. 사고 치는 철없는 10대들을 신경 쓰지 않고 어른들끼리 놀고 싶다면 이곳으로 가자. 주 연령층은 20대 후반에서 30대 초반이다. 라이브 공연도 자주 열리며 다양한 장르의 음악을 틀어준다. 라이브 공연, 펑크, 소울, 재즈, 디스코, 힙합, 부갈루, 아프로비트 등 장르에 제한을 두지 않아 다양한 취향을 만족시킨다.

Data 지도 ● 휴대지도-F, P.234-F **가는 법** 메트로 3번 라인 타고 Liceu역 하차, 도보 6분 **주소** Carrer Escudellers, 49, 08002 **전화** 933-187-690 **운영** 수~토 22:00~다음 날 05:00, 06:00 (공연마다 다름) **홈페이지** www.marulacafe.com **요금** 공연마다 다름

 매일 밤 빠져들고 싶은 마법 같은 춤사위
팔라우 달마세스 Palau Dalmases

300년 된 건물 안에서 박력 있게 몸을 흔드는 무용수들을 만나보자. 건물 그 자체에서 풍기는 분위기와 관능미 넘치는 플라멩코의 움직임이 조화를 이룬다. 피카소 미술관이 위치한 거리에 자리 잡고 있어, 피카소 미술관 전시를 관람하고 나와 간단한 요기를 한 후 이곳에서 공연을 보면 좋다. 공연장이 작아 뒷줄에 앉아도 잘 보인다. 이곳의 무대는 플라멩코 공연을 감상하기에 좋도록 관객과 가까이 배치되어 있을 뿐만 아니라, 음악과 춤이 환상적이어서 두세 번씩 찾는 마니아가 많다.

Data 지도 ● 휴대지도-G, P.235-G **가는 법** 메트로 4번 라인 타고 Jaume I역 하차, 도보 5분 **주소** Carrer de Montcada, 20, 08003 **전화** 660-769-865 **운영** 17:30, 18:45, 20:00, 21:15 **홈페이지** www.flamencopaludalmases.com **요금** 일반 25유로부터, 6~10세 이하 10유로부터

BUY

단연컨대 바르셀로나 최고의 백화점
엘 코르테 잉글레스 El Corte Inglés

마드리드에서 큰 성공을 거둔 후 바르셀로나까지 진출해 카탈루냐 소비자들의 마음을 사로잡은 백화점. 런던의 셀프리지스, 뉴욕의 메이시스와 견줄 수 있는 백화점으로, 바르셀로나에서의 알찬 쇼핑을 보장한다. 또한, 택스 리펀 등 관광객들을 위한 혜택이 많아 편리하다. 각 층에서 마음에 드는 물건을 구매하고자 결정하면 매장 직원에게 사고자 하는 물건과 인포메이션 데스크에서 제공하는 쇼핑 리스트Carta de Compres가 있는 스티커를 주면 된다. 엘 코르테 잉글레스는 쇼핑을 마치고 매장 직원들이 등록한 이 스티커로 지하 2층에서 한 번에 결제할 수 있도록 하는 편리한 서비스를 제공한다. 7유로의 서비스 비를 청구하며, 가격을 모두 합해 면세 혜택을 받을 수 있기 때문에 여러 가지를 구매하는 고객에게 유용하다. 9층에는 레스토랑 겸 카페 라 플라사La Plaça가, 지하 2층에는 환전소와 즉석 여권 사진 촬영소가 위치해 있다. 카탈루냐 광장 외에도 바르셀로나에 5개 지점이 더 있다.

Data 지도 휴대지도-13, P.235-C
가는 법 메트로 1번 라인 타고 Catalunya역 하차, 도보 1분 **주소** Plaça de Catalunya, 14, 08002
전화 933-063-800 **운영** 월~토 09:00~21:00(휴무일은 홈페이지 게시) **홈페이지** www.ELCORTEINGLES.es

한국에서 찾아볼 수 없는 수많은 화장품들
세포라 Sephora

여자들에게는 이미 익숙한 화장품 상점. 전 세계에서 온 뷰티 브랜드 상품들을 스킨케어, 메이크업, 보디, 헤어, 향수 등 미용 관련 모든 항목으로 분류해 선보이며 자체 브랜드 상품들도 판매한다. 한국에서는 구매 대행을 이용하거나 훨씬 높은 가격에 구입할 수 있는 수입 브랜드 상품들을 세포라에서는 보다 저렴한 가격에 구매할 수 있다. 화장품이 다 떨어져 간다면 여행 온 김에 세포라에서 화장품을 싹쓸이해 보자.

Data 지도 ● 휴대지도-B, P.234-B 가는 법 메트로 1, 3번 라인 타고 Catalunya역 하차, 도보 2분
주소 Carrer de Pelai, 13, C.C. del Triangle, 08001 전화 933-063-900 운영 월~토 09:30~21:00
홈페이지 www.sephora.es

너를 사러 바르셀로나에 왔다
자라 ZARA

반가운 이름, 그러나 믿을 수 없는 가격표를 보면 이곳을 그냥 지나칠 수 없다. 이 가격에 자라 제품을 샀다고 하면 아무도 믿지 않을 만큼 뿌듯한 쇼핑을 보장하는 스페인 대표 스파 브랜드다.
현재 전 세계 88개국에 약 6,000여 개의 매장을 보유한 자라. 여러 브랜드로 이루어진 인디텍스 그룹의 회장 아만시오 오르테가 가오나Amancio Ortega Gaona가 1974년 설립했으며, 해마다 최고 성장세를 보이는 스페인 대표 스파 브랜드다. '합리적인 가격에 최신 패션 제공'이라는 모토를 가진 자라는 여성복, 남성복, 아동복 라인과 홈 인테리어 숍 자라 홈Zara Home까지 보유하며 성황리에 판매 중이다. 바르셀로나 시내에만 12개의 매장이 있다.

Data 지도 ● 휴대지도-B, P.234-B
가는 법 메트로 1번 라인 타고 Catalunya역 하차, 도보 3분
주소 Avinguda del Portal de l'Àngel, 11-13, 08002
전화 933-436-892 운영 월~토 10:00~21:00 홈페이지 www.zara.es

Data 지도 ● 휴대지도-B, P.234-B
가는 법 메트로 1번 라인 타고 Catalunya역 하차. 도보 5분
주소 Avinguda del Portal de l'Àngel, 24, 08002
전화 938-292-294
운영 월~토 10:00~21:00
홈페이지 www.bershka.com

 사랑스러운 소녀 감성
버쉬카 Bershka

봄, 여름과 잘 어울리는 하늘하늘한 옷들로 가득한 버쉬카는 2014년 본격적으로 한국에 론칭했다. 한국에는 매장이 많지 않아 아쉬운 브랜드다. 15~29세 여자 아이들과 젊은 여성을 타깃으로 매우 좁은 고객층을 목표로 한다. 현재는 남성 라인도 론칭했다. 목표 고객 연령층이 낮은 만큼 스파 브랜드임을 감안해도 가격이 저렴한 편이다. 타 스파 브랜드에 비해 유행을 타지 않는 심플한 디자인이 특징이다.

 한 번 보고 나면 돌이킬 수 없는 중독
앤아더 스토리즈
&Other Stories

스웨덴 스파 브랜드 H&M의 세컨드 브랜드. 다른 스파 브랜드처럼 한 시즌 입고 버려야 하는 옷이 아닌, 질 좋은 제품을 판매해 스파 브랜드 중 가장 추천하는 브랜드다. 한국에는 아직 잘 알려지지 않았지만, 질리지 않고 오래 입을 수 있는 미니멀한 디자인의 액세서리와 의류가 많아 주목받고 있다.

Data 지도 ○ 휴대지도-13, P.235-C
가는 법 메트로 2번 라인 타고 Passeig de Gràcia역 하차, 도보 10분 **주소** Passeig de Gracia, 8, 08007
전화 930-393-309 **운영** 월~토 10:00~21:00
홈페이지 www.stories.com

 바이올린이 아니에요
스트라디바리우스
Stradivarius

스트라디바리우스에서는 다른 스파 브랜드에 비해 조금 더 개성이 넘치는 옷들을 살 수 있다. 길을 가다 보면 확실히 스트라디바리우스의 매장들은 자라나 망고와 같은 인기 브랜드에 비해 덜 붐비는 것을 볼 수 있다. 패션 개성이 강한 사람들이라면 꼭 들러보자.

Data 지도 ● 휴대지도-B, P.234-B
가는 법 카탈루냐 광장에서 1번 라인 Universitat역을 향해 뻗은 펠라이가를 따라 올라간다. 광장과 역 중간에 위치 **주소** Carrer de Pelai, 30, 08001
전화 933-175-355 **운영** 월~토 10:00~21:00
홈페이지 www.stradivarius.com

이것이 스페인의 캐주얼
풀 앤 베어 Pull&Bear

인디텍스 그룹 산하 브랜드들이 여럿 있음에도 제각각 그 특징이 뚜렷하다는 점이 가장 놀랍다. 풀 앤 베어는 한국에서도 그 이름을 알리기 시작하고 있는 브랜드로, 매우 편안한 캐주얼 의류와 액세서리를 선보인다. 틀에 박힌 사고 방식을 거부하는, 자신만의 패션을 가진 이 시대의 현대인들에게 보다 좋은 품질의 옷을 제공하겠다는 사명을 가지고 태어난 브랜드다. 단정한 기본 디자인에 다양한 컬러와 재질로 폭 넓은 쇼퍼 층을 확보하고 있다.

Data **지도** ● 휴대지도-B, P.234-B
가는 법 메트로 1번 라인 타고 Catalunya역 하차, 도보 1분 **주소** Avinguda Portal de l'Àngel, 42, 08002 **전화** 933-020-876 **운영** 월~토 10:00~22:00 **홈페이지** www.pullandbear.com

조금만 참았다가 여기 와서 지르세요
우먼시크릿 Women'Secret

한국에서도 인기 있는 언더웨어 브랜드로 자리 잡은 지 꽤 오래된 우먼시크릿이 스페인 브랜드라는 사실을 알고 있었는지? 속옷, 수영복, 잠옷 등을 판매하고 한국보다 훨씬 더 다양한 제품군과 저렴한 가격으로 중무장했다. 시내 곳곳에 여러 개의 매장이 있으나 시우타트 베야에 위치한 매장이 가장 접근성이 좋다.

Data **지도** ● 휴대지도-B, P.234-B
가는 법 메트로 1번 라인 타고 Catalunya역 하차, 도보 3분
주소 Avda. del Portal de l'Àngel, 38, 08002
전화 933-187-055 **운영** 월~토 10:00~21:00
홈페이지 www.womensecret.com

 가벼운 에스파드류 한 켤레
라 마누알 알파르가테라 La Manual Alpargatera

에스파드류란 에스파르토 노끈으로 밑창을 만든 여름용 신발이다. 무더운 바르셀로나의 여름 날씨와 무척 잘 어울린다. 짚으로 된 바닥과 보드라운 천으로 만드는 신발 에스파드류를 신어보고 싶다면 꼭 라 마누알 알파르가테라를 들르자. 바르셀로나에서 에스파드류를 가장 잘 만드는 곳이다. 유명 인사들도 해마다 이곳을 들른다고 한다. 매장 안으로 들어가면 에스파듀 밑창으로 벽면을 빼곡히 채웠다. 디자인과 사이즈를 말하면 즉석에서 맞춤으로 만들어주기도 한다. 에스파드류 신발을 판매하는 곳이 꽤 많지만 이곳이 가격도 저렴하고 친절하다. 천연 소재를 사용하며 70년 이상 전통을 이어오는 곳이니 믿을 만하다. 신발뿐 아니라 모자나 가방 등 다양한 제품이 있다.

Data **지도** ● 휴대지도-F, P.234-F
가는 법 메트로 3번 라인 타고 Liceu역 하차, 도보 5분
주소 Carrer d'Avinyó, 7, 08002
전화 933-010-172
운영 월~토 10:00~14:00, 16:00~20:00
홈페이지 lamanual.com

바르셀로나의 시장

주말에만 열리는 것이 아니라서 편한 시간과 요일에 맞추어 찾아볼 수 있는 바르셀로나의 시장을 소개한다. 오전에 박물관을 관람하고 점심 식사로 파에야를 먹은 다음 잠시 들러 가볍게 둘러보기 좋은 곳. 작은 규모이지만 현지 느낌이 물씬 나는 작은 시장들이다.

오래된 것들일수록 가치를 더하는
고딕 시장 Merca Gòtic

대성당을 뒤로하고 널찍한 광장에 오래된 것들이 자리한다. 수집가들이 눈에 불을 켜고 숨겨진 보물을 찾아 나오는 앤티크 시장. 오래된 가전제품부터 해묵은 서적과 LP, 은식기, 장신구와 의류 등 없는 것 없이 판매하니 앤티크에 관심이 많다면 한 번 들러볼 만한 곳.

Data 지도 ● 휴대지도-F, P.235-C 가는 법 메트로 4번 라인 타고 Jaume I역 하차, 도보 4분 주소 Avinguda de la Catedral, 08002 운영 목·금 10:00~20:00 (8·11·12월 휴무, 문 여는 요일이 계속 변경되니 홈페이지 확인 필수) 홈페이지 www.mercatgoticbcn.com

우표와 동전 수집가들을 위한 특별한 장
동전과 우표시장
Mercat de Numismàtica i Filatèlia

일요일에 잠깐 열리는, 출신도 출생년도도 제 각각인 우표와 동전이 거래되는 장. 드물지만 장신구나 오래된 전화카드도 찾아볼 수 있다. 오후에 장을 접으면 벼룩시장이 우표&동전 장을 대체한다.

Data 지도 ● 휴대지도-F, P.234-F 가는 법 메트로 3번 라인 타고 Liceu역 하차, 도보 5분 주소 Plaça Reial, 1, 08002 운영 일 09:00~14:30

일요일 아침을 낭만적으로 보내는 방법
산 안토니 벼룩시장 Mercat de Sant Antoni

향수를 불러일으키는 추억의 물건들을 판매하는 벼룩시장으로, 메트로 산 안토니Sant Antoni역 앞에 장이 선다. 음식은 판매하지 않고, 주중에는 시에스타(14:30~17:00)를 지킨다는 것을 알아두자.

Data 지도 ● 휴대지도-A, P.234-A 가는 법 메트로 2번 라인 타고 Sant Antoni역 하차, 도보 2분 주소 Comte d'Conde de Urgell, 1, 08011 전화 934-263-521 운영 월~토 08:30~20:30 홈페이지 mercatdesantantoni.com

훗날 유명 아티스트가 될 인물들이 이곳에
핀토스 델 피 예술품 시장
Mostra d'Art Pintors del Pi

주말이면 동네 예술가들이 모두 모여 한 주 동안 작업한 결과물을 내놓고 장사 수완을 발휘하는 시장이다.

Data 지도 ● 휴대지도-F, P.234-B 가는 법 메트로 3번 라인 타고 Liceu역 하차, 도보 3분 주소 Plaça de Sant Josep Oriol, 4, 08002 운영 토 10:00~20:00 / 일 11:00~14:30

바르셀로나의 빈티지 상점

낡은 것이 아니라 추억과 기억이 얽혀 또 다른 매력을 만들어내는 물건들이 있다. 다면적인 빈티지 의류와 장신구를 좋아하는 사람이라면 시우타트 베야 골목 어딘가에 자리한 작은 빈티지 상점들을 찾아보자.

 영혼이 깃들어 느낌 있는 빈티지
소울 Soul

고스 룩 브랜드와 세계 각지에서 날아온 빈티지 의류와 소품들이 공존한다. 핀업걸 스타일의 귀여운 원피스와 이탈리아 남부 정장 셔츠까지, 한 마디로 정의할 수 없는 상점이다.

Data **지도** 🟡 휴대지도-13, P.234-B **가는 법** 메트로 1번 라인 타고 Catalunya역 하차, 도보 7분
주소 Carrer de la Canuda, 13, 08002 **전화** 933-026-675 **운영** 월~토 11:00~20:30
홈페이지 www.soul-barcelona.com

 신나는 빈티지 쇼핑 타임을 보장하는
올라라! Holala!

1940년대부터 바르셀로나의 빈티지 쇼핑을 담당해온 상점이다. 희귀한 상품들은 그만큼 가격이 비싸다는 것이 단점이지만, 개성 강하고 오래 쓸 수 있는 상품이 많다.

Data **지도** 🟡 휴대지도-13, P.234-B
가는 법 메트로 1번 라인 타고 Catalunya역 하차, 도보 5분
주소 Carrer dels Tallers, 73, 08001 **전화** 934-122-307
운영 월~토 11:00~21:00 / 일 12:00~15:00, 17:00~20:00
홈페이지 holala-tallers.business.site

🍽 EAT

전설적인 엘 불리 헤드 셰프의 아시아 타파스 바
도스 파리요스 Dos Palillos

미쉐린 1스타 레스토랑. 세계 최고의 레스토랑 엘 불리El Bulli의 헤드 셰프로 몸담았던 알베르트 라우리치Alfred Raurich가 아시아 요리를 중심으로 하는 타파스 바를 오픈했다. 베트남, 일식, 중식, 한식 등 다양한 아시아 요리를 현지화한 치킨 사시미나 딤섬 등의 독특한 메뉴를 선보인다. 저녁에는 메인 다이닝룸에서 코스 요리만 가능하나, 좀 더 캐주얼한 식사를 즐기고 싶은 사람들은 뒤쪽의 사케바를 이용하면 된다.

Data 지도 ⬤ 휴대지도-13, P.234-B **가는 법** 메트로 3번 라인 타고 Liceu역 하차, 도보 7분
주소 Carrer d'Elisabets, 9, 08001 **전화** 933-040-513 **운영** 화·수 19:30~21:00 / 목~토 13:30~15:00, 19:30~21:00 / 7/31~8/22, 12/24~1/9 휴무 **홈페이지** www.dospalillos.com **요금** 코스 메뉴 90유로부터

아코디언 소리가 은은한
바르 파스티스 Bar Pastís

에디트 피아프의 음악을 들을 수 있는 소울 넘치는 바. 프랑스 카바레를 콘셉트로 꾸며, 고풍스러운 뮤직 바이다. 1940~1950년대를 연상케 하는 아코디언 연주, 샹송과 라이브 음악을 들을 수 있는 노스탤지어에 흠뻑 젖을 수 있다. 좁은 바 안에 손님들이 항상 많아, 편안히 쉴 수는 없지만 같은 감성에 취한 사람들과 달콤한 칵테일을 즐기기에는 더없이 좋은 곳이다.

Data 지도 ⬤ 휴대지도-17, P.234-F
가는 법 메트로 3번 라인 Drassanes역 하차, 카탈루냐 광장 쪽으로 람블라스 거리를 따라 간다. 첫 번째 골목 끝
주소 Carrer de Santa Mònica, 4, 08001
전화 619-753-740 **운영** 수~일 19:30~다음날 02:30
홈페이지 www.facebook.com/BARPASTISRAVAL/

바르셀로나에서 가장 유명한 추로스 전문점
추레리아 Xurreria

바르셀로나 유명 식도락 중 하나인 추로스. 6개에 2유로면 충분하니 출출할 때 바삭하고 달콤한 스페인 추로스가 생각난다. 입천장이 해지는 딱딱한 추로스와는 차원이 다르다. 입에서 사르르 녹는다는 것이 무엇인지 알 수 있으니 골목골목 헤매서 찾아갈 가치가 충분하다. 한국인들에게 이미 너무나 유명해 한국어 메뉴도 있으며, 간단한 한국어를 할 수 있는 사장님과 직원들 덕분에 유쾌하다.

Data 지도 ⬤ 휴대지도-13, P.234-F
가는 법 메트로 3번 타고 Liceu역 하차, 도보 5분
주소 Carrer dels Banys Nous, 8, 08002
전화 933-187-691
운영 08:00~21:00 **요금** 1kg 20유로

해가 지면 어김없이 문을 여는 포도 향 와인성지
라 비나테리아 델 칼 La Vinateria del Call

다양한 스페인 와인 셀렉션을 자랑하는 이곳은 무려 40년째 영업 중인 역사 깊은 와인 바이다. 구 유대인 지구에 있는 어두운 분위기가 멋스럽다. 엄선한 160여 종의 스페인 와인이 있고, 연륜이 느껴지는 중후한 분위기가 와인 덕후들에게 어필 포인트가 된다. 기본 카탈루냐 타파스를 충실하게 요리한다. 와인과 어울리는 다양한 타파스와 홈메이드 디저트가 이 집의 자랑거리다.

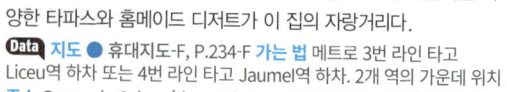

Data 지도 ● 휴대지도-F, P.234-F 가는 법 메트로 3번 라인 타고 Liceu역 하차 또는 4번 라인 타고 Jaumel역 하차. 2개 역의 가운데 위치
주소 Carrer de Salomó ben Adret, 9, 08002 전화 933-026-092 운영 화~토 13:00~16:00, 19:30~다음 날 01:00 / 일 19:30~24:00 홈페이지 lavinateriadelcall.com 요금 식사류 10~20유로, 와인 1병 평균 10~20유로

300개의 빈티지를 자랑하는 와인 바
라 비냐 델 세뇨르 La Vinya del Senyor

산타 마리아 델 마르 성당 앞에 위치한 운치 있는 바. 해마다 주기적으로 맛이 좋은 빈티지를 선정하여 일주일마다 정기 메뉴가 변경된다. 글라스 와인 메뉴 역시 수시로 바뀐다. 병으로 구매를 원한다면 와인을 잘 몰라도 주인장이 계절마다 추천하는 와인을 선정해 주니 그의 안목을 믿고 구매해도 좋다. 아늑한 2층 자리도 좋지만 성당이 한눈에 들어오는 바깥 테라스 자리가 가장 인기 있는 자리. 운이 좋아야 앉아볼 수 있다.

Data 지도 ● 휴대지도-G, P.235-G 가는 법 메트로 4번 라인 타고 Jaumel역 하차, 도보 10분
주소 Plaça Santa María, 5, 08003 전화 933-103-379 운영 일~목 12:00~24:00 / 금·토 12:00~다음 날 01:00 요금 와인 1병 15유로부터

톡 쏘는 샴페인 한 잔
샴푸 샴파니 Xampú Xampany

최고급 식재료로 만드는 홈메이드 안주가 유명한 곳. 식전, 식후 음료로 기분 내기 좋은 스페인 샴페인 카바를 비롯해 다양한 스파클링 와인을 판매한다. 이베리코 햄으로 만든 타파스와 치즈 안주가 인기. 파스타나 스테이크 등 식사만 해도 좋은 메뉴가 많다. 가정적인 실내 분위기는 편안하고, 여름에만 운영하는 테라스 자리도 좋다. 카바와 와인으로 만드는 두 종류의 상그리아는 재료를 아낌없이 사용해 상큼한 맛이 일품. 기본 칵테일 메뉴도 있는데 이곳의 다양한 요리들과 잘 어울린다.

Data 지도 ● 휴대지도-13, P.235-C
가는 법 메트로 2번 라인 타고 Tetuan역 하차, 도보 3분
주소 Gran Via de les Corts Catalanes, 702, 08010
전화 932-650-483 운영 카페·바·상점 08:00~다음 날 01:30 홈페이지 xampubarcelona.com
요금 참치 다타키 14.50 유로, 상그리아 3.90유로부터

세계 각지의 훌륭한 빈티지를 취급하는 바
엘스 소르티도스 델 파를라멘트 Els Sortidors del Parlament

와인 배럴 통을 테이블로 사용하는 분위기 좋은 바. 다른 곳에서 흔히 볼 수 없는 이곳만의 독특한 타파스를 맛보는 재미가 쏠쏠하다. 트러플 오일을 곁들인 메추라기 알 오믈렛 같은 독특한 메뉴를 선보인다. 6가지의 탭 맥주도 준비되어 있다. 와인, 맥주를 좋아하는 사람들부터 타파스 미식가 등 다양한 연령층의 단골을 보유한 곳이다. 핑크 카바 등 특별한 와인이 많고, 가격대를 정해 주문해도 잊을 수 없는 맛의 와인을 가져다줄 것이다. 와인을 가져갈 시 코키지 차지 4유로 추가.

Data 지도 ● 휴대지도-12, P.234-A
가는 법 메트로 2번 라인 타고 Sant Antoni역 하차, 도보 10분
주소 Carrer del Parlament, 53, 08015 **전화** 934-411-602
운영 월·수~금 18:00~24:00, 토·일 13:00~24:00
홈페이지 www.elssortidors.com
요금 1병 평균 10~20유로

초콜릿과 상그리아의 환상적인 조화
부보 본 Bubó Born

초콜릿 케이크로 수상 경력이 있는 쇼콜라티에가 상주하는 초콜릿&칵테일 바. 초콜릿 숍과 칵테일 바가 나란히 있다. 오렌지 껍질로 만든 리큐어, 코엥트로를 넣는 것이 부보 샹그리아의 비결. 착한 가격은 주변 다른 바들과 차별화시키는 또 다른 승부수. 톡 쏘는 샹그리아 한 모금을 마시고, 입에 넣자마자 살살 녹는 달콤한 초콜릿을 먹어보자.

Data 지도 ● 휴대지도-G, P.235-G
가는 법 메트로 4번 라인 타고 Jaume I역 하차, 도보 10분 **주소** Carrer de les Caputxes, 10, 08003 **전화** 932-687-224 **운영** 월~목 10:00~21:00 / 금·토 10:00~23:00 / 일 10:00~22:00 **홈페이지** bubo.es **요금** 초콜릿 케이크 4.90유로부터

흥부자들의 모임, 유쾌한 스포츠 펍
로베야 네그라 L'Ovella Negra

대표 메뉴인 홈메이드 상그리아가 맛있기로 유명한데, 맥줏잔보다 더 많이 쌓여 있는 것을 볼 수 있다. 바르셀로나의 경기가 있는 날 바를 가득 채운 손님들과 함께 소리 지르며 응원하는 짜릿함을 느껴보자. '검은 양'이라는 뜻을 가진 이름에 걸맞게 귀여운 양이 그려진 이 바의 로고는 티셔츠나 머그잔 등 기념품으로 판매한다.

Data 지도 ● 휴대지도-B, P.234-B
가는 법 메트로 1번 라인 타고 Catalunya역 하차, 도보 5분 **주소** Carrer de Sitges, 5, 08003
전화 933-171-087 **운영** 일~목 17:00~다음 날 02:30 / 금·토 17:00~다음 날 03:00
홈페이지 www.ovellanegrabcn.com
요금 타파스 4유로부터, 상그리아 피처 1L 15유로

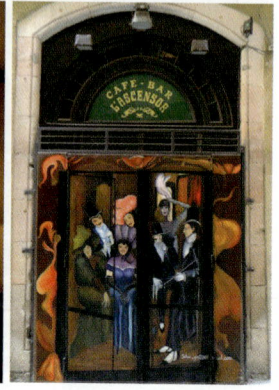

엘리베이터 문이 열리면 맛있는 칵테일이 나온다!
라센소르 L'Ascensor

바 이름의 뜻이 '엘리베이터'인 이유는 입구에 도착하면 알 수 있다. 엘리베이터를 타고 올라가야 라센소르가 나타나기 때문이다. 찾기 힘들다는 점은 이곳의 매력 포인트. 분위기, 인테리어, 칵테일 메뉴 모두 불평할 것이 없다. 막상 도착해 반질반질 윤이 나는 어두운 원목으로 인테리어 한 엘리베이터로 들어가면 다들 어떻게 알고 온 건지 궁금할 정도. 언제나 사람들이 많은 인기 좋은 바다. 와인 리스트가 괜찮고, 모히토와 블러디 메리가 특히 맛있다.

Data 지도 ● 휴대지도-F, P.235-G 가는 법 메트로 4번 라인 타고 Jaume I역 하차, 도보 5분 주소 Carrer de Bellafila 3, 08002 전화 610-402-262 운영 18:00~다음날 01:00 홈페이지 www.ascensorbar.com 요금 칵테일 6.50유로부터

뜨거운 스페인의 더위를 시원하게 씻어내는
캘더콜드 Kælderkold

람블라스 거리를 걷다 목이 타면 들르기 좋은 곳. 덴마크어로 '차가운 찬장'이라는 뜻을 가진 이 바는 크래프트 맥주를 전문으로 한다. 현지인들이 대다수라 로컬 분위기를 만끽할 수 있다. 바텐더들이 모든 종류에 대해 상세히 설명해 주니 취향에 맞는 음료를 추천받자. 탭은 17개. 병맥주 종류도 무척 다양하고 맥주 칵테일도 판매한다. 주기적으로 맥주 종류를 바꾸며, 좋은 스칸디나비아 맥주가 많다.

Data 지도 ● 휴대지도-F, P.234-B 가는 법 메트로 3번 라인 타고 Liceu역 하차, 도보 1분 주소 Carrer del Cardenal Casañas, 7, 08002 전화 932-779-671 운영 일~목 11:00~02:30 / 금·토 11:00~03:00 요금 모리츠 생맥주 0.25L 1.75유로부터 홈페이지 www.kaelderkold.com

탭에서 바로 뽑아내는 시원한 맥주
파브리카 모리츠 Fàbrica Moritz

마이크로 양조장과 연결된 탭에서 뽑아내는 시원한 맥주가 인상적이다. 서빙하는 웨이터들은 시원하게 뽑은 바 사이로 쉴 새 없이 바쁘다. 프랑스 알자스 지방과 스페인 요리를 접목시킨 타파스 안주 메뉴도 훌륭하다. 양조장을 직접 방문해 구경할 수도 있다.

Data 지도 🟡 휴대지도-12, P.234-A 가는 법 메트로 2번 라인 타고 Universitat역 하차, 도보 10분
주소 Ronda de Sant Antoni, 41, 08011 전화 934-260-050 운영 일~목 12:00~다음날 01:00 / 금·토 12:00~다음 날 02:00 홈페이지 fabricamoritzbarcelona.com 요금 모리츠 맥주 0.2L 2.60유로

피카소가 영감을 받아 휴식하던 그곳
콰트르 가츠 4 Gats

피카소가 자주 들렀던 바. 달리 역시 이곳의 단골손님이었다고 한다. 눈에 띄는 화려한 색감의 인테리어는 예술적인 영감을 불러일으킬 만하며, 메뉴판도 피카소의 작품이다. 분위기와 역사 때문에 찾는 재미가 있고 종종 열리는 공연을 보러 올 수도 있다. 단, 어느 바에서나 찾아볼 수 있는 차별성 없는 메뉴와 비싼 가격이 흠이라면 흠. 그러나 이 도시를 대표하는 미술가가 자주 왔었다는 것으로도 칵테일 한잔 하러 한 번쯤 들러볼 만하다.

Data 지도 🟡 휴대지도-13, P.234-B 가는 법 메트로 1번 라인 타고 Catalunya역 하차, 도보 5분
주소 Carrer de Montsió, 3, 08002 전화 933-024-140 운영 화~금 11:00~24:00 / 토 12:00~24:00 / 일 12:30~17:00 홈페이지 www.4gats.com 요금 점심 코스 21유로, 칵테일 9유로

날씨 좋은 날 소풍 가는 기분으로 찾기 좋은 곳
피크닉 레스토랑 Picnic Restaurant

스페인, 미국, 영국식의 다양한 핑거 푸드와 깔끔한 브런치를 선보인다. 팬케이크, 에그 베네딕트, 프렌치토스트 등 브런치 메뉴가 다양하다. 브런치를 판매하는 주말이 가장 바쁘다. 이곳의 구운 토마토와 페타 치즈를 맛보고 싶다면 토요일 아침 일찍 찾아가야 한다. 쫄깃하고 달콤하면서도 느끼하지 않은 프렌치토스트와 팬케이크, 농장에서 기른 신선한 달걀을 사용한 연어 에그 베네딕트 등의 브런치에서 멕시코 요리 칠라킬레스Chilaquiles까지 국적을 가리지 않는 다채로운 요리를 선보인다.

Data 지도 ● 휴대지도-13, P.235-D 가는 법 메트로 1번 라인 타고 Arc de Triomf역 하차, 도보 10분 주소 Carrer del Comerç, 1, 08003 전화 935-116-661 운영 10:00~16:00 홈페이지 www.picnic-restaurant.com 요금 연어 에그 베네딕트 13.50유로, 프렌치토스트 9.50유로

질리지 않는 달콤함
에스파이 수크르 Espai Sucre

'설탕이 있는 곳'이라는 이름 말고 달리 부를 수 없는 곳. 수십 개의 디저트를 판매하는 레스토랑이다. 설탕과 버터를 넣어 만들 수 있는 모든 종류의 디저트를 이곳에서 맛볼 수 있다. 달콤함을 수반할 칼로리에 대한 죄책감 없이 디저트로만 실컷 배를 채우고 떠난다는 평이 자자하다. 디저트를 좋아하는 사람이라면 들러볼 만하다. 유칼립투스, 샐러리, 사과로 만드는 수프나 커피 셔벗 등 용기를 내서 주문해야 할 독특한 메뉴가 가득하다.

Data 지도 ● 휴대지도-13, P.235-G 가는 법 메트로 4번 라인 타고 Jaume I역 하차. 시우타데야 공원 옆 주소 C/ de Sant Pere Més Alt, 72, 08003 전화 933-151-022 운영 화~목 21:00~23:30 / 금·토 20:30~다음 날 01:00 홈페이지 www.espaisucre.com 요금 코스 메뉴(디저트 4개 포함) 60유로

아일랜드에서 온 커플의 브런치 플레이스
밀크 Milk

아일랜드에서 온 주인 커플이 2005년 오픈한 편안한 카페. '백만장자의 응접실' 콘셉트로 꾸몄다고 하지만, 포근한 분위기를 풍긴다. 샐러드에서 오믈렛까지 다양한 브런치 셀렉션을 갖췄다. 브런치 메뉴로는 에그 베네딕트와 팬케이크를 추천한다. 저녁이면 칵테일을 마시기 위한 사람들의 발길이 끊이지 않는다. 와인이나 맥주 종류도 많지만 칵테일이 맛있다.

Data 지도 ● 휴대지도-18, P.235-G 가는 법 메트로 4번 라인 타고 Jaume I역 하차, 도보 10분 주소 Carrer d'en Gignàs, 21, 08002 전화 932-680-922 운영 월~금 09:00~16:00, 19:00~24:00 / 토·일 09:00~17:00, 19:00~24:00 홈페이지 www.milkbarcelona.com 요금 베네딕트 11.25~12.25유로, 팬케이크 8.95~10.95유로

헤엄치고 싶은 부드러운 핫초코
그란자 둘시네아 Granja Dulcinea

바르셀로나에는 초콜릿과 추로스를 먹을 수 있는 카페가 수없이 많지만, 이곳의 휘핑크림을 얹은 핫초코 수이소스Suissos는 남다르다. 메뉴에 올라 있는 달콤한 요리들은 테이크아웃할 수 있다. 설탕을 뿌린 보드라운 비스킷 멜린드로스Melindros와 마요르카의 달팽이처럼 생긴 페이스트리 엔사이마다Ensaimada를 추천한다. 바르셀로나에서 초콜릿과 추로스를 맛보고 싶었던 사람이라면 이곳을 강력 추천한다.

Data 지도 ● 휴대지도-F, P.234-B
가는 법 메트로 3번 라인 타고 Liceu역 하차, 도보 5분
주소 Carrer de Petritxol, 2, 08002
전화 933-026-824
운영 09:00~13:00, 16:30~20:30 / 8월, 12/25 휴무
홈페이지 www.granjadulcinea.com
요금 멜린드로스 1.95유로

특별히 찾지 않아도 자주 보여요
카페 드 로페라 Cafè de l'Òpera

람블라스 거리를 걷다 보면 으레 눈에 띄기 마련인 멋들어진 카페. 언제나 북적이는 이곳은 1920~1930년대에 살바도르 달리와 루이스 브뉘엘이 종종 만나 한잔 하던 단골 카페였다고 한다. 바르셀로나에 거주하는 예술가들이 영감을 받아 작업하고 칵테일을 마시며 하릴없는 담소를 나누는 장소로 명성이 높아진 람블라스 거리의 명소다.

일찍 열고 늦게 닫아 하루의 시작과 끝을 이곳에서 보내는 단골들도 꽤 많다. 가장 유명한 것은 걸쭉한 초콜릿에 찍어 먹는 바삭한 추로스! 거의 모든 테이블에서 주문했음을 볼 수 있다.

Data 지도 ● 휴대지도-F, P.234-F **가는 법** 메트로 3번 라인 타고 Liceu역 하차, 도보 1분
주소 La Rambla 74, 08002
전화 933-177-585
운영 08:30~다음 날 02:30
홈페이지 cafeoperabcn.com
요금 추로스 1.90유로, 초콜릿 3유로부터

매일 가도 좋은 카페
페데랄 카페 Federal café

분위기, 청결함, 서비스, 맛, 무엇 하나 빠지는 것이 없어, 카페 좀 다녀본 로컬들에게 바르셀로나 최고의 카페로 손꼽히는 카페다. 베이지 톤의 큼직한 건물은 맑은 날 한쪽 면을 통으로 오픈한다. 큰 문을 통해 시원한 바람과 자연광이 한껏 들어와 바르셀로나 시내 어느 카페보다도 밝고 활기찬 기운이 넘쳐난다. 레몬 기믈렛, 로즈 마티니 등 해가 진 후 조명을 켜면 또 다른 분위기로 변해 칵테일이 절로 마시고 싶어지는 곳. 언제 와도, 누구와 와도, 무엇을 먹으러 와도 좋다.

Data 지도 ● 휴대지도-12, P.234-A
가는 법 메트로 3번 라인 타고 Poble Sec역 하차, 도보 5분
주소 Carrer del Parlament, 39, 08015 **전화** 935-843-695
운영 09:00~16:00
홈페이지 federalcafe.es
요금 커피 1.70유로부터, 토스트 2.80유로부터

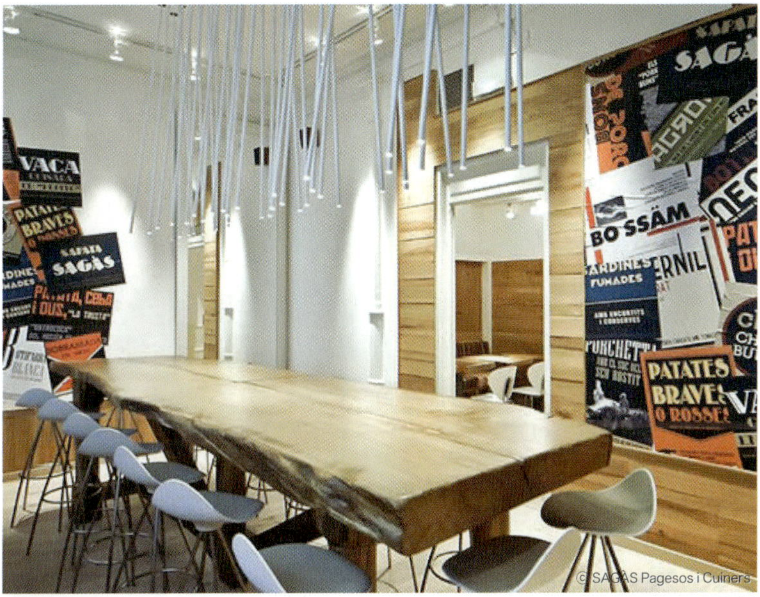

© SAGÀS Pagesos i Cuiners

세계 최고의 샌드위치 바

사가스 농부와 요리사들 SAGÀS Pagesos i Cuiners

SAGÀS
FARMERS, COOKS & CO.

사가스의 이름은 헤드 셰프 오리올 로비라Oriol Rovira의 가족 목장이 있는 피레네산맥 중턱의 마을 이름에서 따왔다고 한다. 이름의 유래부터 신선함이 넘쳐 흐르는 것처럼 최고의 재료로 만드는 샌드위치는 일품이다. 농장에서 공수하는 돼지고기와 치즈, 채소를 다양한 조합으로 배합해 선보이는 메뉴는 계절이 바뀔 때마다 연중 4번 바뀐다. 여러 매체에 '세계 최고의 샌드위치'를 맛볼 수 있는 곳으로 소개된 바 있다. 빵 역시 직접 구운 것을 사용한다. 단체 손님을 위한 방도 따로 마련되어 있다.

Data **지도** ● 휴대지도-18, P.235-G **가는 법** 메트로 4번 라인 타고 Jaume I역 하차, 도보 5분
주소 Pla de Palau, 13, 08003
전화 933-102-434
운영 월~목 13:00~24:00 / 금 13:00~24:30 / 토 12:00~24:30 / 일 12:00~24:00 **홈페이지** sagasfarmersandcooks.com
요금 샌드위치 9유로부터

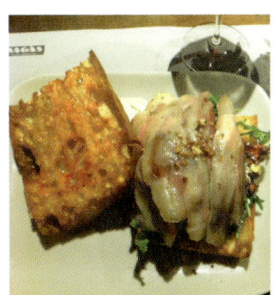

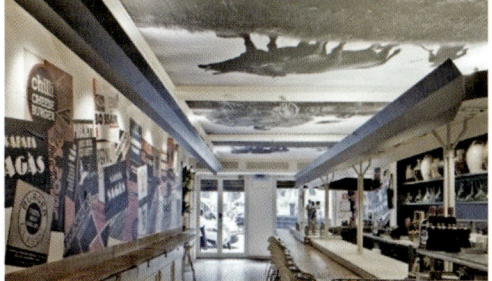

Barcelona By Area

02

에이샴플라
EIXAMPLE

'확장'이라는 뜻의 이름을 가지고 1850년대 대대적인 도시 계획으로 태어났다. 세련됨과 시크한 매력이 넘쳐 흐르는 신시가지. 에이샴플라의 길은 불평할 것 없이 깨끗하고 네모 반듯하다. 안 사고는 못 배길 물건들로 가득한 상점들과 맛집들이 골목마다 소비를 부른다.

에이샴플라
미리보기

대학가 동네라서 학생들도 많고 바르셀로나 제 1의 쇼핑 거리다. 관광객도 많으니 항상 생동감이 넘치는 젊은 동네. 거기가 여기 같고 여기가 거기 같은 완벽하게 네모 반듯한 구조 때문에 길을 잃으면 어디가 어디인지 찾아 나오기가 꽤 어렵다.

* **주요 메트로 역** : 메트로 3, 5번 라인의 Diagonal역, Sants Estació역, 1, 2번 라인의 Universitat역, 2, 4번 라인의 Passeig de Gràcia역

SEE
사그라다 파밀리아 성당을 비롯해 명소들이 많은 지역으로, 특히 가우디의 작품이 많다. 가우디를 임팩트 있게 느껴볼 수 있는 인상 깊은 '가우디 지역'이라 할 수 있다. 가장 최근에 조성된 지역인 만큼 우아하고 깔끔한 모습과 더불어 문화적으로도 가장 앞서 나가는 동네다. 또한 '게이샴플라 Gaixample'라는 별명까지 가지고 있을 정도로 동성애자들을 위한 바Bar 또는 Gay-Only 숙소 등이 밀집해 있다.

BUY
바르셀로나 쇼핑 종결자 디아고날 거리가 에이샴플라에 있다. 벼르고 있던 브랜드 쇼핑을 여기에서 하도록 하자. 아무것도 사지 않아도 명품 상점들의 화려한 디스플레이를 구경하느라 시간 가는 줄 모를 진정한 쇼핑 천국이다.

EAT
바르셀로나에서 내로라하는 맛집들은 대부분 이 동네에 있지만, 한 가지 단점을 꼽자면 분위기와 맛이 보장되는 대신 가격대가 높다는 것이다. 특별한 식사를 하고 싶다거나 와인과 훌륭한 서비스가 함께 하는 저녁을 원할 때는 에이샴플라를 추천하나 주머니 사정을 고려해야 하는 배낭여행자라면 멋모르고 에이샴플라의 고급 레스토랑에 들어가는 것은 주의해야 한다.

어떻게 갈까?
여러 관광 명소들을 살펴보면 지도에서 가장 먼저 익히게 되는 Diagonal, Universitat, Passeig de Gràcia와 같은 메트로역이 에이샴플라를 동서남북 에워싸고 있어 찾아가기에 어려움이 없다. 시우타트 베야에서 이동한다면 걸어가도 무방하고 택시를 타도 부담 없다.

어떻게 다닐까?
한 변이 133.3m인 정사각형 블록들로 구성된 에이샴플라는 가우디와는 정반대의 성향을 가진, 직선을 사랑한 건축가 세르다Ildefons Cerdà의 작품이다. 수많은 격자 무늬 골목들을 가로지르는 큰 대로는 기억하기 쉽도록 이름도 사선 방향인 디아고날Diagonal이다. 에이샴플라를 찾는 목적에 따라 바르셀로나에서 가장 번화한 쇼핑가 그라시아 거리Passeig de Gràcia의 한쪽 끝에서 반대편 끝으로 걸어 이동하는 것을 추천한다. 이 그라시아 거리를 기준으로 에이샴플라는 좌(에이샴플라 이스키에르다 Eixample Izquierda), 우(에이샴플라 데레차 Eixample Derecha)로 나뉜다. 사그라다 파밀리아 성당을 먼저 보려 방문한다면 성당 내부를 돌아본 후 오른쪽에서 왼쪽으로 이동한다.

에이샴플라
📍1일 추천 코스 📍

에이샴플라를 관광하는 날에는 스마트폰 배터리를 꽉꽉 채우고 보조배터리까지 넉넉하게 챙길 것! 사진 찍을 명소들이 너무 많아 사진을 5조 5만 장 찍게 될 테니까. 양손 무겁게 숙소로 돌아갈 예정이라면 평소보다 더 자주 지갑도 체크해야 한다. 또각또각 구두 소리가 더없이 경쾌한 에이샴플라의 길을 모두 걸어보자.

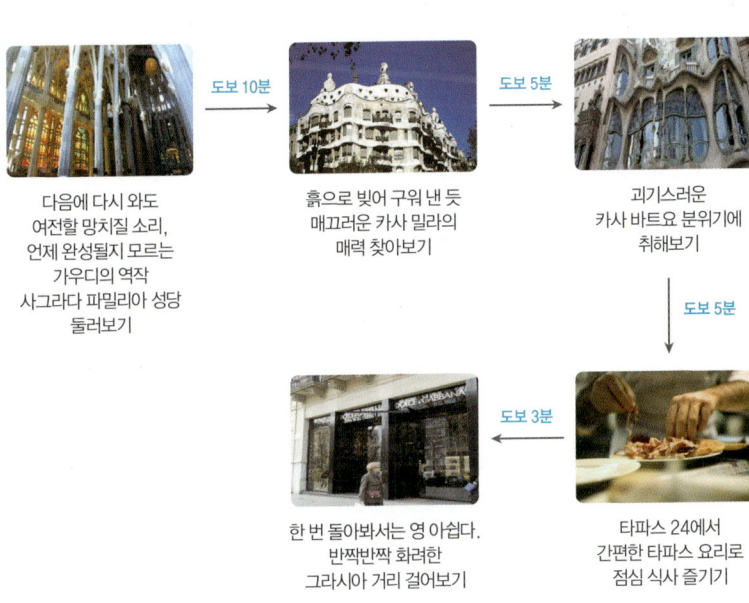

다음에 다시 와도
여전할 망치질 소리,
언제 완성될지 모르는
가우디의 역작
사그라다 파밀리아 성당
둘러보기

→ 도보 10분

흙으로 빚어 구워 낸 듯
매끄러운 카사 밀라의
매력 찾아보기

→ 도보 5분

괴기스러운
카사 바트요 분위기에
취해보기

↓ 도보 5분

타파스 24에서
간편한 타파스 요리로
점심 식사 즐기기

← 도보 3분

한 번 돌아봐서는 영 아쉽다.
반짝반짝 화려한
그라시아 거리 걸어보기

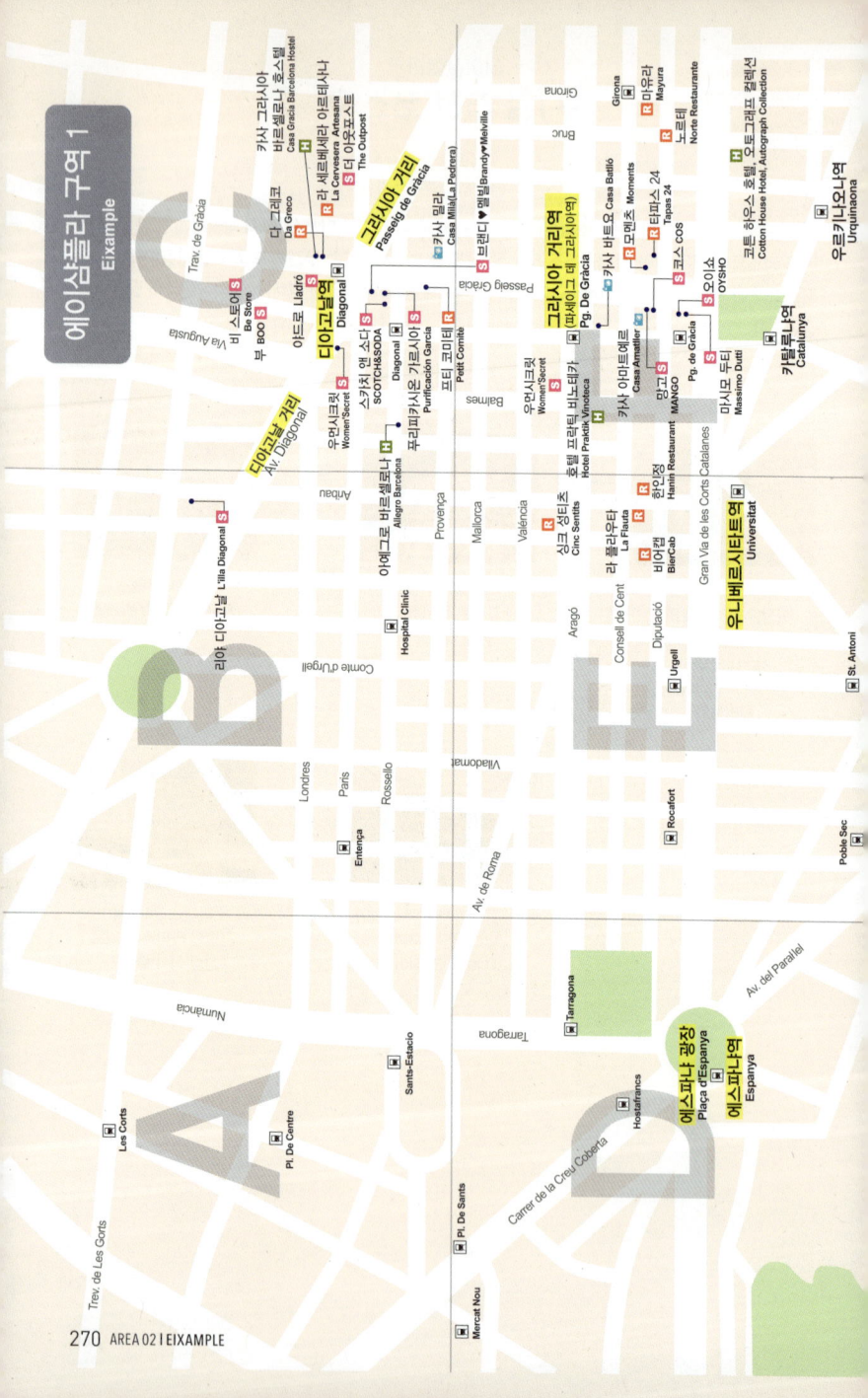

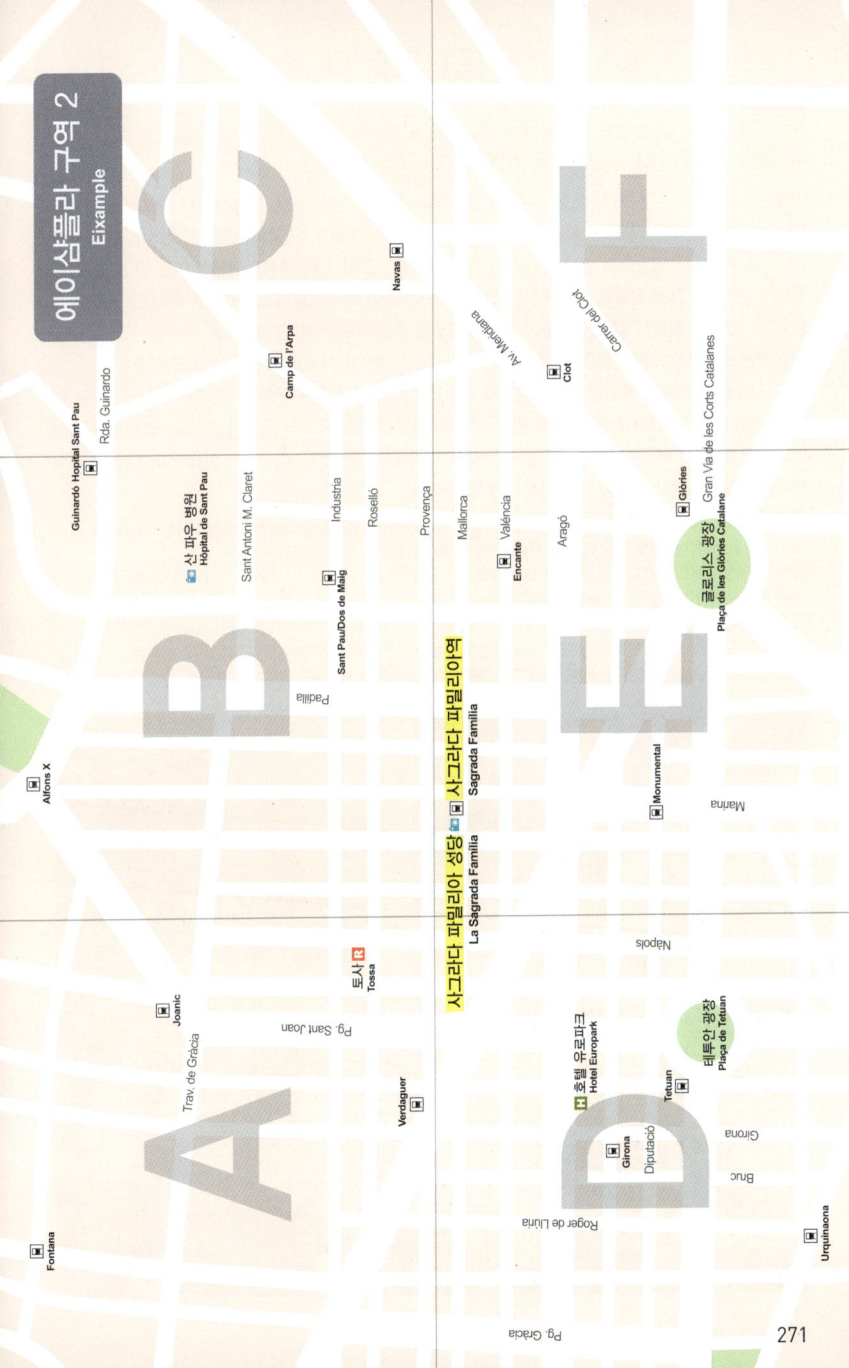

 SEE

 가우디 일생의 역작, 미완성 성당
사그라다 파밀리아 성당 La Sagrada Família

가우디는 1882년 3월 19일(성 요셉 축일) 공사를 시작해 1926년 6월 죽을 때까지 사그라다 파밀리아 성당 건축 감독을 맡았다. 사망할 때까지 40여 년간 사그라다 파밀리아 성당 건축 작업에 몰두했지만, 일부만 완성되었으며 현재도 공사가 진행 중이다. 그러나 채 완성되지 않았어도 그 어떤 건축물에도 견줄 수 없는 정교함과 웅장함은 고개를 한껏 뒤로 꺾어 넋을 잃고 성당 구석구석을 감상하게 만든다. 건축에 필요한 자금은 후원자의 기부금으로 충당되므로, 언제 완성될지 불분명하다. 그러나 완성되면 그 규모는 가로 150m, 세로 60m, 중앙 돔의 높이는 170m에 이를 것이라 한다.
열두 사도를 의미하는 독특한 종탑, 믿음과 희망과 자비를 상징하는 탄생의 문, 가우디가 죽은 뒤 완성된 수난의 문 등 건물 전체가 '돌로 만든 성서'라 불릴 정도로 종교적 색채가 강하다. 입장권은 홈페이지에서 미리 구매해야 한다. 부분씩 보면 모두 다 건축물처럼 디테일이 살아 있고 다양한 매력이 있어 시간을 많이 할애해 오래 감상해야 할 곳이다.

Data 지도 휴대지도-9, P.271-E **가는 법** 메트로 2, 5번 라인 타고 Sagrada Família역 하차. Pl. de la Sagrada Família 출구로 나오면 바로 **주소** Carrer de Mallorca, 401, 08013
운영 11~2월 09:00~18:00 / 3·10월 09:00~19:00 / 4~9월 09:00~20:00 / 12/25~26·1/1·1/6 09:00~14:00
전화 932-073-031, 932-132-060 **홈페이지** sagradafamilia.org
요금 성당 일반 26유로, 학생·30세 미만 24유로, 65세 이상 21유로 / 성당+가이드 일반 30유로, 학생·30세 미만 28유로, 65세 이상 23유로 / 성당+탑 일반 36유로, 학생·30세 미만 34유로, 65세 이상 28유로 / 성당+탑+가이드 일반 40유로, 학생·30세 미만 38유로, 65세 이상 32유로

압도하는 아름다움
카사 바트요 Casa Batlló

카사 바트요는 큼직한 뼈 몇 개를 이어 붙여 만든 것만 같은 괴기한 분위기를 풍긴다. 쇼핑의 메카 그라시아 거리에 위치해 있다. 바르셀로나의 실업가 바트로 카사노바스Josep Batllo Casanovas가 그라시아 거리에서 가장 화려한 건물을 갖고 싶어 진행한 프로젝트다. 가우디가 몬주익산 암석으로 1~2층의 정면을 새롭게 만들고, 뼈가 연상되는 기둥을 세워 완성했다. 개성 만점의 입체적인 건물 모습이 마치 살아 숨 쉬는 유기체 같아 '인체의 집'이라고도 불리며, '뼈로 된 집'이라는 뜻의 카사 델스 오소스Casa dels Ossos 라고도 한다. 아침 햇살을 받으면 무지개 빛으로 반짝이는 오색찬란한 특유의 모자이크 장식이 아름답다.

가우디의 작품 중 입장료가 가장 비싸 부담될 수 있지만, 가우디의 다른 작품들과는 확연히 다른, 카사 바트요만의 특징이 있다. 원형 타일 외벽 마감은 햇빛을 받으면 여러 가지 색으로 빛나고, 곡선으로만 실내를 어떻게 조형했는지도 꼭 눈여겨보도록 하자.

Data 지도 ● 휴대지도-8, P.270-F 가는 법 메트로 2, 3, 4번 라인 타고 Passeig de Gràcia역 하차, Calle Aragó-Rambla Catalunya 출구 주소 Passeig de Gràcia, 43, 08007 운영 09:00~20:00(마지막 입장 19:15) 전화 932-160-306 홈페이지 www.casabatllo.es 요금 블루 일반 33유로(온라인 29유로), 65세 이상 30유로(온라인 26유로), 학생증 소지자·13~17세 24유로(온라인 20유로) / 실버 8유로 추가, 골드(패스트 트랙) 10유로 추가

> **Tip** 카사 바트요와 가장 가까운 파세이그 데 그라시아Passeig de Gràcia역은 매우 복잡하다. 길을 잃으면 다시 메트로 역으로 내려가 출구를 찾아 나오는 것이 가장 좋은 방법. 좀 더 특별한 관람을 원한다면 오픈 시간 전 매일 소수 인원에게만 허락하는 비 더 퍼스트 티켓Be The First Track(일반 39유로)과 매주 일요일 17시 50분에 연극 형식으로 진행하는 연극 방문(일반 37유로)을 주목하자.

 춤추는 듯한 물결로 빚은 걸작

카사 밀라 Casa Milà (La Pedrera)

1984년 유네스코 세계 문화유산으로 등재된 카사 밀라는 공동 주택의 새로운 지평을 열었다는 평을 받는다. 가우디의 작품들 중 실제로 살아보고 싶은 마음이 드는 곳이다. 2개의 안뜰과 옥상 테라스, 각기 다른 모양의 방들과 전시물 등 다채로운 공간으로 구성되어 있다. 실제로 이곳에 거주하던 가족들의 모습이 그대로 남겨져 있어 아이들의 옷방이나 침실, 서재를 살펴볼 수 있으며, 각 방의 쓰임새도 알 수 있다.

잊지 말고 테라스도 꼭 올라가 보자. 내부와는 완전히 다른 또 다른 곡선의 유려함을 느낄 수 있다. 찰흙으로 빚은 듯한 수려한 외관은 돌을 깎아 작업한 것이다. 탁 트였으나 신비하게 이리저리 굽은 내부 구조와 카사 밀라에서 가장 찬양받는 솟아오르는 듯한 옥상까지 부드러운 가우디 특유의 곡선이 가장 잘 살아있는 작품이다.

Data 지도 ● 휴대지도-8, P.270-C
가는 법 메트로 3, 5번 라인 타고 Diagonal역 하차, Passeig de Gràcia 출구로 나온다. 거리에 있는 표지판에는 Casa Milà라 표기 되어 있지 않고 La Pedrera라고 쓰여 있으니 유의하자 **주소** Passeig de Gràcia, 92, 08008 **전화** 932-142-576 **운영** 09:00~16:30, 나이트 투어 19:00~22:00 / 12/25 휴관
요금 낮 시간 입장(시간 지정) 일반 25유로, 학생·65세 이상·장애인 19유로, 7~12세 12.50유로, 7세 미만 무료(추가 금액 지불하고 자유 입장 가능) / 밤 시간 입장 일반 38유로, 7~12세 19유로, 7세 미만 무료(온라인 예매 시 티켓 출력 및 QR코드를 다운로드받아 입장 시 제시), 오프라인 구입 시 3유로 추가

세상에서 가장 아름다운 병원
산 파우 병원 Hôpital de Sant Pau

카탈루냐에서 가장 유명한 건축가 셋 중 두 명은 이제 보았으니, 이번에는 몬타네르Lluís Domènech i Montaner의 차례다. 몬타너가 중세 시대부터 운영하던 여러 개의 군소 병원들을 통합해 지은 이곳의 이야기가 감동적이다. 사그라다 파밀리아 성당과 불과 500m 떨어진 곳에 위치해 있는데, 신의 은총을 받아 환자들이 얼른 병이 낫기를 기원하는 마음을 담았다고 한다.

오래전 지은 건물이라 보수적인 건물의 구분이 있는 것이 특징이다. 오른쪽이 남자 환자 병동으로 사용되던 건물, 왼쪽이 여자 환자들을 수용하던 곳이라 한다. 20여 개의 병원 건물들에 관한 설명을 들으며 돌아볼 수 있는 투어 프로그램도 마련되어 있다.

Data 지도 ● 휴대지도-9, P.271-B **가는 법** 메트로 4번 라인 타고 Guinardó | Hospital de Sant Pau역 하차, 도보 1분 **주소** Carrer de Sant Antoni Maria Claret, 167 , 08026 **전화** 935-537-145 **운영** 11~3월 10:00~17:00 / 4~10월 10:00~18:30 / 12/25 휴관 *스페인어 가이드 11:00, 카탈루냐어 가이드 12:30 **홈페이지** www.santpaubarcelona.org **요금** 일반 16유로, 12~29세·65세 이상 11.20유로, 가이드 투어 일반 20유로, 12~29세·65세 이상 14유로, 3~11세 5유로

여러 건축 양식이 혼재하는
카사 아마트예르 Casa Amatller

카사 아마트예르는 섬세하고 화려한 카탈루냐 고딕 양식과 아르누보 양식의 결합물이다. 유명 카탈루냐 건축가 카다팔치Josep Puig i Cadafalch의 작품으로, 모더니스트 건축이 무엇인지를 여실히 보여주는 대작이다. 카사 바트요 옆에 위치해 접근성이 좋다. 2009년 파사드를 재정비하는 등 꾸준한 관리로 잘 보존되어 있다. 신발 커버를 착용한 후 입장이 가능하며, 번거롭다면 1층 카페만 잠시 들러보자. 가이드 투어도 선택 가능하다.

Data 지도 ● 휴대지도-8, P.270-F **가는 법** 메트로 2, 3, 4번 라인 타고 Passeig de Gràcia역 하차, 도보 1분 **주소** Passeig de Gràcia, 41, 08007 **전화** 934-617-460 **운영** 10:00~18:00 / 12/25 휴관 **홈페이지** amatller.org **요금** 입장권+오디오 가이드 일반 17유로, 학생·65세 이상 15유로, 30세 미만 8유로, 7세 미만 무료

> **Tip 바르셀로나의 '불일치 단지'**
>
> 카사 아마트예르는 가우디의 카사 바트요와 몬타네르의 카사 레오 모레라Casa Lleó-Morera와 함께 '불일치 단지' 만사나 데 라 디스코르디아Mansana de la Discòrdia를 이루고 있는 모더니스트 건축물이다. 여느 건물들처럼 네모 반듯한 정형화된 모습을 하고 있지 않고, 이 3개 건물이 모여 있어서 이들을 한데 묶어 이렇게 부르는 것이다. 안타깝게도 카사 레오 모레라는 비공개 건물이라 입장할 수 없다.

🛒 BUY

바르셀로나 제1의 쇼핑 거리
그라시아 거리 Passeig de Gràcia 🔊 파세이그 데 그라시아

쇼핑이 싫어도 부탁받은 것들을 사야 하는 억울한 여행자들이라면, 발품 파는 것을 세상에서 제일 싫어하는 게으른 쇼퍼라면 그라시아 거리가 적격이다. 반나절만에 모든 쇼핑 일정을 끝내고 남은 시간들은 바르셀로네타 해변에서 뒹굴다 가우디와 타파스만 번갈아 보고 먹고 쉬며 보낼 수 있도록 도와줄 곳이 바로 여기 그라시아 거리. 모든 브랜드와 크고 작은 로컬 상점들이 모여 있는 넓고 긴 거리다.

Data 지도 🟡 휴대지도-8, P.270-C 가는 법 메트로 2, 3, 4번 라인 타고 Passeig de Gràcia역
주소 Passeig de Gràcia, 08007

하이엔드 브랜드가 모여있는 부티크 상점
산타 에우랄리아 Santa Eulàlia

그라시아 대로에 위치해 있어 찾아가기 쉬운 에이샴플라의 대표적인 셀렉트 상점이다. 1843년부터 영업해온 바르셀로나 최고 쇼퍼들의 단골 상점이다. 여성복에 치우친 많은 셀렉트, 콘셉트 상점들과 달리 남성복 상품군도 훌륭해 세계 최고의 남성 패션 매장 TOP 30 중 한 곳으로 뽑히기도 했다. 자체 비스포크 테일러링Bespoke Tailoring(맞춤 양복)도 퀄리티가 훌륭하기로 유명하다.
상점 안에 비스트로와 샴페인 바도 마련되어 있다. 취급하는 브랜드로는 알라이아, 마놀로 블라닉, 로저 비비에, 미스터 앤 미세스 이탈리, 알렉산더 맥퀸, 카날리, 발렌티노, 톰포드 등이 있다.

Data 지도 🟡 휴대지도-8, P.270-C 가는 법 메트로 6, 7번 라인 타고 Provença역 하차, 도보 6분
주소 Passeig de Gràcia, 93, 08008 전화 932-150-674
운영 월~토 10:00~20:30
홈페이지 santaeulalia.com

이미 낯이 익은 그 이름
마시모 두티 Massimo Dutti

H&M에게 앤아더 스토리즈와 코스가 있다면 자라에게는 마시모 두티가 있다. 직장인들을 겨냥해 출시한 마시모 두티. 색상과 소재 사용에서 스페인 느낌이 물씬 나는 로컬 브랜드로, 튀지 않으면서도 스타일리시한 패션을 추구하는 사람들에게 꾸준히 사랑받고 있다. 고전적인 패션 스타일을 현대적인 디자인과 소재로 재해석한 의류, 액세서리, 신발, 가방 등의 제품을 만날 수 있다. 여성복 라인 못지않게 남성복 컬렉션도 탄탄하다.

Data 지도 ● 휴대지도-13, P.270-F
가는 법 메트로 2번 라인 타고 Passeig de Gràcia역 하차, 도보 5분
주소 Gran Via de les Corts Catalanes, 609, 08007
전화 934-120-105 **운영** 월~토 10:00~21:00
홈페이지 www.massimodutti.com

착한 가격의 단정한 의류
망고 MANGO

스페인으로 이민 온 터키 형제 이삭 안딕Isak Andic과 나만 안딕Nahman Andic의 패션 브랜드 망고. 1984년 바르셀로나에서 시작한 진짜 '스페인 로컬' 브랜드다. 자라의 가장 큰 경쟁 브랜드로, 현재 115개 국가에 2,600여 개 매장을 갖고 있다. 이미 한국에는 2001년 론칭하며 섹시함과 고급스러운 디자인 제품으로 큰 사랑을 받고 있다.

스페인 브랜드이기에 다른 유럽 도시보다도 가격도 저렴하고 수량도 월등하다. 바르셀로나 망고 매장은 한국이나 마드리드 시내 망고 매장보다 매장 수도 많고 디스플레이도 훌륭하니 망고 쇼핑은 바르셀로나에서 종결짓도록 하자.

Data 지도 ● 휴대지도-8, P.270-F **가는 법** 메트로 3번 라인 타고 Passeig de Gràcia역 하차, 도보 1분
주소 Passeig de Gràcia, 65, 08007 **전화** 932-157-530 **운영** 월~토 10:00~21:00
홈페이지 shop.mango.com

고급스러움과 편안함을 모두 갖춘 속옷
오이쇼 OYSHO

2001년 설립되어 현재는 30여 개의 국가에 450여 개 상점을 가지고 있다. 한국에서는 쉽게 볼 수 없고, 잘 알려지지 않아 안타까운 속옷 브랜드. 잠옷, 이너웨어 등 안에 갖춰 입을 수 있는 옷들을 모두 판매한다. 예쁜 속옷을 입으면 기분이 좋은 사람들은 오이쇼에서 생각보다 많은 예산을 쓸 준비를 해야 한다. 안 예쁜 것이 없으니까!

Data 지도 ● 휴대지도-8, P.270-F
가는 법 메트로 2번 라인 타고 Passeig de Gràcia역 하차 **주소** Passeig de Gràcia, 13, 08008

방대한 쇼핑 리스트를 한 번에 해결!
리야 디아고날 L'illa Diagonal

다양한 품목을 갖추고 있어 원스톱 쇼핑을 할 수 있는 백화점이다. 스페인 스파 브랜드뿐만 아니라 인테리어 디자인 상점, 데카트론, 페드로 델 이에로, 아포데미아 등 170여 개의 상점과 체인 레스토랑과 슈퍼마켓, 4성급 호텔 2개, 헬스클럽, 공원까지 갖추고 있다. 촘촘한 정사각형 창이 수십 개가 있어 벌집이 연상된다.

Data 지도 ● 휴대지도-2, P.270-B
가는 법 메트로 3번 라인 타고 Maria Cristina역 하차 **주소** Avinguda Diagonal, 557, 08029
전화 934-440-000 **운영** 여름 월~토 09:30~21:30, 일 12:00~20:00, 겨울 월~토 09:30~21:30, 일 12:00~20:00 **홈페이지** www.lilla.com

은근한 패션 센스
더 아웃포스트 The Outpost

포인트에 집착하는 남자를 위한 곳. 머리부터 발끝까지 명품으로 감싼 것보다 티 안나는 고급스러움이 훨씬 더 매력 있는 브랜드다. 가방, 구두, 선글라스, 타이 등 고급스럽고 맵시 나는 상품들을 엄선해 선보인다. 안경만 수십 종류를 갖추고 있으며, 똑같아 보이지만 디테일에서 차이를 보이는 페도라는 여럿이 한 선반에 줄을 서 있는 것을 보는 것만으로 공부가 되니 패션 지수가 절로 상승한다. 주로 취급하는 브랜드로는 앨버트 서스튼Albert Thurston, 코르넬리안 타우루스Cornelian Taurus, 매킨토시Mackintosh 등이 있다.

Data 지도 ● 휴대지도-8, P.270-C
가는 법 메트로 3번 라인 타고 Diagonal역 하차, 도보 5분
주소 Carrer de Rosselló, 281, 08008
전화 934-577-137
운영 월~토 10:30~14:30, 16:30~20:30
홈페이지 theoutpostbcn.com

술이 아니라 옷을 팔아요
스카치 앤 소다 SCOTCH&SODA

기본에 빈티지함을 살짝 얹은 스카치 앤 소다가 암스테르담에서 바르셀로나로 날아왔다. 바르셀로나의 여러 백화점에도 입점해 있으나, 이 매장은 넓고 시내에 위치해 있어 가장 편히 둘러볼 수 있다. 입구에 놓인 낡은 갈색 가죽 소파와 말끔하고 넓은 실내 인테리어가 여유로운 쇼핑을 직감하게 한다. 남성복과 여성복을 모두 취급하며, 캐주얼한 체크 셔츠와 치노 팬츠부터 클래식한 정장 블레이저까지 다양한 룩이 준비되어 있다.

Data 지도 ● 휴대지도-8, P.270-C **가는 법** 메트로 3, 5번 라인 타고 Diagonal역 하차, 도보 1분
주소 Carrer de Rosselló, 247, 08008
전화 931-763-825 **운영** 월~토 10:30~20:30
홈페이지 www.scotch-soda.com

스페인 멋쟁이들의 쇼핑 스폿
푸리피카시온 가르시아
Purificación García

영국의 맞춤 양복 브랜드로, 클래식한 룩이 기본. 새빌로우 테일러링 Savile Row Tailoring이 떠오르는 칼 같은 라인의 수트부터 화려한 색상의 의류까지 모두 취급한다. 스태프는 양말 하나를 사더라도 만족스러운 쇼핑이 될 수 있도록 친절하게 안내한다. 불평 요소 하나 없는 대신 가격대는 높은 편. 여성복도 같은 스타일과 콘셉트이며, 마드리드에도 매장이 있다.

Data 지도 ● 휴대지도-8, P.270-C **가는 법** 메트로 3, 5번 라인 타고 Diagonal역 하차, 도보 3분
주소 Calle de Provenza, 292, 08008
전화 934-961-336 **운영** 월~토 10:00~20:30
홈페이지 www.purificaciongarcia.com

만족스런 디자인, 더 만족스러운 가격
브랜디 ♥ 멜빌 Brandy ♥ Melville

밝고 에너지 넘치는 분위기의 아메리칸 캐주얼 브랜드. 꼭 갖고 싶었던 것을 자라나 앤아더 스토리즈에서 발견했지만 가격표 때문에 내려놨던 사람들이라면 반드시 찾아가야 할 상점이다. 입구는 좁지만 안으로 공간이 매우 넓어 다양한 디자인의 캐주얼 의류와 액세서리를 판매한다.

Data 지도 ● 휴대지도-8, P.270-C
가는 법 메트로 3, 5번 라인 타고 Diagonal역 하차, 도보 1분
주소 Carrer del Rosselló, 245, 08008 **전화** 932-920-191
운영 월~금 10:30~20:30 / 토 11:00~21:00
홈페이지 brandymelvilleusa.com

드디어 한국에 상륙한 브랜드
코스 COS

H&M의 하이엔드 라인 브랜드. 단아한 오피스 룩과 디너 파티, 중요한 약속에 차려 입기 좋은 옷. 가격 대비 퀄리티가 훌륭한 상품이 주를 이룬다. 유행을 타지 않는 무난한 디자인이 가장 큰 장점. 스페인 브랜드는 아니지만 다른 유럽 국가보다 비교적 저렴한 가격에서 살 수 있으니, 구매할 것을 강력 추천한다.

Data 지도 ● 휴대지도-8, P.270-F
가는 법 메트로 4번 라인 타고 Passeig de Gràcia역 하차, 도보 2분 **주소** Passeig de Gràcia, 27, 08007 **전화** 930-393-308 **운영** 월~토 10:00~21:00 **홈페이지** www.cosstores.com

 다양한 취향을 존중하는
부 BOO

록 스타들에게 영감을 받아 디자인하는 브랜드, 신었을 때 행복함을 주는 '해피 삭스'를 만드는 브랜드 등 독특한 브랜드를 모아 판매하는 숍. 특별한 것만 수집하므로, 소설 〈앵무새 죽이기〉 속 수집광 부 래들리Boo Radley에서 이름을 따 왔다. 여성복도 판매하므로, 패션에 신경 쓰는 커플 여행자가 좋아할 만한 숍이다.

Data 지도 ● 휴대지도-8, P.270-C
가는 법 메트로 3번 라인 타고 Diagonal역 하차, 도보 5분 **주소** Carrer de Bonavista, 2, 08012 **전화** 933-681-458 **운영** 월~금 11:00~20:30 / 토 11:00~15:00, 16:30~20:30
홈페이지 www.boobcn.com

익살스럽고 재치 있는 아이템 한가득
비 스토어 Be Store

여행 소품, 의류, 문구, 신발, 액세서리, 가방, 와인 마개, 맥주 병따개 등 없는 것 없이 다채로운 제품을 갖춘 상점이지만 잡다함은 전혀 느껴지지 않는다. 깔끔하고 군더더기 없이 제품군별로 정리된 컬러풀하고 밝은 비 스토어 안에서 필요한 모든 것을 살 수 있으니 아무리 특이한 것을 찾는 사람이라도 만족하고 돌아갈 수 있는 곳이다.

Data 지도 ● 휴대지도-8, P.270-C **가는 법** 메트로 3, 5번 라인 타고 Diagonal역 하차, 도보 4분 **주소** Carrer de Bonavista, 7, 08012
전화 932-188-949 **운영** 월~토 10:30~21:00
홈페이지 www.bethestore.com

바르셀로나에서 가장 맛있는 크로케타
토사 Tossa

사그라다 파밀리아 성당에서 엎어지면 코 닿을 거리에 자리 잡고 있지만, 아는 사람들만 아는 로컬 카페다. 버섯, 푸아그라, 치킨, 치즈, 채소로 만드는 여러 종류의 크로케타스 하나만 먹어도 배가 부르다. 신선한 달걀 타파스나 감자, 참치 요리도 사랑받는 메뉴.

아침 일찍 문을 열므로, 조식을 제공하지 않는 숙소에 묵는 사람들에게 추천할 만한 곳이다. 따끈따끈한 크로켓과 거대한 크기의 카푸치노로 속을 든든히 채우면 뛰어다닐 수도 있을 것만 같다. 테라스 자리가 있다는 점도 플러스!

Data 지도 ● 휴대지도-9, P.271-A **가는 법** 메트로 5번 라인 타고 Sagrada Família역 하차, Plaça de la Sagrada Família를 지나 오른쪽으로 꺾어 1개 블럭 **주소** Carrer de Nàpols, 291, 08025
전화 934-576-510 **운영** 월~금 08:00~23:00 / 토 11:00~23:00 **요금** 타파스 4유로 안팎

낭만적인 분위기의 미쉐린 1스타 레스토랑
싱크 성티츠 Cinc Sentits

지역 계절 식재료를 사용해 신선함이 돋보이는 미쉐린 1스타 레스토랑. '5개의 감각'이라는 뜻의 이름을 가진 이곳은 과연 맛뿐 아니라 세련된 테이블 세팅, 인테리어가 감탄을 자아낸다.
다양한 메뉴는 미식가들의 취향에 꼭 들어맞는다. 라이트 메뉴에서는 8가지, 테이스팅 메뉴에서는 10가지 코스를 제공한다. 카탈루냐 캐비어와 같이 신선하고 질 좋은 고급 계절 식재료를 사용하고, 시즌이나 공휴일에 맞추어 다양한 이벤트 메뉴를 선보인다.

Data 지도 휴대지도-7, P.270-E
가는 법 메트로 1, 2번 라인 타고 Espanya역 하차, 도보 5분 주소 Carrer d'Entença, 60, 08011 운영 화~토 13:30~14:30, 20:30~21:30/ 3/7, 4/15, 공휴일 휴무 요금 라이트 메뉴 149유로, 테이스팅 메뉴 169유로

엄마 손맛이 그리울 때는
한인정 Hanin Restaurant

된장찌개와 불고기, 해물전 등 엄마가 막 차려준 집밥 같은 한식을 먹을 수 있다. 돼지갈비, 우동, 잡채부터 탕수육과 짜장면, 찌개까지 장르 불문하고 한국에 돌아가면 먹고 싶은 음식들이 메뉴판을 빼곡하게 채우고 있다. 한국 맥주까지 구비하고 있어 비즈니스로 바르셀로나를 찾는 사람들에게도 인기 있다. 대학가에 자리 잡고 있어 찾기도 쉽고 내부도 넓다.

Data 지도 휴대지도-7, P.270-E 가는 법 메트로 1번 라인 타고 Universitat역 하차, 도보 5분
주소 Carrer d'Aribau, 32, 08011 전화 934-540-563 운영 월~토 12:00~04:00, 저녁 19:30~23:45 /
일 저녁 19:30~23:30 홈페이지 www.haninjung.es 요금 비빔밥 13.90유로, 두부김치볶음 14.90유로,
찌개류 17.50유로

 카탈루냐 요리의 거장이 만드는 타파스
타파스 24 Tapas 24

카탈루냐 요식업계의 큰 인물인 카를레스 아베얀Carles Abellan은 '24'라는 타이틀 아래 여러 개의 레스토랑을 열었다. 그중 가장 대중적인 타파스를 주 메뉴로 하는 타파스 24를 추천한다.
이곳의 인기 메뉴는 얇은 빵에 햄과 치즈를 넣고 구운 비키니 샌드위치Bikini Sandwich. 그 모양이 비키니 팬티와 닮아 비키니 샌드위치라고 이름 지었다고 한다. 혼자 먹기 좋은 미니 타코 세트도 홀로 온 손님들에게 사랑받는 메뉴다. 이외에도 독창적이고 색다른 메뉴들이 많아 식사 시간이 더욱 즐겁다. 오픈 키친이라서 메뉴들이 만들어지는 과정을 모두 볼 수 있다. 오픈 키친에서 조리 과정을 구경하다 보면 사람이 많아도 기다리는 시간이 지루하지 않다.

Data 지도 ● 휴대지도-8, P.270-F
가는 법 메트로 4번 라인 타고 Passeig de Gràcia역 하차, 도보 5분 **주소** Carrer de la Diputació, 269, 08007 **전화** 934-880-977 **운영** 09:30~다음날 01:00 **홈페이지** www.carlesabellan.com/ca/tapas24-diputacio/ **요금** 비키니 샌드위치 12유로

소중한 순간을 위한
모멘츠 Moments

만다린 오리엔탈 호텔을 대표하는 레스토랑 모멘츠는 미쉐린 2스타의 격조 높은 곳이다. 모멘츠 외에도 F&B다이닝으로는 로비에 위치한 레스토랑 블랑Blanc, 시크한 뱅커스 바Banker's Bar, 옥상 테라스의 테랏Terrat이 자리 잡고 있다.

인기 여성 셰프 카르메 루스칼레다Carme Ruscalleda와 그녀의 아들 라울 발람Raül Balam이 모멘츠의 주방을 총괄한다. 카르메 루스칼레다는 정식 요리 수업을 받지 않았으나 뛰어난 감각과 손맛으로 2005년 미쉐린에서 별을 받았다. 카탈루냐식으로 아구 스튜, 사슴 스테이크 등이 대표 메뉴다.

다녀갔던 사람들의 후기도 워낙 좋은 곳이라 예약은 필수! 2~3달 전 예약해도 원하는 시간에 예약이 어려웠다는 리뷰도 심심치 않게 올라온다. 레스토랑 홈페이지에서 예약을 서두르자.

Data **지도** ● 휴대지도-8, P.270-F
가는 법 메트로 3, 4번 라인 타고 Passeig de Gràcia역 하차. 출구 사이에 위치
주소 Passeig de Gràcia, 38, 40, 08007 **전화** 931-518-781
운영 화~금 20:00~21:30 / 토 13:00~14:00, 20:00~21:30 **홈페이지** www.mandarinoriental.com/en/barcelona/passeig-de-gracia/dine
요금 인터내셔널 페어링 120유로, 카탈란 페어링 140유로

맥주를 부르는 맛있는 타파스 펍
비어캡 BierCab

바르셀로나의 크래프트 맥주 붐을 일으킨 곳 중 하나로 동네 사람들, 여행객 모두에게 인기 만점인 펍이다. 다양성과 훌륭한 셀렉션이 특징이다. 두 종류의 하우스 맥주와 신선하고 맛 좋기로 유명한 스페인의 나파비어Naparbier 브랜드를 포함하는 30개의 탭은 매주 맥주 종류를 바꾼다. 여러 국가의 맥주를 찾아볼 수 있는 것도 큰 재미. 방대한 메뉴에서 눈에 띄는 것은 다양한 종류의 벨기에 맥주다. 안주로는 감자 요리인 브라바스Bravas를 추천한다. 비어캡의 소스와 플레이팅이 눈과 입을 만족시킨다. 병맥주도 판매하니 손님이 많다면, 맥주 한 병 사서 호텔에서 편하게 마시는 것도 좋다.

Data 지도 ● 휴대지도-7, P.270-E
가는 법 메트로 1, 2번 라인 타고 Universitat역 하차, 도보 6분
주소 Carrer de Muntaner, 55, 08011 **전화** 644-689-045
운영 월~토 14:00~24:00
홈페이지 biercab.com
요금 맥주 5.50유로부터, 브라바스 7유로

세상에 존재하는 모든 맥주가 여기에
라 세르베세라 아르테사나
La Cervesera Artesana

맥주 좀 마셔본 사람에게 추천하는 양주장 겸 바. 양주장과 바를 겸하는 이곳에는 없는 맥주가 없다. 세계 각국에서 나는 수많은 종의 맥주를 구해 판매하는데 허니 에일, 페일 에일, 유기농, 무알콜, 독립 마이크로 브루어리 맥주도 다 모여있다. 맥주는 마실만큼 마셔서 통달한 주당들이 도전할 만한 종류로는 민트, 허브, 버섯, 코코넛, 심지어 아스파라거스와 함께 양조한 맥주도 있다. 직원들도 맥주에 대한 지식을 갖추고 있어서 질문하면 친절하게 설명해 준다. 무알콜 맥주와 유기농 맥주도 갖추고 있다. 라 세르베세라가 아니면 맛볼 수 없는 다채로운 맥주를 시도해 보자.

Data 지도 ● 휴대지도-8, P.270-C
가는 법 메트로 3번 라인 타고 Diagonal역 하차, 도보 5분
주소 Carrer Sant Agustí, 14, 08012 **전화** 932-379-594
운영 화~목 17:00~다음날 01:00 / 금·토 17:00~다음날 03:00 / 일 17:00~다음날 01:00 **홈페이지** www.lacervesera.net
요금 맥주 0.5L 약 6유로

다방면의 예술가들이 만들어내는 맛
노르테 Norte Restaurante

철학, 언론학, 예술사를 전공한 3명의 친구들이 뭉쳐 레스토랑을 냈다. 음식에는 일가견이 없어 보이는 프로필이지만 다양한 분야에 걸친 '미각'이 어떤 맛을 만들어내는지는 언제나 만석인 노르테의 테이블을 보면 알 수 있다. 고전적인 바스크Basque 지방 메뉴를 재창조한 다양한 요리들은 모험심 강한 미식가들에게 강력 추천한다. 베이커리에 곁들여지는 홈메이드 잼이 훌륭하다. 이 수제 잼 때문에 걸음하는 손님이 많을 정도로 맛있다.

Data **지도** ● **휴대지도**-8, P.270-F **가는 법** 메트로 4번 라인 타고 Girona역 하차, 도보 2분
주소 Carrer de la Diputació, 321, 08009 **운영** 월~금 08:00~16:00 **전화** 935-287-676
홈페이지 www.instagram.com/norterestaurante **요금** 보카디요 2.60유로부터

바르셀로나 최고의 칵테일 팀
블러디 메리 칵테일 라운지 Bloody Mary Cocktail Lounge

바르셀로나의 애주가들에게 인정받은 3명의 바텐더가 합심해 오픈한 곳이다. 토마토주스를 베이스로 하는 칵테일 고전 메뉴를 다양하게 변형해 선보인다. 레트로풍 음악과 가죽 소파, 어두운 조명은 편안하면서도 고급스러운 분위기를 연출한다. 다양하고 신선한 타파스 메뉴도 준비되어 있다.

Data **지도** ● **휴대지도**-8, P.270-C **가는 법** 메트로 4번 라인 타고 Passeig de Gracia역 하차, 도보 12분
주소 Carrer de Ferrer de Blanes, 3, 08012 **전화** 934-613-985
운영 월 19:00~다음날 01:00 / 화~목 19:00~다음날 02:00 / 금 18:00~다음날 03:00 /
토 16:00~다음날 03:00 / 일 16:00~다음날 01:00 **요금** 칵테일 8유로부터

바삭한 바게트 샌드위치가 있는
라 플라우타 La Flauta

레스토랑의 이름은 이곳의 대표 메뉴인 바삭한 플라우타 Flauta에서 가져온 것이다. 플라우타는 얇은 바게트 빵으로 만드는 보카디요Bocadillos 샌드위치의 작은 사이즈라 생각하면 된다.

격식을 차리지 않고도 분위기 있는 레스토랑이 무엇인지 보여준다. 편안하면서도 특별한 식사를 했다는 기분이 드는 곳. 메뉴는 밥 대신 짧은 면으로 만드는 파에야인 피데우아 Fideuà 등 이베리아 뱃사람들이 자주 먹는 요리에서 영감을 얻어 만들었다고 한다.

Data **지도** 🟡 휴대지도-7, P.270-E
가는 법 메트로 1, 2번 라인 타고 Universitat역 하차, 도보 3분
주소 Carrer d'Aribau, 23, 08011 **전화** 933-237-038
운영 월~금 08:00~다음날 01:00 / 토 09:00~다음날 01:00/ 8월 휴무
요금 오늘의 메뉴(런치) 15.60유로, 플라우타 4.35유로부터

플라우타

얼큰, 매콤한 맛이 땡길 때
마유라 Mayura

인도스러움을 강요하는 듯한 천편일률적인 인테리어에서 벗어나 에이샴플라 특유의 고급스럽고 편안한 분위기와 잘 어울린다. 요리 맛도 훌륭해 이미 바르셀로나에서는 입소문이 난 곳이다. 10유로대부터 시작하는 3코스 런치 메뉴는 구성이 알차서 든든하다. 저녁에는 칵테일과 함께 음악이 흘러 분위기가 더 좋다. 테이크 어웨이Take Away(포장 주문)와 배달 서비스를 제공하고, 지중해 요리까지 전문으로 하는 셰프가 상주해 있어 인도 요리 외에도 다른 메뉴를 맛볼 수 있다.

Data **지도** 🟡 휴대지도-13, P.270-F **가는 법** 메트로 4번 라인 타고 Girona역 하차, 도보 3분
주소 Carrer de Girona, 57, 08009 **전화** 934-814-536 **운영** 13:00~16:00, 20:00~23:00
홈페이지 www.mayuralounge.es **요금** 1인당 20유로 안팎

Barcelona By Area

03

몬주익
MONTJUÏC

몬주익은 '유태인의 언덕, 산'을 뜻한다. 과거 수많은 유태인들이 핍박받고 끝내 처형되었던 장소다. 땅을 파면 해골이 나올 정도로 희생자가 많아 '눈물의 언덕'이라고도 부르는 아픈 역사를 지닌 곳이다. 지금은 상처 많은 과거를 짐작할 수 없을 정도로 아름답고 푸르른 모습을 하고 있으며, 여름에는 언덕 아래보다 위가 훨씬 더 시원해 뜨거운 태양을 피하러 찾는 사람들도 많다. 바쁘게 돌아다니는 것보다는 여유로운 피크닉을 선호하는 사람이라면 절대 몬주익 밖으로 나가기가 싫을 것이다.

몬주익
미리보기

1992년 바르셀로나 올림픽 당시 마라톤 황영조 선수가 자랑스럽게 태극기를 가슴에 달고 뛰던 그 언덕을 올려다보며 호안 미로 미술관의 익살스런 작품들을 감상하자. 해가 지면 반전 모습이 유혹적인 바르셀로나의 서쪽 바리오(Barrio, 동네)다.

* **주요 메트로역** : 메트로 1, 3, 8번 라인의 Espanya역, 3번 라인의 Poble Sec역, 2, 3번 라인의 Paral·lel역

SEE & ENJOY

몬주익은 여름에 훨씬 더 즐겁다. 푸름이 가득한 언덕과 야외극장, 스페인 마을의 클럽 등 무더위를 이기기 위한 바르셀로나 사람들이 아낌없이 쏟아내는 '흥'의 향연이 펼쳐지는 곳이기 때문이다. 더운 날씨를 무릅쓰고 놀러 온 사람들을 위해 몬주익 부근 패러렐Paral·lel역 주변에 유난히 많은 극장, 음악 공연장과 클럽들이 있으니 걱정할 것 없다.

BUY

패션이나 쇼핑과는 거리가 먼 관광지. 몬주익에서의 쇼핑은 스페인 마을이나 호안 미로 미술관에서의 도록 또는 기념 엽서만 구매하는 것을 추천한다.

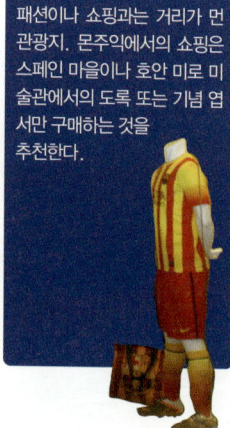

EAT

몬주익에는 열심히 걷는 것에 대한 보상을 충분히 할 수 있는 맛집들, 특히 소문난 타파스 가게가 많다. 람블라스 거리에서 바가지 쓰며 먹는 그저 그런 타파스 가게에 실망하지 말고 일부러 찾아오는 손님들이 더 많은 몬주익에서 일품 타파스 요리를 맛보자.

어떻게 갈까?
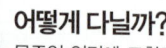

메트로에서 내린 후 푸니쿨라(바르셀로나의 케이블카)를 타고 다시 케이블카로 갈아타서 언덕에 올라야 하니 다른 동네에 비해 몬주익은 한 번 가는 것이 꽤 까다로운 동네다. 하지만 막상 도착하면 떠나기 싫을 만큼 즐거움이 가득하다.

어떻게 다닐까?

몬주익 언덕에 도착해서부터는 튼튼한 두 다리로 걸어 다닌다. 도로가 잘되어 있어 차량을 렌트해 돌아다니면 좋지만, 그게 아니라면 걸어서 다니거나 언덕 곳곳을 순회하는 시내버스나 바르셀로나 투어 버스를 이용할 수 있다.

몬주익
📍1일 추천 코스 📍

이 책에서 몬주익은 언덕을 아우르는 몬주익Montjuïc과 지면상 에이샴플라에 포함되지 않은 에이샴플라 아래쪽 동네 산 안토니Sant Antoni 그리고 시우타트 베야와 언덕 사이에 위치한 작은 면적의 땅 포블르 섹Poble Sec을 칭한다. 성과 언덕 위를 구경한 다음 시우타트 베야 또는 에이샴플라에서 미처 다 보지 못한 곳들을 다시 한번 찾기 좋은 위치의 몬주익. 그 자체로도 충분하지만 지리적인 용이함도 겸비하고 있으니 무척 고맙다.

바르셀로나 시내가
전부 보이는
몬주익 언덕 오르기

→ 도보 5분

시내가 미니어처처럼 보인다.
높은 곳에 위치한
몬주익성 둘러보기

→ 도보 10분

알록달록한 작품들이 있는
호안 미로 미술관
관람하기

↓ 도보 15분

바르셀로나 최고의 타파스 집,
퀴멧 앤 퀴멧에서
저녁 식사하기

← 메트로 10분

스페인 마을에서
과거의 바르셀로나
만나기

← 도보 15분

카사 데 타파스 카뇨타에서
음식 삼매경에
빠지기

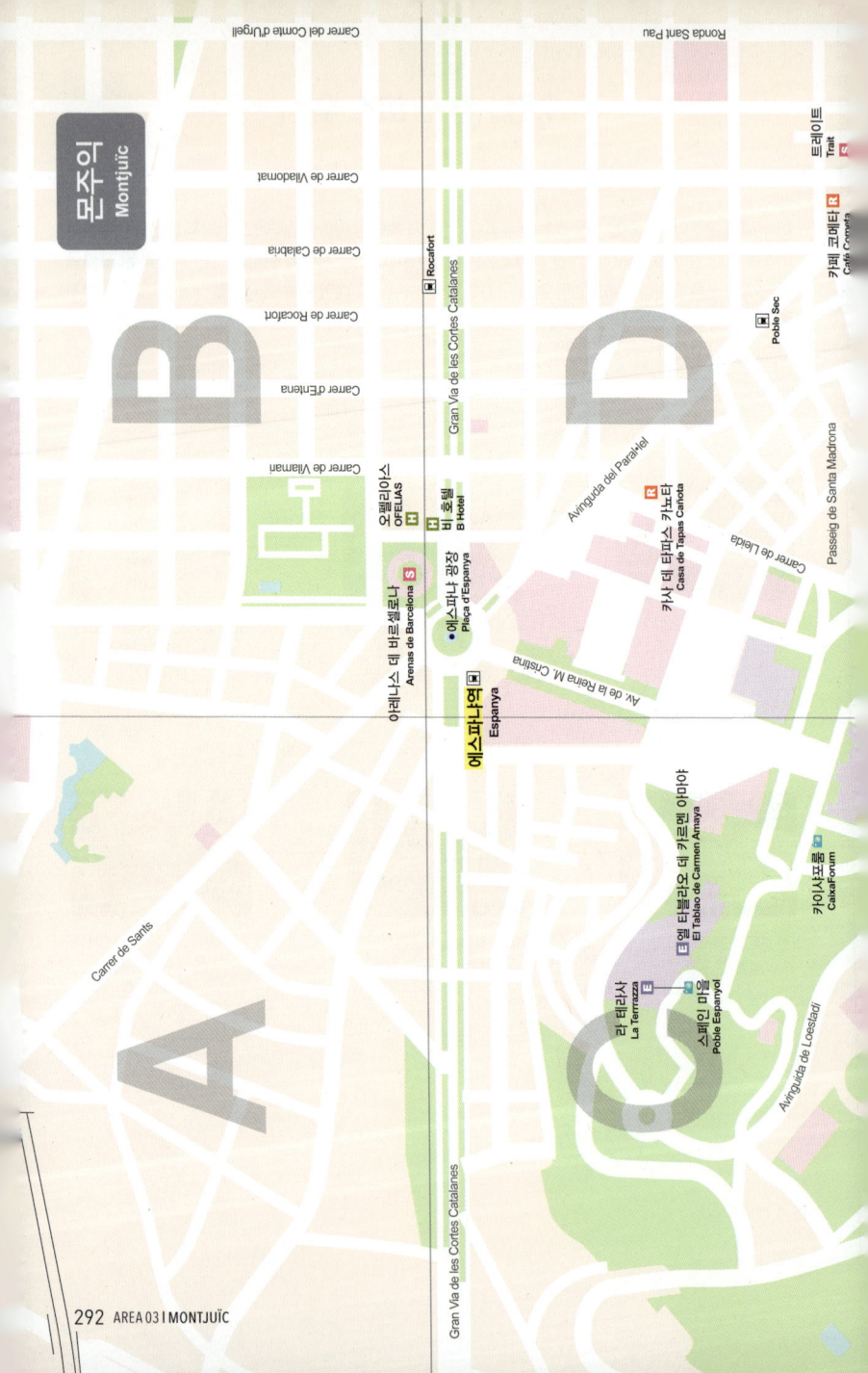

SEE

중세 기독교 미술의 위엄 있는 보고
카탈루냐 국립미술관 MNAC, Museu Nacional d'Art de Catalunya

에스파냐 광장에서 계단을 올라 몬주익 언덕 입구에 위치해 전망이 훌륭한 카탈루냐 국립미술관. 만국박람회 때 사용한 팔라우 나시오날 건물에 자리하고 있다. 1934년 개관한 컬렉션은 로마네스크 시대부터 20세기 중반까지의 회화, 벽화, 판화, 조각 등 카탈루냐 예술을 집대성해 놓았다. 카탈루냐 지역 미술의 진정한 보고라 할 수 있다. 특히, 로마네스크 벽화에 있어서는 서양에서 가장 훌륭한 작품들을 보유하고 있다. 피카소는 카탈루냐 국립미술관에 대해 '전시의 구성과 내용이 얼마나 알찬지 모르겠다'라 칭찬했다고 전해진다.

놓치지 말아야 할 작품으로는 타울의 성 클레멘테 교회의 벽화 〈전능한 그리스도(12세기 작)〉가 손꼽힌다. 미술관 건물 자체가 위치도 좋고 외관도 아름다워 내부로 들어가지 않아도 박물관 앞에서 보이는 몬주익 분수를 배경으로 사진을 찍으러 꼭 들르는 명소다.

Data 지도 ● 휴대지도-11, P.293-E
가는 법 메트로 1, 3번 라인 타고 Espanya역 하차, 도보 10분
주소 Palau Nacional, Parc de Montjuïc, 08038
전화 936-220-360
운영 10~4월 화~토 10:00~18:00, 일·공휴일 10:00~15:00 /
5~9월 화~토 10:00~20:00, 일·공휴일 10:00~15:00 / 1/1, 5/1, 12/25, 월(공휴일 제외) 휴관 홈페이지 www.museunacional.cat
요금 일반 12유로(한 달 내 2일 입장 가능, 학생 30% 할인, 관광버스·바르셀로나 시티 투어 버스 이용자 20% 할인) / 16세 미만, 65세 이상, 토요일 15:00 이후, 매달 첫 번째 일요일, 2/12, 5/18, 9/11, 9/24 무료 / 파노라마 테라스 2유로 / 카탈루냐 국립미술관+스페인 마을 통합권 20유로

훌륭한 현대미술 전시로 이름난
카이샤포룸 CaixaForum

한때 섬유 공장이었던 이곳은 현재 몬주익에서 가장 현대적인 미술관이다. 카탈루냐 건축가 카다팔치Cadafalch의 작품으로, 2011년이 100주년이었으며, 모더니즘 예술계의 대형 전시관으로 자리매김했다. 카탈루냐 은행 라 카이샤La Caixa 재단의 후원으로 만들어진 카이샤포룸은 마드리드에도 같은 이름의 형제 전시관을 가지고 있다.

현대미술 작가들의 작품을 몇 주 간격으로 전시하는 것이 대부분이지만 종종 '고야Goya 특별전'과 같이 이전 시대의 미술 사조를 다루는 전시를 열기도 한다.

Data 지도 ● 휴대지도-11, P.292-C 가는 법 메트로 1, 3번 라인 타고 Espanya역 하차, 도보 5분
주소 Avinguda de Francesc Ferrer i Guàrdia, 6-8, 08038 전화 934-768-600 운영 10:00~20:00 / 12/24·12/31·1/5 10:00~18:00 / 12/25·1/1·1/6 휴관 홈페이지 caixaforum.es/barcelona/home
요금 일반 4유로, 16세 미만 무료

몬주익 언덕 꼭대기에 있는 전망대에 서면
몬주익성 Castell de Montjuïc

언덕을 오르면 올림픽 경기장과 몬주익성이 나타난다. 지금은 군사박물관으로 사용 중인 몬주익성에서는 바르셀로나 시가지와 지중해를 한눈에 담을 수 있어 마치 2개의 도시를 보는 듯한 기분이 든다. 몬주익성 전망대에서 바라보는 바르셀로나 시내 풍경은 지중해를 끼고 있어 장관이다.
몬주익성의 기원은 1640년 농민전쟁 당시 30일 만에 세워진 건물이다. 이후 스페인 왕의 소유로 넘어갔다가 1694년에 확장되었다. 스페인 왕위 계승 전쟁Guerra de Sucesión Española(1701~1704년) 때는 몬주익성이 전투 기지로 사용되기도 했다. 전쟁 후 펠리페 5세Felipe V는 성을 부분적으로 철거하라고 명령하기도 했으나, 군사적 중요성을 인정해 전체적으로 보수해 보존하였다.

Data 지도 ● 휴대지도-17, P.293-H 가는 법 메트로 1, 3번 라인 타고 Espanya역 하차, 도보 15분
주소 Ctra. de Montjuïc, 66, Sants-Montjuïc, 08038
운영 3월~10월 10:00~20:00 / 11월~2월 10:00~18:00 / 1/1, 12/25 휴관 / 투어 13:00, 15:30, 16:30(4유로)
홈페이지 ajuntament.barcelona.cat/castelldemontjuic/ca
요금 일반 9유로, 8세 미만 무료 / 일요일 15:00 이후·매달 첫 번째 일요일 무료

 역사와 문화를 체험할 수 있는
스페인 마을 Poble Espanyol

본래 1929년 바르셀로나 국제 전시회장으로 설립되었던 스페인 마을은 몬주익 언덕의 아름다운 배경과 더없이 잘 어울린다. 스페인 전통 건축 양식으로 지은 117개의 건물들로 이루어져 있다. 바퀴 달린 교통편은 진입 금지를 시키고 있어, 더욱더 고즈넉한 분위기가 살아나 이상적인 스페인 동네의 모습을 갖추고 있다. 약 45개의 문화 체험 프로그램들이 마련되어 있으니 유리 공예 등을 직접 체험해 보자.

Data 지도 ● 휴대지도-11, P.292-C
가는 법 메트로 1, 3번 라인 타고 Espanya역 하차, 도보 15분
주소 Avinguda de Francesc Ferrer i Guàrdia 13, 08038
운영 월 10:00~20:00 / 화~일 10:00~24:00
홈페이지 www.poble-espanyol.com
요금 일반 사전 예약 11.20유로, 당일 예매·현장 구매 14유로, 당일 예매·현장 구매 10유로 / 가족 티켓(성인 2명+4~12세 아동 2명) 40유로 / 스페인 마을+카탈루냐 국립미술관 통합권 20유로

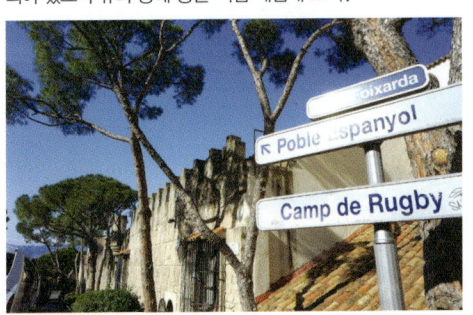

포근한 여름 밤의 추억을 만드는 곳
살라 몬주익 Sala Montjuïc

몬주익성은 바르셀로나가 가장 더운 7~8월에 야외 시네마로 변신한다. 더위를 피해 언덕을 올라 땀을 식히며 할 수 있는 가장 즐거운 일은 맥주 한 모금 시원하게 넘기며 여운이 길게 남는 영화 한 편을 감상하는 것 외에 또 무엇이 있을까?
영화 감상뿐 아니라 종종 공연을 개최해 다양한 볼거리를 제공하는 알찬 프로그램이 해마다 다채롭게 준비되니 몬주익에 사는 사람들은 매년 무더운 여름이 빨리 오기를 달력을 한 장씩 떼 내며 기다리게 될 것 같다.

Data 지도 ● 휴대지도-17, P.293-H
가는 법 메트로 2, 3번 라인 타고 Paral·lel역 하차 후 푸니쿨라를 타고 Parc de Monjuïc 정류장 하차, 몬주익성으로 오르는 케이블카 탑승
주소 Carretera de Montjuïc, 66, 08038 **전화** 933-023-553
운영 하절기 월·수·금 22:00 **홈페이지** www.salamontjuic.org
요금 7.50유로 / 간이 의자 대여 3유로

Tip 푸니쿨라Funicular와 케이블카Teleféric

몬주익을 찾아가는 가장 재미난 방법으로 메트로 2, 3번 라인 Paral·lel역과 연결되어 있어 이용하기 편리한 푸니쿨라를 추천한다. 2분이면 몬주익 공원Parc de Montjuic에 도착하고 메트로와 환승도 할 수 있다. 가지고 있는 교통권을 그대로 사용하면 된다. 몬주익 언덕 또는 성에 오르기 위해서는 여기에서 바로 케이블카를 탑승하면 된다. 케이블카는 따로 운영되어 탑승료를 지불한다. 케이블카 티켓 가격은 편도를 2번 끊는 것보다 왕복이 많이 저렴하니 왕복표를 사는 편을 추천한다. 속도감 있게 움직이는 케이블카 속에서 바르셀로나를 여러 높이에서 감상할 수 있어 즐겁다. 패러렐Paral·lel역에서 케이블카 탑승장인 종점까지는 2분, 케이블카를 타고 몬주익 언덕까지는 5분이면 도착한다.

푸니쿨라 이용 시간 가을·겨울 월~금 07:30~20:00, 토·일·공휴일 09:00~20:00 / 봄·여름 월~금 07:30~22:00, 토·일·공휴일 09:00~22:00
푸니쿨라 이용 요금 메트로, 버스 1회 탑승권 각각 편도 2.20유로
케이블카 이용 시간 11~2월 10:00~18:00 / 3~5월 10:00~19:00 / 6~9월 10:00~21:00 / 10월 10:00~19:00
케이블카 이용 요금 편도 일반 8.90유로, 4~12세 7.10유로 / *왕복 일반 15유로, 4~12세 11유로 / 4세 미만 무료
*www.Telefericdemontjuic.cat/en/tickets 온라인 10% 할인

빨주노초파남보, 네모, 세모, 동그라미
호안 미로 미술관 Fundació Joan Miró

몬주익 언덕 위에서 시가지를 내려다보는 현대적인 건물 속 살아 숨 쉬는 미로는 개구쟁이 같은 동심을 만끽할 수 있는 곳이다. 유치원생부터 고등학생까지 학생들의 단골 견학 장소이기도 해서 언제나 단체 방문객이 많다. 미술관 안에 널찍한 정원 카페 자리가 인기가 좋아 낮에 여유롭게 커피 마시기 최적의 장소다.

팔레트의 모든 색을 사용한 듯 흑백 사진으로는 절대 담을 수 없는 형형색색의 225개 회화 작품과 150개의 조각품, 그래픽 디자인 작품들을 보고 난 후 쉬어 가기에도 안성맞춤인 곳. 미로뿐 아니라 그에게 영감을 받은 다른 여러 작가들의 작품들도 함께 볼 수 있다.

Data 지도 ● 휴대지도-11, P.293-F 가는 법 메트로 2・3번 라인 타고 Paral・lel역 하차 후 푸니쿨라 타고 Parc de Monjuïc 정류장 하차 주소 Parc de Montjuïc, S/N, 08038 전화 934-439-470
운영 11~3월 화~일 10:00~19:00 / 4~10월 화~토 10:00~20:00, 일 10:00~19:00
홈페이지 www.fmirobcn.org 요금 일반 15유로, 15~30세 학생・65세 이상 9유로, 15세 미만 무료

바르셀로나의 아름다운 밤이에요
몬주익 마법 분수 Font Magica de Montjuïc

1929년 만국박람회를 위해 만들어진 이 대형 분수는 1초에 2,600L의 물을 무려 54m 높이까지 뿜어 올린다. 134개의 모터로 물의 높낮이를 조절하고, 50여 개에 이르는 다양한 색의 조명을 쏘아 음악에 맞추어 춤추듯 흔들리는 물줄기의 모습을 감상한다. 메르세 축제 기간에는 이 분수에서 음악과 레이저가 결합된 쇼, 피로뮤지컬Piromusical을 상영한다.

Data 지도 ● 휴대지도-11, P.293-E
가는 법 메트로 1, 3번 라인 타고 Espanya역 하차, 도보 5분 주소 Plaça de Carles Buïgas 1, 08038
운영 홈페이지 확인 *2024년 6월 현재 가뭄으로 인해 운행 중단 중이니 방문 전 홈페이지에서 확인 필수
홈페이지 www.barcelona.cat/en/what-to-do-in-bcn/magic-fountain

ENJOY

바르셀로나에서 하늘과 맞닿아 있는 클럽
라 테라사 La Terrrazza

5~9월에만 운영하는 몬주익 언덕의 야외 클럽이다. 여러 음악 매체에서 '최고의 여름 파티를 여는 클럽'으로 꼽은 클럽이다. 몬주익의 스페인 마을에 위치해 있어 환상적인 경치가 펼쳐진다. 하우스와 테크노가 주된 음악 장르이며, 해마다 열리는 소나르 페스티벌Sónar Festival의 주축이 되어 축제 기간 동안 다채로운 이벤트가 개최된다. 길을 잘 아는 택시 기사들도 종종 헤매니 지도를 여러 번 확인한 후 찾아가자. 영화 <향수>의 마지막 장면에서 관중들이 그르누이의 사형을 보러 모였다가 그의 향수를 맡고 정신을 잃는 장면이 스페인 마을에서 라 테라사로 향하는 광장에서 촬영되었다고 알려져 있다.

Data 지도 ● 휴대지도-11, P.292-C
가는 법 메트로 1, 3 라인 타고 Espanya역 하차, 도보 15분. 몬주익 언덕의 스페인 마을에 입장해 입구에 있는 직원들에게 문의한다.
주소 Av. de Francesc Ferrer i Guàrdia, S/N, 08038
전화 687-969-825
운영 월·화·수 휴무 / 목 오후 23:00~06:00, 금·토 오후 19:00~06:00, 일 19:00~24:00까지
홈페이지 www.laterrrazza.com

좌중을 사로잡는 엄청난 카리스마
엘 타블라오 데 카르멘 아마야 El Tablao de Carmen Amaya

오손 웰즈, 말론 브란도, 찰리 채플린도 반한 가무! 삶의 애환과 흥이 뒤섞인 스페인의 전통 가무를 스페인 마을에서 즐겨보자. 오랜 시간 합을 맞춰온 기술 좋은 댄서들과 연주자들로 같은 공연을 여러 번 봐도 지루하지 않다. 스페인 최고의 플라멩코 댄서인 아마야의 품격이 다른 춤사위를 볼 수 있다. 공연을 보며 먹는 식사 메뉴로는 타파스와 상그리아가 가장 인기 있다.

Data 지도 ● 휴대지도-11, P.292-C **가는 법** 에스파냐 광장에서 도보 15분. Avinguida Reina Maria Cristina 대로 끝까지 걸어 오른쪽으로 꺾어 스페인 마을 내 위치 **주소** Pueblo Espanyol de Montjuïc, Avinguda Francesc Ferrer i Guàrdia, 13, 08038 **전화** 933-256-895 **운영** 18:00, 20:30(1시간 공연)
홈페이지 www.tablaodecarmen.com **요금** 공연+식사 85유로 / 공연+타파스 66유로 / 공연+음료수 48유로

BUY

느낌 있는 북유럽 브랜드로 가득한
트레이트 Trait

옷, 액세서리, 가방, 신발뿐 아니라 의류 디자인과 관련된 다양한 물건을 판매하는 트렌디한 상점. 창업자가 고수하는 철학은 바르셀로나에서 디자인되었거나 스페인에서 만든 제품을 국제적인 브랜드와 어우러지게 매치해 추천하는 것. 특히 지역 아티스트들을 적극 발굴, 후원하고 있어 이곳에서만 볼 수 있는 신진 디자이너 제품들도 있다. 취급 브랜드로는 스톡홀름의 백팩 브랜드 샌드쿠비스트Sandqvist, 덴마크에서 온 의류 브랜드 컬러풀 스탠다드 Colorful Standard와 웨더웨어 브랜드, 레인스Rains가 있다. 로컬 브랜드는 파시피코Pacifico, 오레야Orella 등이 있다. 온라인 몰도 운영.

Data 지도 ● 휴대지도-12, P.293-F
가는 법 메트로 3번 라인 타고 Poble Sec역 하차, 도보 3분
주소 Calle Parlament, 28, 08015 **운영** 월~금 10:00~14:00, 16:00~20:30, 토 10:00~20:30, 일 12:00~15:00, 16:00~19:00
홈페이지 www.traitstore.com

위치와 뷰가 좋은 백화점
아레나스 데 바르셀로나 Arenas de Barcelona

아름다운 네오무데하르Neo-Mudéjar 양식의 파사드가 있어 동양적인 분위기가 풍기는 독특한 건물에 위치한 쇼핑몰. 6층짜리 건물로, 100여 개의 상점이 입점해 있다. 지하층에는 다양한 요리를 맛볼 수 있는 식당들이 들어서 있어 식사 시간이면 많은 사람들로 붐빈다.

에스파냐 광장에 위치해 접근성이 좋고, 백화점 내 테라스에서 360도 막힘없는 통유리 너머로 바라보는 몬주익 언덕 풍경이 환상적이다. 밤에는 파사드 사이로 새어 나오는 조명이 아름다워 야경을 보러 찾는 사람들도 많다. 백화점 내 영화관, 피트니스 센터, 카페, 레스토랑 등 즐길거리, 먹을거리가 다양하게 자리하고 있다.

Data 지도 ● 휴대지도-11, P.292-B
가는 법 메트로 1번 라인 타고 Rocafort역 하차, 도보 7분
주소 Gran Via de les Corts Catalanes, 373-385, 08015
전화 932-890-244 **운영** 6~9월 월~토 10:00~22:00 / 10~5월 월~토 09:00~21:00 **홈페이지** www.arenasdebarcelona.com

EAT

몬타디토스 한 접시 주세요
퀴멧 앤 퀴멧 Quimet&Quimet

'바르셀로나에서 가장 맛있는 타파스 집'이라는 타이틀을 오랜 시간 동안 지키고 있는 집. 대표 메뉴는 일반 몬타디토스로, 일반 타파스와는 조금 다르다. 바삭한 빵 위에 다채로운 재료를 얹어 만든 샌드위치로, 크기가 작아 여러 종류를 맛볼 수 있다.
대표 몬타디토스는 연어와 요거트, 트러플 꿀을 넣은 것이다. 맥주나 와인 등의 음료에도 어울리는 타파스 추천 솜씨도 일품이다. 잘 모르겠다면 직원에게 추천받아 주문해 보자. 타파스에 들어가는 식재료도 판매한다. 서서 먹어야 한다는 점이 아쉽지만, 다리 아픈 줄 모르고 오래 머물게 되는 곳이다.

Data 지도 ● 휴대지도-12, P.293-F **가는 법** 메트로 2·3번 라인 타고 Parallel역 하차, 3번 라인 출구로 나온다. Avinguda del Parallel 대로를 따라 걷다 두 번째 왼쪽 골목 **주소** Carrer del Poeta Cabanyes, 25, 08004 **전화** 934-423-142 **운영** 월~금 12:00~16:00, 토·일 휴무 **요금** 타파스 2유로부터, 몬타디토스 3유로부터

깔끔하고 넓은 공간이 사랑스러워
카페 코메타 Café Cometa

유기농 샌드위치와 그 자리에서 바로 만들어 내오는 신선한 과일주스가 대표 메뉴인 것이 너무나 당연한 곳이다. 오늘 막 개장한 듯 깨끗하고 시원한 실내가 손님들을 활짝 웃게 할 해피 바이러스를 내뿜는다. 현란한 원색의 책걸상이 마련되어 있지만, 깨끗하고 정갈한 분위기에 잘 어울려 오래 있어도 질리지 않는 공간이다. 게다가 건강식 메뉴로 구성된 음식까지 맛있다.

Data 지도 ● 휴대지도-12, P.292-D **가는 법** 메트로 3번 라인 타고 Paral·lel역 하차, 도보 7분 **주소** Carrer de Parlament, 20, 08015 **전화** 930-073-203 **운영** 화~목 09:00~19:00, 금 09:00~20:00, 토·일 10:00~20:00, 월 휴무 **홈페이지** www.facebook.com/CafeCometa

100년이 넘는 역사의 바
엘 소르티도르 El Sortidor

1908년부터 영업해 온 바. 2008년에는 바르셀로나시에서 100년 이상 영업한 비즈니스에게 수여하는 상을 수상했다. 20세기 초반에는 집집마다 냉장고를 갖추지 못해 얼음을 팔았고, 20세기 중반까지는 베르무스 안주로 합이 좋은 앤초비를 팔기도 했다. 현재는 이탈리아 셰프가 주방을 총괄하고 있으며, 메뉴판 한 장에 모두 정리되는 간단하지만 깊은 맛이 나는 요리들을 선보인다. 맥주와 단짝인 파타타스 브라바스가 인기가 좋다.

Data 지도 ● 휴대지도-12, P.293-F
가는 법 메트로 3번 라인 타고 Poble Sec역 하차, 도보 5분
주소 Plaça del Sortidor, 5, 08004
전화 690-765-721
운영 화~목·일 13:00~16:00 / 금·토 13:00~16:00, 20:00~24:00
홈페이지 www.elsortidor.com
요금 메인 메뉴 12.20~18.90유로, 파타타스 브라바스 6.50유로

 또 다른 형제의 합작 타파스 바
카사 데 타파스 카뇨타 Casa de Tapas Cañota

바르셀로나 요식업계의 대표적인 형제 셰프 이글레시아스Iglesias 형제의 타파스 레스토랑이다. 캐주얼하고 활기찬 분위기는 다채로운 색상의 만화체 그림으로 만든 메뉴판과 홈페이지만 봐도 느낄 수 있다. 갈리시아Galicia 지방 요리를 베이스로 한 해산물 요리가 많고, 특히 튀김 요리가 맛있기로 유명하다. 여럿이 식사하는 것이라면 1kg짜리 티본 스테이크를 강력히 추천한다. 디저트로는 링고테 데 초콜라테가 반응이 좋다.

Data 지도 ● 휴대지도-12, P.292-D
가는 법 메트로 3번 라인 타고 Poble Sec역 하차, 도보 5분
주소 Carrer de Lleida, 7, 08004
전화 933-259-171
운영 화·수 13:00~16:00, 19:30~23:00 / 목~일 13:00~16:00, 월 휴무
홈페이지 casadetapas.com
요금 티본 스테이크 62.50유로, 홍합 7.80유로

좋은 가격, 맛 좋은 타파스
블라이 9 Blai 9

맛 좋고 훌륭한 타파스를 맛볼 수 있는 착한 가격의 인기 로컬 레스토랑. 캐주얼하면서도 깨끗하고 고급스러운 분위기를 풍기며, 서비스도 일품이다. 일반적으로 빵 위에 얹는 타파스 메뉴를 블라이 9에서는 달콤한 팬케이크 위에 얹어 서빙한다는 점이 차별화된 전략이다. 초리소, 감자 팬케이크, 앵거스 비프 버거, 케밥 등 좋은 식재료를 사용해 익숙한 메뉴에 약간의 변화를 준 음식들이 특징이다. 플레이팅도 예뻐 눈도 입도 만족한다. 요리와 잘 어울리는 카바나 맥주도 시원하게 마셔보자.

Data 지도 ● 휴대지도-12, P.293-F
가는 법 메트로 2, 3번 라인 타고 Paral·lel역 하차, Carrer de Salvà를 따라 걸어 도보 4분
주소 Carrer de Blai, 9, 08004
전화 933-297-365
운영 월~목·일 12:00~24:00 / 금·토 12:00~다음날 01:00 / 1/1, 1/6, 12/25 휴무
홈페이지 blai9.com
요금 핀초 1.90~2.50유로

부담 없는 가격의 세련된 타파스 바
블라이 투나잇 Blai Tonight

현지인이 찾는 가성비 좋은 타파스 바. 바스크식 타파스, 핀초를 저렴한 가격에 맛볼 수 있는 곳이다. 바게트 위에 각종 식재료들이 올려져 있으니 맘에 드는 것을 고르면 된다. 그리 크지 않아 간단히 점심 때 들러 한적한 대로 쪽을 보고 앉아 지나가는 사람을 구경할 겸, 광합성할 겸 바 자리에 잠시 머물렀다 가는 편을 추천한다.

Data 지도 ● 휴대지도-12, P.293-F **가는 법** 메트로 3번 라인 타고 Paral·lel역 하차, 도보 5분 **주소** Carrer de Blai 23, 08004 **전화** 633-029-466 **운영** 월~목 18:00~24:00 / 금 18:00~다음날 01:00 / 토 13:00~다음날 01:00 / 일 13:00~23:30 **요금** 핀초 1~2유로

수준 높은 파에야 요리
엘체 Elche

파에야의 본고장 발렌시아에서 방문하는 입맛 까다로운 손님들 덕분에 훌륭한 수준의 파에야를 만들 수 있다는 엘체. 맛있는 파에야로 소문이 나 메뉴에서도 유독 다양한 종류의 파에야를 찾아볼 수 있다. 매운 소시지와 치킨, 파프리카와 새우 등 다양한 식재료의 배합이 신선하게 느껴진다. 해산물 껍질을 발라 먹기 귀찮아하는 사람들을 위해 떠먹기만 하면 되는 파에야도 있다.

Data 지도 ● 휴대지도-12, P.293-F **가는 법** 메트로 2, 3번 라인 타고 Paral·lel역 하차, 도보 1분 **주소** Carrer de Vila i Vilà, 71, 08004 **전화** 934-413-089 **운영** 13:00~16:00, 19:00~24:00 **홈페이지** elcherestaurant.es **요금** 해산물 파에야 20유로, 양고기 스테이크 23유로

Barcelona By Area

04

그라시아
GRÀCIA

본래 바르셀로나가 아닌 독립적인 타운이 었던 그라시아. 19세기 바르셀로나 인구가 너무 많아지자 그라시아와의 경계였던 벽을 허물었고, 1897년 그라시아는 공식적으로 바르셀로나시에 통합되었다. 낮에는 조용하고 밤에는 흥하는 이면적인 매력으로 나날이 인기가 높아지는 바르셀로나 '업타운'의 유혹에 기꺼이 빠져보자.

그라시아
미리 보기

에이샴플라에서 조금만 더 걷는 수고를 하면 금방 보이는 그라시아. 구엘 공원만 보고 다시 시우타트 베야로 내려온다면, 이 동네가 감추고 있는 재미와 즐거움을 모두 놓치게 되니 구엘 공원에 가는 날은 반드시 그라시아에서 시간을 넉넉히 쓰자.

* **주요 메트로 역** : 메트로 3번 라인의 Fontana, Lesseps, Vallcarca역, 4번 라인의 Alfonso X역

SEE

여름에 바르셀로나를 찾는다면 그라시아 축제 La Festa Major de Gràcia에 꼭 들러볼 것을 권한다. 축제 기간이 아니더라도 요즘 바르셀로나에서 가장 주목받는 젊고 에너지 넘치는 지역이 바로 그라시아 부근이다. 유니크한 아이템들을 쇼핑하고 아직 관광객들이 점령하지 않은 맛집들을 찾는 재미에 시간 가는 줄 모르고 돌아볼 수 있는 곳이다.

BUY

디자이너 개인이 소규모로 운영하는 상점들이 많이 포진해 있다. 브랜드 쇼핑보다는 바르셀로나에서만 살 수 있는 의상이나 소품들을 눈여겨보도록 하자.

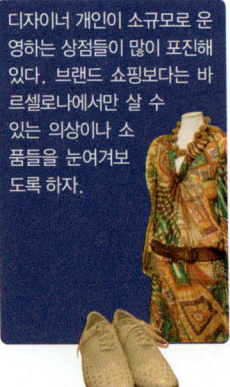

EAT

에이샴플라만큼 분위기 좋은 식당들이 시우타트 베야에서 저렴한 가격을 보장하니 이보다 더 좋을 수는 없다. 해산물, 타파스, 밤 늦게까지 문을 여는 바…. 잘만 찾아내면 매일 오고 싶은 곳들이 많으니 구엘 공원을 뛰어다니며 허기진 배를 알차게 채울 수 있을 것이다.

어떻게 갈까?

에이샴플라를 여행하고 시간이 남는다면 걸어 다녀도 무방하고, 시우타트 베야나 바르셀로네타 해변에서 이동한다면 메트로 이용을 추천한다. 만약 가우디 건축물을 돌아보는 일정 중 사그라다 파밀리아 성당만 보지 못했다면, 그라시아를 관광하는 날 사그라다 파밀리아 성당을 먼저 둘러보고 구엘 공원으로 이동하는 것이 편리하다.

어떻게 다닐까?

그라시아는 천천히 걸으며 구경하기 좋은 한적한 동네다. 시우타트 베야처럼 메트로역이 명소 사이사이에 촘촘히 위치한 것도 아니어서 이동 시간을 넉넉히 잡고 여유로운 일정으로 걸어서 돌아보는 것을 추천한다.

그라시아
📍 1일 추천 코스 📍

옆으로 길게 뻗은 그라시아에서는 여유로운 분위기를 느끼는 값으로 발이 고생한다. 그라시아 지역은 볼거리는 많고 관광 명소 간의 거리가 상대적으로 떨어져 있는 편이다. 체력이 따라주지 않는다면 욕심내지 않고 이틀에 걸쳐 구경하자.

상쾌한 아침을 맞이하기에
가장 좋은 곳,
구엘 공원에서
하루를 시작하기

→ 도보 15분

스치기만 해도
느껴지는 가우디의 천재성,
카사 비센스에 잠깐
들러 구경하기

→ 도보 10분

그라시아의 작은 광장들과
베르디 거리를 돌아보며
아이 쇼핑

↓ L7 타고 3개 정거장
+ 도보 10분

홈페이지에서
미리 티켓을 예매하자!
방문자가 언제나 많은
신비의 과학 세계
코스모카이샤에서
아인슈타인 놀이하기

← 레스 코르츠
총 30분 소요
카탈루냐 광장에서 FGC 타고 에스파냐 Espanya 역에서 L3로 환승해 레스 코르츠 Les Corts역 하차.

FC 바르셀로나의
경기를 보러 갈 사람이라면
코스모카이샤에서
캄프 누로
바로 이동하기

📷 SEE

반짝이는 오색 타일 조각들이 반겨주는
구엘 공원 Park Güell

15만㎡에 달하는 넓은 부지에 60호 이상의 전원주택을 지어 스페인의 부유층에게 분양할 계획으로 구엘이 가우디에게 의뢰한 구엘 공원. 가우디는 바위와 비탈이 많은 지형을 훼손하지 않고 주택단지를 만들고자 했던 초기 목적은 달성하지 못했지만, 지중해와 바르셀로나 시내가 한눈에 보이는 신비로운 공간이 탄생했다. 금전적인 문제도 발생해 1900년부터 1914년까지, 14년에 걸쳐서 건축하였고 결국 가우디의 또 다른 미완성 작품으로 남았다.

해발 120~150m의 지형을 깎지 않고 살린 자연미를 인정받아 1984년에 세계 문화유산에 등록되었다. 물과 바람이 만든 본래 공원 터의 곡선과 가우디가 만들어낸 곡선의 조화와 미학을 마음껏 감상하자. 86개의 기둥이 떠받치고 있는 콜로네이드 홀 Colonnade Hall(회랑), 수백 미터에 이르는 야자수 모양의 기둥이 늘어선 길뿐만 아니라 가우디가 직접 디자인한 침대와 책상 등의 가구, 가우디 유품이 있는 가우디 하우스 박물관Gaudí House Museum도 놓치지 말자.

Data 지도 ● 휴대지도-3, P.309-H
가는 법 메트로 3번 라인 타고 Lesseps역 또는 Vallcarca역 하차, 도보 20분
주소 Carrer d'Olot, 5, 08024
전화 934-091-831
운영 3월 09:30~18:00 / 4~6월·9월·10월 09:30~19:30 / 7·8월 09:00~19:30 / 11~2월 09:30~17:30
홈페이지 parkguell.barcelona
요금 일반 10유로, 7~12세, 65세 이상·장애인 동반자 7유로

Data 지도 ● 휴대지도-3, P.309-G **가는 법** 메트로 3번 라인 타고 Fontana역 하차, 도보 3분
주소 Carrer Carolines, 20-26, 08012
전화 932-711-064 **운영** 목~화 09:30~20:00, 수 09:30~10:30, 13:00~17:00
홈페이지 casavicens.org
요금 성인 16유로, 학생(12~25세) 12유로, 65세 이상 14유로, 11세 이하 · 5/22 무료

녹색, 크림색의 조합이 우아한 카사
카사 비센스 Casa Vicens

가우디가 타일업자 비센스의 부탁을 받아 건축했다. 아르누보 양식의 가우디 초기 작품 중 하나이며, 가우디가 설계한 최초의 집이라는 점에서 더욱 특별한 건축물이다. 다양한 자재를 섞고 전통적인 건축 양식에서 벗어난 형식이어서, 카탈루냐 건축의 새로운 지평을 연 작품으로 유명하다.

초록색과 크림색 타일로 뒤덮인 카사 비센스는 기하학적인 외관에 야자수 잎 모양의 철책과 동식물 장식을 많이 사용했다. 가우디가 건축 부지를 답사 갔을 때 보았던 노란색의 아프리카 금잔화와 야자수를 모티프로 카사 비센스를 디자인해 트로피컬한 분위기가 물씬 풍긴다. 특히, 아프리카 야자 식물 바르갈로Bargalló에서 영감을 받아 잎 모양을 본떠 만든 장식으로 가득한 철문이 인상적이다.

신비로운 용이 지키는 가우디의 대작
구엘 별장 Pabellones Finca Güell

그 누구보다 가우디를 믿고 지지했던 절대적인 후원자 구엘의 별장이다. 그리스 로마 신화에 관심이 많았던 가우디는 구엘 별장 건축에 그리스로마 신화 요소를 많이 넣었다. 별장을 뒤덮은 대형 장식들은 제우스가 잠의 요정인 헤스페리데스라는 3명의 처녀들과 동굴 뱀 라돈에게 황금 열매가 열리는 나무를 헤라클레스로부터 지키도록 했다는 그리스 신화를 재현한 것이다. 가우디 건축의 특징 중 하나인 여러 색상이 조화를 이루는 타일 장식 '트렌카디Trencadi'를 이곳에서도 볼 수 있다.

구엘 별장은 구엘 사후 각기 달리 처분되어 본래의 완전한 모습을 볼 수 없다는 것이 아쉽다. 용을 형상화한, 굵기가 제 각각인 금속을 휘어 만든 철문이 가장 인기 있는 포토 스폿이다.

Data 지도 ● 휴대지도-1, P.308-E
가는 법 메트로 3번 라인 타고 Palau Reial역 하차, 페드랄베스 공원을 가로지르거나 바깥으로 돌아 Carrer George R Collins로 이동
주소 Avinguda de Pedralbes, 7, 08034 **전화** 933-177-652
운영 10:00~16:00 / 월~금 휴무
홈페이지 www.rutadelmodernisme.com
요금 성인 6유로, 18세 미만 · 65세 이상 3유로

그라시아의 광장

노천 카페의 백미인 햇볕 쬐며 커피 마시기, 다음 일정을 정리하고 찍은 사진들 다시 보기 등 광장에서 할 일은 많다. 지나가는 사람을 구경하는 것도! 그라시아는 특히나 예쁜 광장들이 많기로 유명하다. 각 광장마다 다른 풍경, 다른 매력을 뽐낸다. 그중 대표적인 몇 곳을 소개한다. 잠시 들러 여유를 즐겨보자.

스페인 역사, 문학사에도 기록된
디아망 광장
Plaça del Diamant

카탈루냐 작가 구르귀Mercè Redoreda i Gurgui가 광장 이름과 같은 제목의 소설을 집필해 더욱 유명해진 광장으로, 그라시아에서 가장 번화한 광장이다. 1860년 조성되어 당시 이 땅의 주인이었던 유대인 보석상 때문에 '다이아몬드 광장'이라는 뜻의 이름을 갖게 되었고, 스페인 내전에는 광장 지하에 벙커를 만들어 사용했던 역사적인 의미도 있는 특별한 광장이다. 지하 벙커는 박물관으로 새롭게 태어났다. 8월에 열리는 그라시아 축제 기간에 가장 시끄럽고 행사가 많은 광장이 바로 여기 디아망 광장이다.

Data 지도 ● 휴대지도-3, P.309-H
가는 법 메트로 3번 라인 타고 Fontana역 하차, 도보 5분 주소 Plaça del Diamant, 08012

성당이 있는 예쁘고 사랑스러운 광장
비레이나 광장
Plaça de la Virreina

산 호안Sant Joan 성당이 위치한 비레이나 광장. 광장에 들어서면 작고 둥근 창이 있는 성당 건물을 바로 마주하게 되는데 예쁘다는 감탄이 절로 나온다. 광장에는 피체리아 코스카 Pizzeria Cosca, 젤라테리아 이탈리아나 델리치오사Gelateria Italiana Deliziosa, 바 카니고Bar Canigó 등 카페, 레스토랑, 바가 모여있어 차를 마시거나 간단히 식사를 할 수 있다. 일요일 오전에는 종종 장이 서는데, 주로 쓰던 물건을 가지고 나와 파는 동네 주민들과 직접 만든 수공예품을 판매하는 소상인들이 대부분이다.

Data 지도 ● 휴대지도-3, P.309-H 가는 법 메트로 3번 라인 타고 Fontana역 하차, 도보 5분
주소 Plaça de la Virreina, 08024

디아망 광장

솔 광장

1862년 세워진 시계탑 광장
빌라 광장 Plaça de la Vila

지역 주민들의 단합이 필요할 때마다 모이는 장소이며, 그라시아를 말할 때 빼놓을 수 없는 명소로 꼽힌다. 그라시아가 독립적인 자치 시로 있을 때 시청사로 사용했던 건물이 역사적으로 중요했음을 알려주는 곳. 이 광장을 대표하며 그라시아의 상징 같은 높은 시계탑이 있고, 2009년까지는 그라시아의 시장이었던 타울렛Francesc Rius i Taulet의 이름을 따 사용했다.

Data 지도 ● 휴대지도-8, P.309-H 가는 법 메트로 3번 라인 타고 Fontana역 하차, 도보 10분
주소 Plaça de la Vila, 08012

밤에 오면 더 좋은
솔 광장
Plaça del Sol

'태양의 광장'이라는 이름의 뜻처럼 자연광이 무척 잘 드는 따스한 광장이다. 하지만 해가 저물고 진짜 햇빛 대신 노란 가로등이 켜질 때 비로소 진가를 발휘된다. 스케이터들과 거리의 음악가들, 행위 예술가 등 자유로운 영혼들이 모여드는 오후, 저녁 때가 솔 광장이 가장 흥하는 시간. 저녁 식사를 마치고 분위기 좋은 와인 바에서 와인 한잔을 마셔도 좋겠다. 여름이면 바르셀로나의 젊은이들이 바닥에 앉아 맥주를 마시는 광장이 바로 여기 솔이라고 한다. 자유롭고 편안한 영혼들의 집합소.

Data 지도 ● 휴대지도-8, P.309-H
가는 법 메트로 3번 라인 타고 Fontana역 하차,
도보 10분 주소 Plaça del Sol, 08012

보헤미안들의 동네
존 레논 광장
Plaça John Lennon

전설적인 비틀즈 멤버 존 레논만을 위한 공간이 있다. 예쁜 광장도, 큰 광장도 아니지만 존 레논에게 헌정한 광장이라는 특별한 의미가 있는 곳이다. 그의 이름이 새겨진 판넬이 광장에 붙어 있다. 1993년 지금의 이름을 갖게 되어 바르셀로나를 여행하는 비틀즈 팬들은 성지순례 하듯 한 번은 찾아와 기념 사진을 남기는 곳. 바르셀로나에서 듣는 '렛잇비Let It Be'의 느낌이 궁금한 사람은 이어폰을 꽂고 이 광장을 걸어보자.

Data 지도 ● 휴대지도-8, P.309-H
가는 법 메트로 4번 라인 타고 Joanic역 하차,
도보 5분 주소 Plaça John Lennon, 08012

존 레논 광장

유럽 최대의 과학박물관
코스모카이샤 CosmoCaixa

라 카이샤La Caixa 은행 재단이 세운 과학박물관. 높은 곳에 위치해 정문 앞에서 건물을 등지고 서면 바르셀로네타 해변까지 보이는 훌륭한 경치를 자랑한다. 가족 단위로 많이 찾는 이곳은 아이들만 즐길거리가 있는 것이 아니다. 아마존 밀림을 형상화한, 홍수에 잠긴 1,000㎡의 숲Bosc Inundat에는 진짜 악어와 피라냐가 산다. 지질학의 벽Geological Wall, 우주의 신비를 배울 수 있는 천체관도 이곳의 자랑거리다.

주기적으로 변경되는 특별전도 있어 넉넉히 3시간을 할애해도 바쁘게 돌아다녀야 모두 보고 나올 수 있다. 직접 만지고 경험하고 실험할 수 있는 공간들이 마련되어 있어 쉬어갈 틈이 없는 과학의 세계로 빠지게 된다. 입장료 수입을 제외한 기타 수입은 불우이웃돕기에 사용된다고 하니 기념품이 갖고 싶다면 망설이지 말고 구매하자.

Data 지도 🟡 휴대지도-1, P.309-C
가는 법 FGC 7번 라인 타고 Av. Tibidabo역 하차, 도보 7분
주소 Carrer d'Isaac Newton, 26, 08022
전화 932-126-050
운영 10:00~20:00 / 12/24·12/31·1/5 10:00~18:00 / 1/1·1/6·12/25 휴관
홈페이지 cosmocaixa.es/es/cosmocaixa-barcelona
요금 일반 6유로

BUY

메이드 인 바르셀로나, 낫 차이나!
베르디 거리 Carrer de Verdi

그라시아 쇼핑의 가장 큰 특징은 작은 로컬 상점들이 많다는 것이다. 크리에이티브하고 역동적인 젊은 바르셀로나 디자이너들이 그라시아를 장악했기 때문에 큰 백화점이 낄 자리는 없다. 여러 상점들은 'Made in Barcelona' 뒤에 'Not China'를 덧붙여 현지에서 제작까지 모두 한 상품을 판매함을 거듭 강조하고 있다. 수공예품이 많고, 바르셀로나에서만 쇼핑할 수 있는 독립 브랜드들도 다양하다. 그리고 이들이 가장 집중되어 있는 곳이 바로 베르디 거리이다. 식당, 카페 사이사이에 그냥 지나치기 쉬운 작은 크기의 상점들이 촘촘히 붙어있어 길고 큰 대로는 아니지만 위에서 아래로 한 번 훑는 데 시간이 꽤 걸린다. 이건 '바르셀로나에만 있는 거야'라며 자랑할 수 있는 멋진 패션 소품들을 한아름 사 올 수 있는 더없이 좋은 장소다.

Data 지도 휴대지도-3, P.309-H
가는 법 메트로 3번 라인 타고 Lesseps 또는 Fontana역 하차, 도보 7분
주소 Carrer de Verdi, 08012

매혹적인 여인의 방을 닮은
마리아 로크 MariaRoch

구두 디자이너 아나이드 카노Anaid Cano와 의상 디자이너 마리아 로크Maria Roch가 손잡고 오픈한 룸. 특히 여성스러운 라인의 긴 실크 드레스로 유명하다. 몸매를 따라 자연스럽게 흘러내리는 실크 드레스의 곡선이 아름답다. 본인들의 옷 외에도 주목받는 신예 바르셀로나 디자이너들의 상품을 많이 들여놓는다. 심플한 듯하면서도 강렬한 컬러를 사용하여 눈길을 사로잡는다. 드레스 가격은 200~400유로 정도다.

Data 지도 휴대지도-2, P.309-G **가는 법** FGC 6번 라인 타고 Muntaner역 하차, 도보 5분
주소 Carrer de Laforja, 120, 08021 **전화** 932-689-655
운영 월~토 10:30~14:30, 16:30~20:30
홈페이지 mariaroch.com

EAT

벨 에포크 시대와 잘 어울리는 전통 음식점
비아 베네토 Via Veneto

전통 카탈루냐 음식 전문점. 벨 에포크 시대를 테마로 한 중후한 분위기의 인테리어와 격식 있는 서비스가 인상적인 미쉐린 1스타 레스토랑이다. 1984년, 1994년, 2013년, 2019년, 2021년에는 스페인 국내 요리상, 2016년에는 바르셀로나 최고의 레스토랑상을 수상했다.

와인과 서비스, 치즈 관련 상도 수상해 모든 면모에서 검증된 곳이다. 상주하는 소믈리에는 주문 메뉴와 가장 잘 어울리는 와인을 추천해 보다 더 깊은 맛을 경험할 수 있도록 섬세하게 돕는다. 계절별로 메뉴가 변경되며, 특별한 행사가 있을 때에는 이를 기념하는 특식을 선보이기도 한다. 펠레, 살바도르 달리 등 유명인들이 자주 찾았던 것으로도 알려져 있다.

Data 지도 ● 휴대지도-2, P.308-F **가는 법** FGC 6번 라인 타고 La Bonanova역 하차, 도보 8분
주소 Carrer de Ganduxer 10, 08021
전화 932-007-244
운영 화~토 13:00~15:00, 20:00~23:00 / 8월 휴무
요금 오리구이 45유로, 농어 45유로, 테이스팅 메뉴 140유로부터

젊은 셰프의 미쉐린 3스타 레스토랑
아박 ÀBaC

스페인 미쉐린 스타 셰프 중 최연소를 기록한 조르디 크루스Jordi Cruz의 모던한 레스토랑이다. 정원을 마주한 파빌리온에 자리 잡고 있으며, 통유리로 꾸며진 쾌적한 환경에서 식사를 즐길 수 있다. 통유리 사이로 점심에는 따사로운 햇살이, 저녁에는 별빛이 쏟아져 들어온다. 미니멀한 실내 분위기는 우아한 베르사체 식기와도 잘 어울린다. 2011년에는 카탈루냐 요리 아카데미에서 '카탈루냐 최고의 레스토랑'으로 추천받았으며, 미쉐린 3스타 레스토랑이기도 하다.

훈제 스테이크 타르타르와 다양한 갑각류 요리가 대표 메뉴. 또한 굴 타르타르나 염소 간 등의 식재료를 사용한 메인 요리와 이에 어울리는 사이드가 다양하게 준비되어 있다. 56명만 앉을 수 있는 규모라 예약은 필수.

Data **지도** ● 휴대지도-2, P.309-C
가는 법 FGC 7번 라인 타고 Av.Tibidabo역 하차, 도보 3분
주소 Avenida Tibidabo, 1, 08022
전화 933-196-600
홈페이지 www.abacrestaurant.com/en
요금 테이스팅 메뉴 295유로

Barcelona By Area

05

바르셀로네타
BARCELONETA

'작은 바르셀로나'라는 귀여운 이름의 항구 지역. 1753년 처음 선원들과 뱃사람들의 동네로 지정되어 지금까지 바르셀로나의 상쾌함과 짭짤함을 담당한다. 해산물 레스토랑과 눈부신 백사장으로 정의되는 맛있고 즐거운 곳이다.

바르셀로네타
미리보기

시우타트 베야를 모두 돌아봤다면 시원하고 바다 냄새가 나는 바르셀로네타 해변으로 가보자. 끝없이 펼쳐지는 지평선과 탁 트인 지중해 전망과 짭조름한 맛의 해산물 파에야를 맛보는 것은 바르셀로네타에서 놓쳐서는 안 될 묘미다.

* **주요 메트로 역** : 메트로 3번 라인의 Drassanes역, 4번 라인의 Barceloneta역

SEE & ENJOY

시우타트 베야의 끝을 알리는 해양박물관과 얼마 떨어져 있지 않은 골론드리나스 Golondrinas에 탑승해 보는 것은 어떨까? 포트 벨Port Vell에서 출발해 바르셀로나 해안가를 찬찬히 돌아보는 골론드리나스를 타고 바르셀로나 바닷물을 다른 관점으로 색다르게 느껴보자.

BUY

바르셀로네타 지역은 쇼핑할 것이 별로 없다. 돈 쓸 일은, 미처 잊어버리고 가져오지 못한 비치 타월을 살 때나, 목이 마를 때 해변가의 바에서 모히토를 사 먹을 10유로 정도만 있어도 충분하다. 모래 사장에서 뒹구는 것이 지겨워 쇼핑을 하고 싶어지면 일요일에도 문을 여는 백화점 마레 마그눔Maremagnum으로 가 보자!

EAT

바르셀로나 바닷가에서 해산물을 먹지 않는 것은 유죄! 체질적으로 먹지 못하는 사람을 제외하고는 바르셀로네타에 오기 전까지는 해산물 요리는 먹지 말고 다른 음식들을 시도해 보라고 당부하고 싶다. 가장 신선하고 가장 솜씨 좋은 해산물 요리 전문가들이 포진해 있는 지역이라 도시 어디와 견주어도 지지 않을 일류 해산물 요리 전문 레스토랑들이 골목마다 기다리고 있다.

어떻게 갈까?

람블라스 거리와 넓은 대로 하나를 사이에 두고 있다. 람블라스 거리 끝까지 걸어와서 조금만 더 가면 해변이지만, 해변에서 시간을 보낼 계획이 없으면 이 길을 건너는 것이 쉽지 않다. 잠깐 물장구를 치고 나와 다시 피카소 미술관으로 가기 좋은 위치이니 부담 없이 찾아도 좋은 곳이 바로 바르셀로네타와 포트 벨 지역이다.

어떻게 다닐까?

옆으로 길게 뻗어있는 항구 지역이지만, 생각만큼 크지 않아 여러 번 왔다 갔다 해도 지치지 않는다. 구경할 거리와 레스토랑, 카페, 또 발길을 잡아두는 아름다운 바다 경치가 있어 쉬엄쉬엄 걸어서 돌아보기에 무척 좋다.

바르셀로네타
📍 1일 추천 코스 📍

지중해의 물빛과 이에 닿아 반짝이는 햇살이 눈부신 바르셀로네타. 1992년 바르셀로나 올림픽 전까지는 항구와 해변에 대한 관심이 전무했기 때문에 모든 건물들이 30년을 갓 넘은 최신식이다. 언제 와도 사방이 빛나는 바르셀로네타에서는 기분 좋은 시간이 보장된다.

람블라스 거리 끝까지 내려와 카탈루냐 역사박물관에서 바르셀로나를 더 깊이 알아보기

→ 도보 2분

파우 광장에 우뚝 서 있는 콜럼버스와 인사 나누기

→ 도보 3분

골론드리나스를 타고 바르셀로나의 해안가 돌아보기

↓ 도보 10분

바르셀로나 아쿠아리움에서 바닷속 생물들과 만나보기

← 도보 5분

해산물 레스토랑에서 점심 식사하기

← 도보 5분

백화점 마레마그눔에서 즐거운 쇼핑 타임!

↓ 도보 10분

바르셀로네타 해변에서 여유로운 오후 시간을 만끽하기

→ 도보 10분

눈으로 점 찍어둔 또 다른 맛집으로 달려가 허기진 배를 채우기

→ 도보 10분

포트 벨에서 바라보는 아름다운 지중해의 석양 감상하기

| 보 데 베 | Bo de B |

드라사네스역 Drassanes

마가리타 블루 Margarita Blue

파우 광장 Plaça del Portal de la Pau

콜럼버스 기념비 Mirador de Colom

드라사네스 광장 Plaça de les Drassanes

Passeig de Colom

골론드리나스 Golondrinas

바르셀로나 아쿠아리움 Aquarium de Barcelona

Passeig de Josep Carner

Rambla del Mar

마레마그눔 Maremagnum

레프티스 Lefties

Ronda Litoral

Moll de Barcelona

포트 벨 Port Vell

Moll de l'Escar

월드 트레이드 센터 바르셀로나 World Trade Center Barcelona

A B

C D

E F

바르셀로네타 Barceloneta

0   500m

322 AREA 05 | BARCELONETA

SEE

카탈루냐가 독립을 외치는 이유가 알고 싶은가?
카탈루냐 역사박물관 Museu d'Història de Catalunya

카탈루냐 지방 독립이 종종 대두될 정도로 카탈루냐 사람들의 고향에 대한 애착은 대단하다. 스페인 중앙 정부와 역사, 문화, 전통이 모두 달라 카탈루냐를 독립적인 한 국가로 인식하고 있기 때문이다.

카탈루냐에 관한 역사를 선사 시대부터 1980년대까지 총 정리해 놓아, 자라나는 다음 세대와 외부인들도 쉽게 이해할 수 있게 다양한 시청각 자료를 전시한다. 이 지역의 특징과 카탈루냐 사람들의 이야기가 궁금하다면 들러보자.

Data 지도 ● 휴대지도-18, P.323-C
가는 법 메트로 4번 라인 타고 Barceloneta역 하차. 맞은편 Pla del Palau 거리에 위치
주소 Palau de Mar, Plaça de Pau Vila, 3, 08039
전화 932-254-700
운영 박물관 화~토 10:00~19:00, 수 10:00~20:00, 일·공휴일 10:00~14:30(매표소와 출입은 폐관 30분 전 마감), 2/12·4/23·5/18·9/24 10:00~19:00 무료 개방, 첫 번째 일요일·5/16·9/11·12/24 10:00~14:30 무료 개방, 월 휴관, 1/1·1/6·5/1·5/24·11/1·12/25·12/26 휴관 / 도서관 월·금 10:00~15:00, 화·수·목 16:00~18:00
홈페이지 www.mhcat.cat
요금 영구 전시 일반 6유로, 65세 이상 4유로 / 특별 전시 일반 4유로, 65세 이상 3유로 / 영구 전시+특별 전시 일반 8유로, 65세 이상 6유로

람블라스 거리의 끝에서 바다를 바라보고 서 있는
콜럼버스 기념비 Mirador de Colom

아메리카 대륙을 발견한 크리스토퍼 콜럼버스를 기념하는 비석. 바닷바람을 맞으러 나가기 전 숨을 돌릴 만한 작은 광장에 있다. 항구와 해변가를 돌아보기 전 신대륙을 발견하고 돌아온 에스파냐의 영웅을 맞이했던 바로 그 자리에 세워진 기념비를 올려다보자. 60m 높이까지 오르는 엘리베이터를 타고 기념비를 올라갈 수도 있다. 북으로는 고딕 지구와 대성당과 산타 마리아 델 마르 성당이, 남쪽으로는 몬주익 언덕이 보인다. 콜럼버스 동상 왼손에는 항해도를 들고 있고, 오른손은 미국을 가리키고 있다.

Data 지도 ● 휴대지도-17, P.322-B **가는 법** 메트로 3번 라인 타고 Drassanes역 하차, 도보 7분
주소 Plaça del Portal de la Pau, S/N, 08001 **전화** 932-853-832 **운영** 08:30~14:30, 1/1·9/11·12/25 휴관
홈페이지 bcnshop.barcelonaturisme.com **요금** 일반 8유로, 4~12세·65세 이상 6유로(온라인 10% 할인)

새것처럼 단장한 오래된 항구
포트 벨&골론드리나스 Port Vell&Golondrinas

이 항구는 오래되었지만 부근이 개발된 지는 30년이 조금 넘어 모든 건물들이 윤이 난다. 그러나 항구에 정박되어 있는 범선 산타 울라리아를 비롯해 14세기 중세의 바르셀로나 사람들이 배를 건조하던 조선소 드라사네스 레이알Drassanes Reials도 그대로 남아있어 옛 모습을 기억하기에 충분하다.

포트 벨을 돌아보는 여러 보트 투어가 이곳에서 출발하는데 그중 골론드리나스를 추천한다. 해설 없이 항구를 돌아보는 잠깐의 보트 놀이로, 종종 아마추어 뮤지션들이 탑승해 탑승자들을 즐겁게 만들어주기도 한다. 날씨와 요일에 따라 운행 시간이 변동된다(기념비 옆에 위치한 매표소와 홈페이지에서 확인 가능). 40분 보트 투어는 일반 8유로, 학생과 65세 이상 7유로, 5~10세 3유로이며, 60분 투어는 10유로, 8유로, 4유로다. 온라인(홈페이지) lasgolondrinas.com/es/)에서 구입 가능.

Data 지도 ● 휴대지도-18, P.322-B 가는 법 메트로 4번 라인 타고 Barceloneta역 하차, 도보 10분
주소 Moll de les Drassanes, s/n, 08039 전화 934-423-106

Tip 포트 벨을 지키는 멋진 범선, **산타 에우랄리아** Santa Eulàlia

바르셀로나를 지키는 수호 성인 산타 에우랄리아의 이름을 물려받은 배다. 한때 바다를 호령하던 에스파냐의 도시였던 바르셀로나의 위엄을 다시금 느끼고 싶은 사람들을 위해 1997년 해양박물관이 경매로 구입해 파손된 부위들을 말끔히 수선하였다. 1918년 만들어져 지금의 이름을 갖기 전까지 여러 개의 이름을 가지고 다이빙 보드 등 다양한 목적으로 활용되어 왔으나, 현재는 바르셀로네타에 닻을 내리고 대기 중인 멋진 구경거리이자 해양박물관의 1등 홍보대사이기도 하다. 해마다 연초에는 3일간 다양한 색의 조명을 아낌 없이 쏘아 올리는 빛의 축제 LlunBCN가 이 배에서 열리는데, 축제 기간 동안 바르셀로나 사람들은 산타 울라리아의 모형을 만들어 거리에서 퍼레이드를 한다.

 언더 더 씨!
바르셀로나 아쿠아리움 Aquarium de Barcelona

해저 생태계에 관해 대중들을 교육하고자 하는 이념으로 세운 대형 아쿠아리움이다. 450종 11,000마리의 해양 동물이 66개의 수족관에 서식한다. 상어, 가오리, 곰치 등 다채로운 해양 동물들을 만나볼 수 있다. 유럽에서 가장 규모가 큰 아쿠아리움 중 하나이며, 지중해 바다 생물을 특히 중점적으로 다루고 있다는 것이 특징이다.

해저 80m의 수중 터널을 따라 걸으면 마치 바다 아래를 산책하는 기분을 낼 수 있다. 해저 깊이에 따라 서식하는 다양한 생물의 종을 알아볼 수 있는 플라네타 아쿠아Planeta Aqua와 아이들을 위한 50여 개의 활동이 마련되어 있는 체험 학습전 엑스플로라 소나 인판틸Explora La Zona Infantil이 가장 대표적인 자랑거리. 또 모험심 강한 8~12세 아이들을 위해 마련한 상어와 다이빙 하기, 상어와 잠들기 등 여러 교육 프로그램과 함께 하룻밤을 아쿠아리움에서 보내는 특별한 체험도 할 수 있다.

Data 지도 ● 휴대지도-18, P.322-B
가는 법 메트로 4번 라인 타고 Barceloneta역 하차, 도보 10분
주소 Moll d'Espanya del Port Vell, S/N, 08039
전화 932-217-474
운영 월~일 10:00~20:00 (*운영 시간이 수시로 변경되니 방문 전 홈페이지에서 확인할 것)
홈페이지 www.aquariumbcn.com
요금 일반 25유로, 5~10세 18유로, 3~4세 10유로

전통과 현대미가 공존하는 비즈니스 센터
월드 트레이드 센터 바르셀로나 World Trade Center Barcelona(WTCB)

1999년 문을 연 월드 트레이드 센터 바르셀로나WTCB는 관광과 비즈니스를 겸한 복합적인 공간이다. 바르셀로나에 출장을 오는 사람이 아닌 이상 여행자들이 이곳의 내부 비즈니스 시설을 사용할 일은 없겠지만, 바르셀로네타 지역을 오가다 보면 계속 눈에 띌 수밖에 없다. 291개 객실을 갖춘 5성 호텔 그랜드 마리나 호텔Grand Marina Hotel을 비롯해 40,000㎡ 넓이의 바다가 보이는 뷰의 사무실, 회의 시설, 식당, 바 그리고 센터를 찾는 사람들을 위한 편의 시설과 레스토랑도 입점해 있다.

Data 지도 ● 휴대지도-17, P.322-B
가는 법 메트로 3번 라인타고 Drassanes역 하차, 도보 12분
주소 Moll de Barcelona, S/N, Edif. Este, 1ª planta, 08039
전화 935-088-888
운영 시설마다 다름
홈페이지 wtcbarcelona.com

 시원한 바다를 뜨겁게 달구는 클럽
오피움 Opium

바르셀로나에서 가장 유명한 클럽으로, '아편'이라는 뜻의 이름처럼 중독적인 밤의 향락을 보장한다. 해마다 세계에서 내로라하는 DJ들이 바르셀로나에서 파티를 열 때 언제나 1순위로 방문하는 곳이다. 상주하는 레지던트 DJ들과 소속된 댄서들이 매일 바뀌는 콘셉트로 문을 열어 대형 해변가 클럽의 흥을 몇 배로 돋운다. 유명 DJ가 예정되어 있는 파티는 한 달 전부터 온라인으로 표가 동이 나기도 하니 오피움에 가보고 싶다면 자주 홈페이지에 들러 스케줄과 티켓 오픈 여부를 확인할 것.

Data 지도 ● 휴대지도-19, P.323-D
가는 법 메트로 4번 라인 타고 Barceloneta역 하차, 도보 15분
주소 Passeig Marítim de la Barceloneta, 34, 08005
전화 655-576-998
운영 화~금 24:00~05:00, 토~월 24:00~06:00
홈페이지 opiumbarcelona.com
요금 파티마다 다름

바르셀로네타 총정리

모두 이어진 듯 보여 커다란 하나의 해변이라 생각하기 쉽지만 각각 명칭이 다르다. 잘 알지 못하면 바르셀로네타에서 해수욕을 한 줄 알았으나 보가텔 해변에서 오후를 보낼 수도 있으니 아래를 잘 살펴보자. 바르셀로네타 해변에 가보면 긴 모래사장 위에 새로운 해변이 시작되는 지점에는 크게 푯말이 세워져 있다. 물놀이가 너무 즐거워 보지 못할 수는 있지만, 어느 해변에서 일광욕을 하고 있는지 쉽게 알 수 있다.

바르셀로나에서 가장 사랑받는 바르셀로네타 해변Platja Barceloneta(422m)은 세르반테스Miguel de Cervantes가 〈돈키호테〉를 집필할 때 돈키호테와 하얀 달의 기사가 결투를 벌이는 배경으로 사용했다고 알려져 있다. 지금 보면 바르셀로네타는 전혀 기사들의 결투를 떠올릴 수 없는 평화로운 해변인데, 대문호의 상상력이 참 대단하다. 바다를 보고 서면 오른편에 있는 산 미켈 해변Platja Sant Miquel(420m)과 산 세바스티아Platja Sant Sebastià(1,085m) 2개의 해변이 바르셀로네타와 더불어 처음 해수욕을 할 수 있게 문을 열었던 가장 오래된 해변들이다. 산 세바스티아 해변에는 산 세바스티안 타워Torre de San Sebastiáns가 있는데, 케이블카를 타고 몬주익으로 이동할 수 있어 편리하다. 또한 산 세바스티아는 마르 벨라 해변Platja Mar Bella과 더불어 바르셀로나를 대표하는 누드 비치Nude Beach이기도 하다.

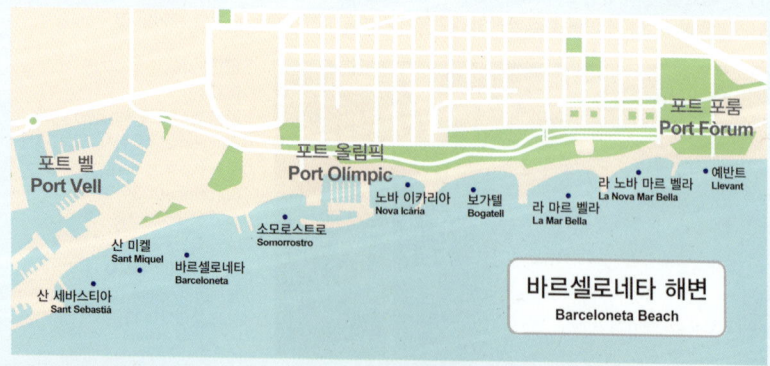

BUY

해변가에도 장이 선답니다
메르카 데 라 바르셀로네타 Mercat de la Barceloneta

본래 산 미겔 광장Plaza de San Miguel에서 열렸던 야외 시장이 규모가 커져 새로 생긴 실내 시장. 건축가 호셉 밀라스Josep Miàs가 설계한, 태양광 판을 사용해 시장 내 전기 40%를 조달하는 친환경적인 건물로, 철저한 분리수거를 한다. 내부에는 해산물, 육류, 채소 가판과 베이커리, 바, 레스토랑이 있다.

특별 행사를 열 수 있는 공간도 갖추고 있어 단순히 식재료만 사러 들르는 곳이 아닌, 바르셀로네타 주민들의 문화 공간으로 간주되고 있다. 시장답게 일찍 연다. 아침에 가장 분위기가 바쁘고 재미있으니 이른 시간에 찾는 것을 추천한다.

Data **지도** ● 휴대지도-18, P.323-C **가는 법** 메트로 4번 라인 타고 Barceloneta역 하차, 도보 5분 **주소** Plaça del Poeta Boscà, 1-2 **전화** 934-132-304 **운영** 월~토 07:30~14:00, 일 휴무 **홈페이지** www.mercatdelabarceloneta.com

월화수목금토일 쇼핑 가능!
마레마그눔 Maremagnum

공휴일과 일요일에도 문을 여는 바르셀로나 유일의 백화점이다. 종종 무료로 카탈루냐 전통 놀이나 공룡 전시 등 한시적인 특별 행사를 열기도 한다. 고가 브랜드보다는 데시구알, 망고 등 스파 브랜드들이 많고 레스토랑과 카페 등이 많이 입점한 복합 문화공간이다.

통유리로 된 건물 정문은 바닷물결을 상징하듯 휘어 있어 낮에는 건물에 비추는 반사된 바다를 볼 수 있다. 아쿠아리움과 해산물 레스토랑들이 코앞에 있다.

Data **지도** ● 휴대지도-18, P.322-B **가는 법** 메트로 4번 라인 타고 Barceloneta역 하차, 도보 10분 **주소** Moll d'Espanya, 5, 08039 **전화** 930-129-139 **운영** 10:00~21:00 **홈페이지** www.maremagnum.es

EAT

줄 서서 먹을 가치가 있는
시에테 포르테스 7 Portes

바르셀로나에서 가장 역사가 오래된 곳으로, 피카소가 즐겨 찾던 식당으로 유명하다. 19세기 인테리어와 잘 어울리는 긴 에이프런을 허리춤에 두른 콧대 높은 웨이터들이 춤추듯 발을 바쁘게 움직인다. 매일 파에야 메뉴가 바뀌고 신선한 해산물과 오래 끓인 소시지 스튜 등, 한 끼 식사로 만족하고 나오기 아쉬울 정도로 방대한 메뉴가 준비되어 있다. 대표 메뉴는 파에야. 밥알 한 알마다 배어있는 육수의 진한 맛을 느낄 수 있다. 뼈도 껍질도 모두 발라내고 만드는 파레야다Parellada 파에야가 유명한데, 아이들과 함께 찾는 손님들은 대부분 이것을 주문한다. 큰 팬에 요리해 내오는 파에야를 모두들 금방 바닥이 보일 정도로 싹싹 긁어먹고 일어선다.

Data 지도 ● 휴대지도-18, P.323-C
가는 법 메트로 4번 라인 타고 Barceloneta역 하차. 람블라스 거리 방향으로 도보 3분
주소 Pg. d'Isabel II, 14, 08003
전화 933-193-033
운영 13:00~다음날 01:00
홈페이지 www.7portes.com
요금 파레야다 파에야 26.50유로

40여 년간 사랑받아온 바다 내음 물씬 나는 식당
칸 마요 Can Majó

매일 조달되는 신선한 생선으로 만드는 해산물 전문 식당. 바다를 사랑하는 부부가 운영한다. 스페인 와인과 잘 어울리는 랍스터, 관자 요리, 칼라마리, 파에야 등 모든 요리가 맛있다. 레스토랑 추천 메뉴는 랍스터 파에야인 칼데로 데 아로스 콘 보가반테Caldero de Arroz con Bogavante와 새끼 갑오징어를 안달루시아 스타일로 요리한 치피로네스 알 라 안달루사Chipirones a la Andaluza가 있다. 날이 따뜻하다면 하얀 파라솔 아래 야외 좌석에서 식사해 보

Data 지도 ● 휴대지도-18, P.323-C
가는 법 메트로 4번 라인 타고 Barceloneta역 하차, 도보 10분
주소 Carrer d'Emília Llorca Martín, 23, 08003 **전화** 932-215-455
운영 화·일 13:00~16:30 , 수~토 13:00~22:30, 월 휴무
홈페이지 www.canmajo.es **요금** 칼데로 데 아로스 콘 보가반테 34유로, 치피로네스 알 라 안달루사 25유로

 가정집 같은 따뜻한 요리
칸 솔레 Can Solé

2층 주택 건물을 전부 사용하는 칸 솔레는 1903년 문을 연 맛집이다. 이곳을 자주 찾던 뱃사람들과 낚시꾼들이 남기고 간 그림이나 사진 등으로 꾸민 인테리어가 청량한 분위기를 만든다.
사랑과 신선한 재료로 만든다는 요리들은 모두 추천할 수 있을 만큼 맛있다. 야생 넙치구이, 왕새우구이, 로메스코 소스를 뿌린 대구 요리 등 해산물 요리가 인기 있다. 다른 곳에 비해 파에야 가격이 비싼 편이지만, 맛으로 충분히 용서되는 곳. 다양한 층의 손님들이 이곳을 찾는다.

Data 지도 ● 휴대지도-18, P.323-C
가는 법 메트로 4번 라인 타고 Barceloneta역 하차, 도보 6분 **주소** Carrer de Sant Carles, 4, 08003 **전화** 932-215-012 **운영** 화~목 13:00~16:00, 20:00~23:00 / 금·토 13:00~16:00, 20:30~23:00 / 일 13:00~16:00 **홈페이지** restaurantcansole.com
요금 해산물 파에야 21유로

 내가 '새우의 왕'이다
엘 레이 데 라 감바
El Rey de la Gamba

새우 요리 전문 레스토랑. 커다란 새우가 메뉴판을 안고 나와 있다. 주변의 다른 식당과 차별화를 위해 새우를 메인으로 한 것. 밤에는 네온사인이 밝아서 관광지 분위기가 강한데, 이는 어두운 항구에서 쉽게 찾아올 수 있도록 한 것이니 혹 이곳이 현지인들은 잘 가지 않는 곳이라거나 음식 맛이 없는 건 아닌지 의심하지 말자. 수많은 파에야 메뉴 중 해산물 파에야 Paella Marinera가 단연코 인기 메뉴다. 식사와 함께 할 음료는 상그리아를 추천한다.

Data 지도 ● 휴대지도-18, P.323-C
가는 법 메트로 4번 라인 타고 Barceloneta역 하차. 넓은 대로를 직진해 걸어간다. 호텔 54 바르셀로나타 옆에 위치한다
주소 Passeig de Joan Borbó, 53, 08003
전화 932-256-401
요금 해산물 파에야 16.90유로

신선한 재료, 최고의 서비스
칼 펩 Cal Pep

해물 타파스로 입소문이 나 현지인들의 비율이 높은 식당. 부티파라 소시지와 콩 요리 등 해산물 요리뿐 아니라, 타파스와 크레마 카탈라나Crema Catalana와 같은 디저트도 자신 있게 내놓는 바르셀로나에서 손꼽히는 맛집이다. 매일 점심과 저녁 시간 이곳 앞에 늘어선 줄을 보면 얼마나 맛있는 타파스를 만들지 짐작이 간다. 친절한 웨이터들이 식사 시간 내내 즐거운 분위기를 유도한다. 뭘 먹고 싶은지, 어떤 타파스를 좋아하는지를 물어보고 요리를 추천해 주기도 한다. 또한, 주문한 요리와 어울리는 와인을 제안하기도 한다. 매콤한 녹색 고추 요리와 아티초크 튀김, 토스트를 곁들이는 참치회 요리인 타르타르 데 토니나Taratar de Tonyina도 유명하다. 바 자리와 레스토랑으로 나뉘어 있다. 4인 이상의 그룹만 예약을 받는다.

Data **지도** ● 휴대지도-18, P.323-C **가는 법** 메트로 4번 라인 타고 Barceloneta역 하차. Passeig de Colom쪽으로 뻗은 Pla del Palau를 따라 대로를 건너 직진 **주소** Plaça de les Olles, 8, 08003 **전화** 933-107-961 **운영** 월 19:30~23:30 / 화~토 13:00~15:45, 19:30~23:30 / 일·공휴일·8월 둘째~셋째 주 휴무 **홈페이지** calpep.com **요금** 스패니시 오믈렛 8.70유로, 해산물 모둠 튀김 15.60유로

1940년대 분필과 칠판 메뉴를 아직도 사용하는
라 코바 푸마다 La Cova Fumada

'타 버린 동굴'이라는 뜻을 가졌다. 항구 부근에 위치한 타파스 레스토랑으로 생선구이가 유명하다. 봄바Bomba라는 이름의 감자 요리는, 돼지고기와 으깬 감자를 섞고 빵가루를 묻혀 올리브유에 튀긴 후, 알리올리 소스에 찍어 먹는다. 봄바는 바르셀로네타를 흥하게 한 장본인이며, 이곳에서 처음 개발되었다. 1950년대 만든 자체 레시피를 여전히 따른다. 바삭한 껍질 안에 잘 익은 감자 속살은 그냥 먹어도 좋다. 카탈루냐 흑소시지와 판 콘 토마테도 인기. 내부가 좁아 합석하기도 하지만, 언제나 화기애애한 분위기가 즐겁다.

Data **지도** ● 휴대지도-18, P.323-C **가는 법** 메트로 4번 라인 타고 Barceloneta역 하차, 도보 7분 **주소** Carrer del Baluard, 56, 08003 **전화** 932-214-061 **운영** 화~토 09:00~15:00, 일·월 휴무 **요금** 타파스 2유로부터

바다를 보며 시원한 맥주 한잔
블랙랩 브루하우스 앤 키친
BlackLab Brewhouse&Kitchen

신선한 크래프트 맥주를 눈앞에서 제조해 주는 맥줏집 겸 식당. 홈페이지에서 제조 과정과 재료, 알코올 도수를 자세히 알 수 있다. 흑맥주부터 필스너, IPA까지 다양한 맥주를 취급한다. 일 년 내내 맛볼 수 있는 맥주와 시즌 별로 선보이는 맥주가 있다. 음식은 아시안에서 유러피안, 아메리칸까지 다양하다. 버거, 샐러드, 라멘이 한자리에 모여 있다. 양조장은 구경할 수 있으며, 일요일 17시에 맥주 투어를 진행한다. 날씨가 좋다면 넓고 시원한 바깥 자리를 추천한다.

Data 지도 ● 휴대지도-18, P.323-C
가는 법 메트로 4번 라인 타고 Barceloneta역 하차, 도보 1분 주소 Palau del Mar, Plaça Pau Vila, 1, 08039 전화 633-691-906 운영 월~목 12:00~24:00, 금·토 12:00~01:30, 일 12:00~23:00 홈페이지 blacklab.es
요금 포테이토 위드 치즈 7.50유로, 스테이크 버거 12.95유로, 립스 라멘 13.95유로, 샐러드 9.50유로

 매콤한 멕시칸 안주가 당길 때
마가리타 블루 Margarita Blue

컬러풀한 바의 인테리어만큼 분위기도 신나는 곳. 두툼한 패티가 먹음직스러운 햄버거, 구운 토마토, 파히타 등 이곳의 택스-멕스와 지중해 요리의 퓨전, 멕시테레니안 메뉴와 잘 어울리는 마가리타 블루의 칵테일은 종류도 다양하다. 무알콜 칵테일도 갖추고 있다. 자체 개발한 마가리타 블루가 인기 메뉴. 시 낭송과 연주회, 미술 전시, 영화 상영 등 다양한 행사가 열려 예술인들의 아지트로도 인기 있는 곳이다. 프로그램은 홈페이지를 참고할 것.

Data 지도 ● 휴대지도-18, P.322-B 가는 법 메트로 2번 라인 타고 Drassanes역 하차, 도보 5분
주소 Carrer de Josep Anselm Clavé, 6, 08002 전화 934-125-489 운영 화·수·일 17:00~다음날 01:00 / 목 17:00~다음날 01:30 / 금·토 17:00~다음날 02:30 홈페이지 www.margaritablue.com 요금 칵테일 8유로

 간단한 끼니로는 샌드위치가 최고
보 데 베 Bo de B

샌드위치가 이렇게까지 맛있을 수 있다는 걸 몰랐다는 손님들은 허름하고 작은 이 동네 샌드위치 가게를 다시 보게 된다. 속이 보이지 않는 샌드위치지만 들어가는 속 재료에 충실해 신선한 페타 치즈, 계절별 채소, 그리고 해변가에 위치한 만큼 해산물을 푸짐하게 사용한다. 포장을 추천하는 이유는 실내 테이블이 4개뿐이라 식사 시간에 자리를 잡으려면 오래 줄을 서야 하기 때문이다.

Data 지도 ● 휴대지도-18, P.322-B 가는 법 메트로 4번 라인 타고 Barceloneta역 하차, 도보 5분 주소 Carrer de la Mercè, 35, bajos, 08002 전화 936-674-945 운영 월~토 12:00~22:00 / 일 12:00~20:00
홈페이지 www.facebook.com/BodeBCN
요금 샌드위치 4.50유로부터

Barcelona By Area

06

산 마르티
SANT MARTÍ

역사와 문화가 완벽한 도시에서도 가끔은 벗어나고 싶을 때가 있기 마련이다. 조금 더 조용하고 조금 더 아늑한 곳을 찾아 두리번거리게 된다면 평화주의자들이 사랑하는 조용한 동네 산 마르티 주거구역으로! 바르셀로나 시민들의 평범한 일상 체험을 위해 한 번쯤 가볼 만 한 곳이다.

산 마르티
미리보기

바르셀로네타에서 시작한 넓고 깨끗한 백사장이 더 길게 펼쳐지는 산 마르티는
신흥 호텔들이 많이 들어서고 있는 지역으로, 시우타트 베야 또는 바르셀로네타 해변 근처에
숙소를 잡고 싶은 사람이라면 산 마르티의 숙소들이 접근성도 좋고 가격 대비 품질도 훌륭하다.
언제나 파도 소리를 들을 수 있는 기분 좋은 동네다.

* **주요 메트로역** : 메트로 1번 라인의 Marina, Glòries, Clot역, 2번 라인의 Clot역,
4번 라인의 Ciutadella/Vila Olímpica, BogaTell, Poblenou역

SEE & ENJOY

하루 종일 해변에서 보내도 좋은 산 마르티 지역. 다른 동네에도 있을 법한 것들은 모두 제치고 나면 산 마르티에서 가장 내세울 것은 바로 해변이다. 바르셀로나 지도 끝까지 달리고 그 이상 넘어 더 달린다. 물장구치고 싶은 깨끗한 바다와 고운 모래가 산 마르티에 집중되어 있다.

BUY

해변에서 시간을 보낼 때 필요한 비치 타월이라든지 모래성을 만들 작은 삽을 잊고 와서 부근에서 구입하는 것을 제외하면 딱히 추천할 쇼핑 플레이스가 없는 지역이다. 주로 거주지이며 쇼핑할 상점이 많지 않으나, 글로리스 광장 옆 백화점 글로리스Centro Comercial Glòries가 있다. 산 마르티에서 가장 교통편이 유용한 위치여서 접근성이 훌륭하다. 이 동네에서 쇼핑할 곳을 찾는다면 여기로 가자.

EAT

식사를 한다면 풍경과 어울리는 시원한 칵테일 메뉴가 풍성한 해변가 타파스 레스토랑으로 향한다. 전반적인 물가가 비싼 해변가인 만큼 먹고 마시는 것의 가격이 시내보다 높은 것을 감안하여 식대 예산을 준비해야 한다.

🚙 어떻게 갈까?
한적한 동네이지만 접근성이 떨어진다 생각하면 오산. 사그라다 파밀리아 성당에서 에이샴플라를 등지고 5~10분 걸으면 도달한다. 바르셀로네타 해변가에서도 시우타트 베야 반대편으로 더 내려오면 닿을 수 있어 특별히 이 지역을 오려고 시간을 따로 내지 않아도 된다. 잠시 도시 중앙을 피해 모래 사장을 걷다 점심 식사를 하러 들러도 좋을 지역 정도로 염두에 두고 여행 일정을 짜면 된다.

어떻게 다닐까?
메트로 한 라인이 직선으로 뻗어있어 번거로운 환승 없이 이동 가능하다. 잠시 들를 것이 아니라 이 동네를 모두 둘러보고자 한다면 면적이 상당하니 메트로 이용을 추천한다.

산 마르티
📍 1일 추천 코스 📍

지역에 가장 먼저 세워진 성당의 이름을 따서 산 마르티라 불린다. 올림픽 전에는 조용한 거주단지였으나 급격한 발전으로 나날이 세련된 상업 지구로 탈바꿈 중인 이곳은 무엇보다 바다가 있어 아름답고 시원하고 즐겁다.

아그바르 타워 전시관 돌아보며 현대적이고 호젓한 바르셀로나 모습 감상하기

도보 3분

글로리스 백화점에서 아이쇼핑을 하며 오전 일정을 마무리한다. 이후 오후 일정 준비!

T4 타고 19분 또는 도보 25분

1992년도 몬주익이 아닌 산 마르티에서도 느낄 수 있는 올림픽의 흔적, 라 빌라 올림피카 구경하기

T4 타고 31분

아침이 올 때까지 클럽 라즈마타즈에서 멋진 밤 보내기

메트로 3개 정거장

수영하다 목이 마르면 예반트 해변의 밤부 바에서 상그리아를 주문! 라 빌라 올림피카 페이쉬도르 금붕어와 사진 찰칵!

도보 10분

수영, 산책, 박물관 관람까지! 여러 가지 즐거움이 한 곳에 모여있는 파르케 델 포룸으로 가기

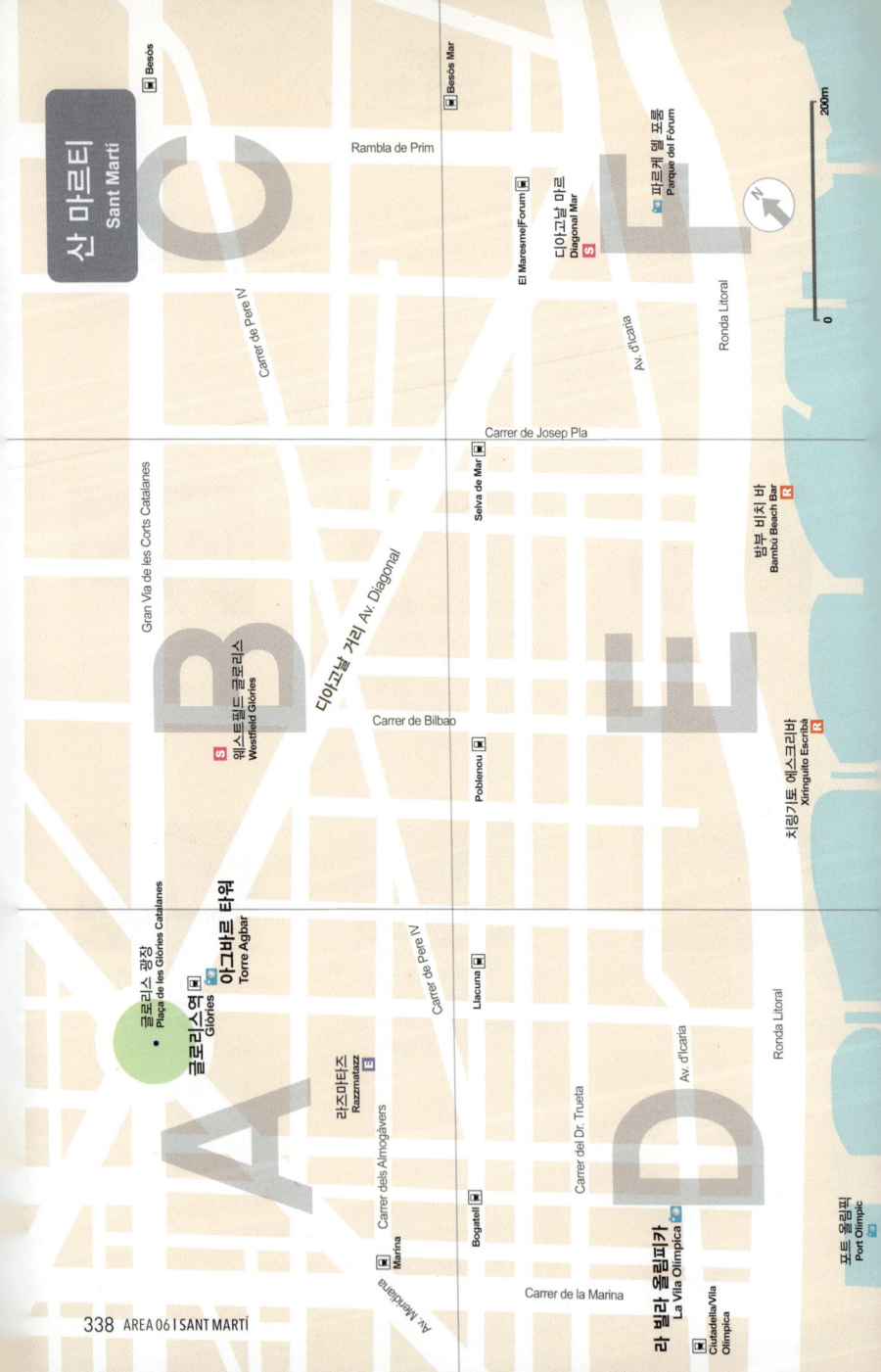

SEE

바르셀로나의 새로운 랜드마크
아그바르 타워 Torre Agbar

글로리스 광장이 가까워짐을 알 수 있는 방법은? 총알을 세로로 세워놓은 듯한 모양의 이 타워를 찾으면 된다. 아그바르 타워는 프랑스 건축가 장 누벨Jean Nouvel이 만든 건축물이다. 총 33층, 144m 높이의 거대한 크기로, 1억 3,000유로를 들여 지은 대작이다. 수도 회사의 이름을 따서 아그바르라 불리며, 눈에 띄는 건물의 모양은 몬세라트산에 있는 간헐천이 솟구치는 모습을 형상화한 것이다.

밤이 되면 LED 조명이 환하게 켜져 더욱 포토제닉한 곳으로 변신한다. 2005년 개장 당시 스페인 국왕이 친히 방문해 축하했다고 한다. 바르셀로나의 하이테크High-tech 지역이 되고자 하는 산 마르티의 상징과도 같은 역할을 하는 건축물이다. 주 용도는 바르셀로나 수도청 건물로 사용되는 것이나 1층은 무료로 개방해, 대중들이 들어와 물 관련한 전시를 감상할 수 있다.

Data 지도 ● 휴대지도-14, P.338-A
가는 법 메트로 1번 라인 타고 Glòries역 하차
주소 Avinguda Diagonal, 211, 08018 **전화** 917-691-900

현대적인 해변가 올림픽 마을
라 빌라 올림피카 La Vila Olímpica

1992년 바르셀로나 올림픽 당시 조성된 마을로, 올림픽 항구Port Olímpic를 바라보고 있어 바다가 시야에 시원하게 들어온다. 우리나라에도 있는 올림픽 선수촌과 같은 목적으로 만들어, 현재는 해변가 거주 단지의 모범 사례로 꼽힌다. 80년대부터 대대적인 공사를 거쳐 조성되어 그 전까지 매우 조용했던 산 마르티 지역이 현대적인 지금의 모습으로 변모하게 된 계기가 바로 라 빌라 올림피카의 건설이다.
40여 개의 레스토랑과 바가 입점해 있으며 수상 레저를 즐길 수 있는 센터와 에이전시들도 들어서 있다. 호텔 아르츠Hotel Arts와 토레 마프레Torre Mapfre가 이 올림픽 단지를 알리는 쌍둥이 빌딩처럼 서 있어 찾기 쉽다. 호텔 아르츠 앞에는 어마어마하게 큰 대형 물고기 동상(56×35m) 페이시 도르 Peix d'Or가 서 있다. 올림픽 단지의 심볼과도 같은 이 동상은 금빛이 나도록 잘 손질되어 이름과도 꽤나 어울린다. 다양한 크기의 스테인리스 판넬로 만들어져 해가 강한 날 가장 생동감 있게 보이는 포토 스폿이다.

Data 지도 ● 휴대지도-19, P.338-D
가는 법 메트로 4번 라인 타고 Ciutadella-Vila Olímpica역 하차 주소 La Vila Olímpica, 08005

모던한 바르셀로나의 매력
파르크 델 포룸 Parc del Fòrum

문화적 다양성과 지속 가능한 성장을 위해 바르셀로나에서 2004년 주최한 세계문화 포럼Fòrum de les Cultures을 위해 만들어진 파르케 델 포룸. 딱히 공원인지, 전시관인지 정의하기 어려운 다기능 공간들이 한데 모인 복합적인 곳이다.

1년에 한 번 5~6월에 10만 명을 불러모으는 스페인 최대 음악 축제 프리마베라 사운드 페스티벌 Primavera Sound Festival과 4월 축제 페리아 데 아브릴Barcelona Feria de Abril 축제가 이곳에서 개최된다. 스쿠버 다이빙, 워터 스키, 카약 등을 즐길 수 있는 수영장(5~9월 개방) 바니스 포럼 Banys Forum과 바르셀로나 자연사박물관El Museu de Ciències Naturals의 일부로 해양생태계 관련한 전시를 담당하는 블라우 박물관Museu Blau도 모두 파르케 델 포룸 안에 위치해 있다. 초대형 태양광판 포토볼타익 셀Photovoltaic Cell이 설치된 바다를 바라보는 넓은 오디토리스 공원Parc dels Auditoris도 산책하기에 좋은 곳이다.

Data 지도 휴대지도-20, P.338-F 가는 법 메트로 4번 라인 타고 El Maresme Fòrum역 하차, 도보 3분 주소 C/ De la Pau, 12, 08930 홈페이지 www.parcdelforum.cat

산 마르티의 해변

바르셀로네타보다 더 많은 해변가가 늘어선 산 마르티. 안전 요원들과 다양한 수상 레저 센터, 먹고 마실 곳들이 모든 해변에 넉넉히 자리해 있어 어느 곳을 찾아도 좋다. 그리 크지 않으니 오후 내내 이쪽 끝에서 저쪽 끝으로 이동하며 각각의 매력을 모두 알아보는 것도 좋다. 여름 여행자라면 가우디만큼이나 중요한 것이 바르셀로나의 해변가이니 반드시 가보도록 하자.
(해변 지도 Area 05 바르셀로네타 참조)

1 젊은이들이 특히 많이 찾는
라 마르 베야 & 라 노바 마르 베야
Platja de la Mar Bella(500m) & Platja de la Nova Mar Bella(500m)

라 마르 베야와 라 노바 마르 베야는 나란히 위치한다. 누드 비치로 유명해, 자유롭고 개방적인 젊은 층들이 많이 찾는다. 누드 비치 구간은 따로 표시가 되어 있다. 관광객들보다 산 마르티 사람들이 자주 찾는 해변으로 예쁜 카페와 바가 많다. 오랜 시간 머무르기 좋은 노바 마르는 특히 여성들이 선호한다. 윈드 서퍼들이 가장 많이 찾는다는 마르 베야에는 스케이트 보드 링크와 농구 골대도 있어 수상 레저가 싫지만 활동적인 해변에서 시간을 보내고 싶은 사람들에게 인기가 좋다.

Data 지도 ● 휴대지도-20, P.328
가는 법 메트로 4번 라인 타고 Selva de Mar역 하차, 도보 13분
주소 Paseo Marítimo, S/N, 08005

1 라 마르 베야 & 라 노바 마르 베야

2 노바 이카리아

3 소모로스트로

2 조용한 산책을 위한
노바 이카리아 La platja de la Nova Icària (415m)

바르셀로나에서 가장 조용한 해변 중 하나로, 올림픽 항구와 인접해 항구를 돌아보고 걷다가 우연히 찾는 사람들이 가장 많다. 금붕어 동상이 위치한 곳이 바로 여기 노바 이카리아. 발리볼 네트, 놀이터, 탁구 테이블도 있어 많은 인원이 함께 찾을수록 재미가 더하다.

Data 지도 휴대지도-19, P.328 가는 법 메트로 4번 라인 타고 Ciutadella / Vila Olímpica역 하차, 도보 12분 주소 Passeig Marítim de Nova Icària, 08005

3 정열의 플라멩코 댄서가 태어난 바닷가
소모로스트로 Platja del Somorrostro(522m)

지금의 모습으로는 상상하기 어렵지만 몇 십 년 전까지는 바르셀로나에서 가장 빈곤한 집시 마을이 있던 자리다. 플라멩코 무용수 중 가장 유명한 카르멘 아마야Carmen Amaya가 태어난 곳, 바르셀로나 시에서 그녀에게 헌정하는 의미로 아마야가 태어난 이 해변이 집시 마을의 이름을 따 명명한 해변이다.

Data 지도 휴대지도-19, P.328 가는 법 메트로 4번 라인 타고 Ciutadella / Vila Olímpica역 하차, 도보 8분 주소 Passeig Marítim Barceloneta, 32, 08003

4 사람들이 많은 신나는 해변!
보가텔 Platja del BogaTell(700m)

1990년대 물 피해가 있었지만, 1992년 올림픽 산 마르티 도시 계획의 일환으로 복구되며 새롭게 조성되었다. 사람들이 많은 만큼 해변가에 바와 식당도 많다. 해변과 가장 잘 어울리고 실제로도 가장 많이 주문되는 것은 민트 잎을 띄운 청량한 모히토Mojito다.

Data 지도 휴대지도-19, P.328 가는 법 메트로 4번 라인 타고 Llacuna역 하차, 도보 5분 주소 Avinguda del Litoral, 08005

5 바르셀로나 해변 중 가장 막내
예반트 Platja de Llevant(380m)

바르셀로나 최북단에 위치한 예반트는 2006년 문을 열었다. 낡은 방파제Escullera de Prim를 허물고 조성한 예반트 뒤편으로는 포룸의 고층 빌딩들이 보여 도시적이며 세련된 분위기가 특징이다. 해변은 다른 곳과 마찬가지로 연한 황금빛의 고운 모래가 깔려 있어 해수욕과 일광욕을 하기에 적합하다. 사람들이 많지 않은 해변을 찾는 사람들에게 추천한다.

Data 지도 P.328 가는 법 메트로 4번 라인 타고 Selva de Mar역 하차, 도보 13분 주소 Platja de Llevant, 08019

4 보가텔

5 예반트

끝없이 펼쳐지는 해변과 상쾌한 바닷바람
포트 올림픽 Port Olímpic

Data 지도 ● 휴대지도-19, P.338-D
가는 법 메트로 4번 라인 타고 Ciutadella-Vila Olímpica역 하차, 도보 10분
주소 Edifici de Capitania Moll de Xaloc, 08005
홈페이지 www.portolimpic.es

활동적인 바르셀로나 시민들과 몰려드는 관광객들을 위한 스포츠 항구가 필요하다는 점을 착안해, 4명의 건축가(오리올 보이가스Oriol Bohigas, 조셉 마르토렐Josep Martorell, 데이비드 맥케이David Mackay, 앨버트 퓌이도메네치Albert Puigdomènech)가 힘을 모아 조성한 항구다. 1992년 올림픽에서는 요트 경기장으로 이용되었다. 현재는 레저 요트를 타볼 수 있도록 레저 스포츠 센터들이 항구에 즐비하니 여름에 여행하는 사람이라면 문의해 보자. 바르셀로네타Barceloneta와 노바 이카리아Nova Icària해변 가운데 위치하고, 노바 이카리아에서 더 내려가면 수많은 해변들이 펼쳐진다.

5개의 플로어, 5배의 즐거움
라즈마타즈 Razzmatazz

5개의 각기 다른 콘셉트의 클럽이 동시에 운영된다. 미로처럼 넓고 복잡한 '클럽 속의 클럽'이라 할 수 있겠다. 각각의 룸에서 진행되는 이벤트를 살펴보고 옮겨 다닐 수 있어, 비싼 입장료가 아깝지 않다. 팝, 힙합, 알앤비, 테크노, 하우스, 일렉트릭, 레이브, 힙합, 트랩, 애시드, 다크 디스코 등 다채로운 장르의 음악이 울려 퍼진다. 5개의 플로어를 오가는 사람들은 술 한 잔 마시지 않고도 두어 번은 길을 잃게 된다. 최첨단 사운드 시스템 클럽으로, 유명 DJ들도 자주 찾아 오랫동안 바르셀로나 최고 클럽으로 자리를 지켜 왔다. 아틱 멍키즈Arctic Monkeys, 바나라마Banarama 등의 유명 밴드들이 종종 찾는다. 유명 밴드나 가수의 공연이나 큰 파티가 있을 때에는 온라인 예매가 필수!

Data 지도 ● 휴대지도-14, P.338-A **가는 법** 메트로 1번 라인 타고 Marina역 하차
주소 Carrer Almogàvers 122, 08018 **전화** 933-208-200
운영 공연 스케줄에 따라 다름 (홈페이지 참조) **홈페이지** www.salarazzmatazz.com
요금 공연마다 다름

BUY

220여 개의 상점이 있는 백화점
웨스트필드 글로리스 Westfield Glòries

글로리스 광장에 위치해 못 찾을 염려는 없다. H&M, 망고 등 여느 백화점에서 찾아볼 수 있는 브랜드 상점들과 카르푸Carrefour 슈퍼마켓이 입점해 있으며, 디즈니 스토어Disney Store, 영화관도 글로리스에 있다. 글로리스는 가족 단위로 찾기 좋은 쇼핑몰이다. 무료 유모차 대여 서비스와 아이들이 놀 수 있는 공기 주입식 대형 성과 트램펄린 등을 갖추고 있다.

Data 지도 ● 휴대지도-14, P.338-A 가는 법 메트로 1번 라인 타고 Glòries역 하차, 도보 7분
주소 Avenida Diagonal, 208, 08018 전화 934-860-404 운영 월~토 09:00~22:00, 일 12:00~20:00
홈페이지 www.westfield.com/spain/glories

채광 좋은 한적한 백화점
디아고날 마르 Diagonal Mar

무려 80,000㎡의 거대한 쇼핑몰로 200여 개의 상점이 입점해 있다. 한적한 동네 산 마르티에 자리해 여유롭게 쇼핑을 즐길 수 있다. 비즈니스 구역 포룸Forum에 있어 쇼핑뿐만 아니라 영화 관람, 식사 등 다양한 서비스를 제공한다.
맑은 날에는 햇빛이 실내로 가득 들어와 따스한 햇빛을 즐기며 쇼핑할 수 있다. 가운데가 뻥 뚫린 높은 유리 천장이 돋보이는 이 공간에는 스페인 로컬 브랜드와 전 세계에서 온 다양한 상품들이 있다.

Data 지도 ● 휴대지도-15, P.338-F 가는 법 메트로 4번 라인 타고
Maresme/Fòrum역 하차 주소 Avinguda Diagonal, 3, 08019
전화 935-677-641 운영 화~토 09:00~21:00, 일~월 12:00~20:00
(영업하는 공휴일은 홈페이지에서 확인)
홈페이지 www.diagonalmarcentre.es

EAT

 미니 우산을 꽂아서 마시는 달콤한 칵테일

밤부 비치 바 Bambú Beach bar

바르셀로나에만 4개의 바를 운영 중인 판테아Pantea 그룹의 레반테 해변 바. 오로지 바만 운영하는 사람들이 만든 곳이니, 서비스며 음식 등 노하우가 대단하다. 지중해 바닷가에 위치한 바나 레스토랑을 부르는 특별한 이름, 스페인어 치링기토Chiringuito를 가장 잘 정의하는 곳, 해먹과 라이브 음악이 있는 밤부. 해변가 바로는 드물게 일찍 문을 열어 아침 식사가 가능해 부지런한 손님들이 좋아한다. 날씨가 궂어도 꼭 오픈한다고 한다.

Data 지도 휴대지도-20, P.338-E
가는 법 메트로 4번 라인 타고 Selva de Mar역 하차, 도보 5분
주소 Platja Llevant, Av. del Litoral, s/n, 08019 **전화** 644-013-962 **운영** 일~목 10:00~19:00, 금·토 10:00~20:00 **홈페이지** www.somosdeplaya.com/ **요금** 선 베드 10유로, 칵테일 9.50유로부터

특별 레시피로 요리하는 파에야가 일품

치링기토 에스크리바 Xiringuito Escribà

에스크리바Escribà 가족이 운영하는 보가텔 해변가의 맛있는 해산물 레스토랑. 전설적인 셰프 아베얀Carles Abellán과 바르셀로네타에 2호점까지 낸 소문난 맛집이다. 쌀요리가 주 종목으로, 직접 개발한 레시피로 요리하는 에스크리바 파에야가 일등 메뉴이다. 친절한 서비스와 홈메이드 케이크가 이 집의 인기 비결.

Data 지도 ● 휴대지도-19, P.338-E
가는 법 메트로 4번 라인 타고 Ciutadella/Vila Olímpica역 하차, 도보 8분 **주소** Avinguda del Litoral, 62, 08005 **전화** 932-210-729 **운영** 12:00~22:30 **홈페이지** restaurantsescriba.com/xiringuitoescriba
요금 에스크리바 파에야 21유로, 치링기토 포테이토스 9.50유로, 크로케트 3유로

여행 준비 컨설팅

이제 바르셀로나에 가면 구엘 공원은 몇 번째 날 놀러 갈지, 어떤 플라멩코 공연을 관람할지, 또 어떤 타파스 메뉴를 주문할지 대략 알 수 있을 것이다. 바르셀로나의 매력에 완전히 빠져들었다면 떠나고 싶은 마음은 한층 더 커졌을 터. 이제 무엇을 준비해야 하는지 알아보자. 막막하고 두렵더라도 하나씩 차근차근 해결해 나가면 어렵지 않다. 여행의 준비 과정은 오히려 기대되고 가장 설레는 시간. D-day를 향해 한 단계씩 클리어하며 카운트다운을 시작하자.

바르셀로나 기본 정보와 기억해야 할 것

NO.1

이건 알아두자!

언어 공용어로 스페인어, 카탈루냐어 사용
기후 강수량이 적고 연중 온난한 지중해성 기후
인구 1,656,725 (2024년 기준)
면적 101.9km²

시차 UTC+1, 서머타임 UTC+2, 한국보다 - 8시간
지역 번호 93(국가 번호: +34)
전압 220V, 어댑터 없이 사용 가능

NO.2

주바르셀로나 대한민국 총영사관

여권 분실 및 사고 등 여행 중 문제가 발생했을 경우 영사관에서 도움받을 수 있다.

주바르셀로나 대한민국 총영사관

주소 Passeig de Gracia 103, 3층, 08008 전화 934-873-153 홈페이지 overseas.mofa.go.kr/es-barcelona-ko/index.do

NO.3

길고 긴 바르셀로나의 밤

바르셀로나는 밤이 길다. 새벽까지 놀고 해 뜰 무렵 집에 갔다가 씻고 바로 나오는 것 같이 언제나 에너지 100% 충전된 카탈루냐 사람들은 당신이 밤 10시가 되었다며 들어갈 준비를 하면 '이제 저녁 먹으려 가려는데 어디 가?'라며 의아해 할 것이다. 느지막이 하루를 시작해 밤이 더 재미있는 이 도시를 즐겨보자.

NO.4

파리, 이탈리아와는 전혀 다른 소매치기 수법!

바르셀로나는 스페인에서 한국인 여행객 사고가 가장 많은 도시다. 오물을 뿌려 주의를 분산시키거나, 여성과 어린아이로 구성된 조직이 자선 단체 기부금을 요구하는 척하면서 소지품을 강탈한다는 이야기는 많이 들어보았을 것이다. 하지만 바르셀로나에서는 이런 소매치기들보다는 특별히 여행자의 주의를 돌리지 않고 솜씨 좋게 가방에서, 주머니에서 지갑이나 휴대폰을 가져가는 고수들이 기다리고 있다는 점을 알아두어야 한다. 특별히 유의할 지역으로는 공항, 산츠역 주변, 고딕 지구, 몬주익 언덕, 람블라스 거리와 같이 사람들이 많은 곳이다. 더 철저하게 가방을 잠그고, 한눈팔지 않고 다니도록 한다.

바르셀로나 여행 체크 리스트

**여행 떠나기 전 가장 먼저 챙겨야 할 1단계는 여권과 비자!
여행지에서 운전을 하려면 국제 운전면허증이 필요하다.**

1. 여권

여권은 여행자의 국적이나 신분을 증명하기 위해 꼭 필요하다. 여권이 없다면 반드시 만들어야 하고, 유효기간이 6개월 미만이라면 재발급을 받는 것이 좋다. 여권 신청은 가까운 구청이나 시청, 도청에서 발급받으면 된다. 여권 발급 접수 기관을 알아보려면 외교부 여권 안내 홈페이지(passport.go.kr)에서 찾아보자. 여권 신청 후 평균 7~10일 정도 걸리니 미리 발급받아 두는 것이 좋다.

또한 기존에 전자여권을 한 번이라도 발급받은 적이 있다면 온라인으로도 재발급 신청을 할 수 있다. 정부24(gov.kr)에서 온라인 여권 재발급 신청을 하면 되고, 여권을 찾을 때는 수령 희망한 기관에 신분증과 기존 여권을 지참하고 직접 방문해 찾으면 된다.

여권 신청 준비물

- 여권발급신청서(여권 신청 기관 내 비치)
- 신분증
- 여권 사진 1매(6개월 이내 촬영)
- 병역 관계 서류(18세 이상 37세 이하 남자인 경우)
- 여권 발급 수수료

2. 비자

비자는 국가가 외국인에게 입국·체류를 허가하는 증명서로, 비자 입국이 필요한 나라는 여권과 함께 꼭 비자를 발급받아야 한다. 스페인의 경우 셍겐협약 가입국으로, 마지막 출국일을 기준으로 이전 180일 이내 90일간 무비자 여행이 가능하다. 체류 기간이 초과되면 향후 셍겐국가 입국 시 불이익을 받을 수 있다.

셍겐협약 가입국 여행 시 별도의 출입국 심사가 없기 때문에 체류사실이 여권 상에 표기되지 않는다. 따라서 체류사실 증명자료로 체류허가서나 교통, 숙박, 신용카드 영수증 등 관련 서류를 여행 끝날 때까지 보관하고, 여행 중이거나 출국 시에도 지참하자. 무비자 국가라 하더라도 체류 인정 기간이 나라마다 다르므로 장기간 여행을 하게 된다면 미리 체류 기간을 확인하자.

3. 운전면허증

여행지에서 오토바이나 자동차 등 운전을 할 계획이라면 운전면허증을 챙겨야 한다. 해외에서 운전 시 국제 운전면허증, 국내 운전면허증, 여권을 모두 지참해야만 한다.

국제 운전면허증은 전국 운전면허 시험장이나 경찰서, 인천·김해공항 국제 운전면허 발급 센터, 도로교통공단과 협약 중인 지방자치단체에서 발급받을 수 있다. 온라인 발급은 '도로교통공단 안전운전 통합민원' 홈페이지(safedriving.or.kr)를 통해 신청하고 등기로 면허증을 받으면 된다. 온라인으로 신청할 경우 면허증을 받기까지 최대 2주 정도의 기간이 소요되므로 미리 신청하자. 국제 운전면허증의 영문 이름과 서명은 여권의 영문 이름, 서명과 같아야만 효력을 인정받을 수 있다. 유효기간은 1년이다.

국제 운전면허증 신청 준비물

- 여권사진 1매(6개월 이내 촬영, 사진 촬영 별도 없이 신청 데스크에서 사진 촬영 진행)
- 운전면허증(혹은 신분증)
- 수수료(온라인의 경우 등기료 포함)

영문 운전면허증이 인정되는 국가에서는 국제 운전면허증이 없더라도 해외에서 운전이 가능하다. 다만 영문 운전면허증을 인정해 주는 국가가 의외로 적다. 미국, 캐나다는 인정하지 않는다. 따라서 여행하려는 국가에서 영문 운전면허증 인정 여부부터 확인하자. 영문 운전면허증은 해외에서는 신분증을 대신할 수 없기 때문에 꼭 여권을 함께 소지해야 한다. 영문 운전면허증 발급은 신규 취득 시나 재발급, 적성검사, 갱신 시에 전국 운전면허 시험장에서 할 수 있으며, 면허를 재발급하거나 갱신하는 경우에는 전국 경찰서 민원실에서도 신청할 수 있다. 자세한 사항은 도로교통공단 안전운전 통합민원 사이트(safedriving.or.kr)에서 모두 확인할 수 있다. 유효기간은 10년이다.

스페인은 국제 운전면허증을 발급받아야 운전이 가능하다. 바르셀로나 여행 시 운전을 할 계획이라면 여권과 국제 운전면허증, 국내 운전면허증이 모두 있어야 한다. 하나라도 빠지면 렌터카를 빌릴 수 없거나 무면허로 간주되니 꼭 기억하자.

영문 운전면허증 신청 준비물

- 신분증 ▪ 사진 1매 ▪ 발급 수수료

4. 항공권 구매

여행은 항공권 예약을 하면서부터 시작된다. 항공권은 각 항공사 공식 홈페이지나 여행사, 온라인 여행 플랫폼에서 구매할 수 있다. 네이버나 구글 항공권 검색 사이트와 온라인 여행 플랫폼 가격 비교 사이트를 이용하면 다양한 항공사의 항공권 가격을 한눈에 비교해 볼 수 있다. 대표적인 사이트를 소개한다.

① 항공권 구매 사이트

- **네이버 항공권** flight.naver.com

여러 항공사의 항공권 정보를 실시간으로 조회해 가장 저렴한 항공권부터 검색해 준다. 구매는 항공권 판매 사이트에서 이루어진다.

♥**구글 플라이트** google.com/travel/flights
다양하고 유용한 검색 필터로 편리하게 옵션을 검색할 수 있고, 가격 변동을 그래프로 나타내 준다. 가격 변동 알람 설정을 하면 메일로 정보를 받아볼 수 있다.

♥**트립닷컴** trip.com
프로모션이나 회원 전용 리워드가 좋다. '가격 알리미 설정'을 해두면 자신이 원하는 가격의 항공권이 나왔을 때 메일로 알려준다.

♥**스카이스캐너** skyscanner.co.kr
날짜별로 최저가 항공권을 검색하기 쉽고, 가격을 3단계로 표시해 준다. 여행지를 정하지 않았다면 '어디든지' 검색을 이용해 보자.

♥**트립어드바이저** tripadvisor.co.kr
항공권 검색 시 '가성비 최고' 옵션으로 검색하면 편리하다.

♥**아고다** agoda.com
구글로 접속하거나 개인 메일로 특가 할인 안내 링크를 통해 접속하면 저렴한 항공권을 구매할 수 있다.

② 항공권 구매 노하우

항공권 가격은 천차만별이기 때문에 먼저 가격 비교 사이트에서 항공권을 검색해 대략적인 가격을 알아본 다음, 항공사 공식 홈페이지 가격과 비교해 보는 게 좋다. 가격이 비슷하다면 항공사 공식 홈이 서비스 면에서 훨씬 편리하고, 예약 취소나 변경에 대응하기 좋다. 항공사의 마일리지 이용이나 할인 등 이벤트를 이용하면 더 저렴하게 구입할 수 있다.

여행사나 온라인 여행 플랫폼에서 항공권을 구매할 경우 수수료를 조심해야 한다. 예약을 대행해 주기 때문에 예약 수수료가 있고 일정이 바뀌어 취소나 예약 변경을 해야 할 경우에도 취소 수수료를 별도로 내야 한다. 또한 마일리지 적립이나 수하물 추가 비용, 유류비 등이 포함된 가격인지 여부를 확인하자. 문제가 발생했을 때 항공사 공식 홈에서 구입한 항공권은 항공사에서 직접 대응 방안을 모색해 주지만, 대행 사이트에서 항공권을 구매했을 경우 해당 사이트 고객센터로 문의를 해야 한다는 사실도 감안하자.

얼리버드 항공권

항공권 중 가장 저렴한 것은 일찍 구매하는 항공권이다. 항공사들마다 매년 얼리버드 특가 이벤트를 진행한다. 주로 매년 1~2월, 6~8월 사이에 진행하니 메모해 두자.

공동구매 항공권

여행사들이 패키지로 미리 항공사와 계약한 항공권인데 다 채우지 못해 남은 티켓들을 판매하는 경우가 있다. 공동구매 항공권을 구입할 수 있는 여행사는 하나투어, 모두투어, 여행이지 등이다. 각 여행사 홈페이지에서 공동구매 항공권을 찾아 구입하면 저렴한 가격에 항공권을 구입할 수 있다.

직항이 아닌 경유지 환승의 경우 항공권 예약 시 주의할 점

① 수하물 처리
수하물은 경유 편으로 항공권을 발권해도 대부분 도착지에서 찾게 된다. 하지만 경유지 체류 시간이 아주 길어서 경유지에서 짐을 찾아야 할 경우 체크인하면서 수하물을 부칠 때 관련 사항을 직원에게 물어보고 어떻게 할지 결정하면 된다.

이스탄불이나 다른 곳을 경유해 바르셀로나로 입국할 경우 경유 편 발권을 하면 수하물은 최종 목적지 기준으로 보내지므로 환승 공항에서 따로 찾지 않아도 된다. 하지만, 출발 전 수하물 관련 사항을 항공사에 반드시 체크해 두자.

② 환승 시간은 여유 있게 잡자
경유해서 항공권을 예약할 때는 환승 시간이 최소 2시간 이상 여유가 있는 티켓으로 구매해야 한다. 해외에서는 공항 사정 등 여러 변수가 생길 수 있으므로 여유롭게 환승 시간을 남겨두는 것이 좋다. 특히 유럽의 경우 경유지에서 입국심사를 받게 되기 때문에 승객이 많을 때는 시간을 지체하다 비행기를 놓칠 수 있다. 환승 시간이 짧은 경우 사전에 환승 가능 여부를 항공사나 여행사에 문의해 보고 구매하자.

5. 숙소 예약

여행에서 숙소는 여행의 성패를 좌우하기 때문에 매우 중요하다. 편안하고 즐거운 여행을 위한 숙소 예약 방법을 알아보자.

① 숙소 예약 사이트

▼ **아고다 agoda.com**
전 세계 호텔과 리조트 정보가 모두 있어 선택할 수 있는 옵션이 많다. 등급이 높을수록 혜택이 많고, 저렴한 프로모션이 많다.

▼ **부킹닷컴 Booking.com**
전 세계 폭넓은 호텔 네트워크를 보유하고 있어 다른 사이트보다 많은 숙소를 찾아볼 수 있다. 무료 취소와 현장 결제가 가능하다.

▼ **트리바고 trivago.co.kr**
간단하고 직관적인 검색시스템으로 다양한 사이트의 숙소 가격을 한눈에 볼 수 있어 최저가를 빠르게 확인할 수 있다. 수수료도 낮은 편.

▼ **에어비앤비 Airbnb.co.kr**
호스트가 사이트에 등록해 놓은 로컬 숙소를 여행자가 예약하는 사이트. 개성 있는 다양한 현지 숙소를 알아볼 수 있다.

▼ **트립닷컴 Trip.com**
다양한 프로모션과 리워드가 있고, 액티비티 티켓이나 공항 픽업 등 교통편도 있어 편리하다.

▼ **호텔스닷컴 hotels.com**
다양한 숙박 옵션, 일일 특가와 최저가 보장 등으로 저렴한 숙소 예약이 가능하다. 특히

여행자들의 리얼 리뷰와 평가를 공개한다.

♥ **호텔스컴바인** hotelscombined.co.kr
여러 사이트를 일일이 비교하는 번거로움 없이 한 번에 가격 비교가 가능하다.

♥ **트립어드바이저** tripadvisor.co.kr
전 세계 호텔의 리뷰와 평점을 제공해 호텔 상태를 미리 파악할 수 있다.

② 숙소 예약 시 팁과 주의 사항

숙소 예약 시 숙소 가격을 한눈에 비교해 볼 수 있는 사이트를 찾아 최저가 검색을 먼저 해보자. 이때 2~3개 사이트를 비교해 보는 것이 좋다. 무료 취소가 가능하다면 먼저 예약을 해두는 것도 좋은 방법이다. 검색 사이트에 여행자들의 리뷰도 숙소 선택에 도움이 되니 잘 살펴보고 선택하자.

숙소 예약 시 주의 사항

① 결제통화 설정(달러나 현지 통화로 결제)

해외 숙소를 예약할 경우 달러나 원화를 선택해 결제할 수 있다. 원화로 결제할 경우 환전 수수료가 올라가거나 이중 수수료가 발생할 수 있으니 달러로 결제하는 것을 추천.

② 각종 부가 금액 확인

눈에 보이는 금액이 최종 금액이 아닐 수 있다. 해외 숙소의 경우 세금이 추가될 수도 있으며, 기타 리조트 Fee 등이 추가될 수 있기 때문에 예약하는 금액이 최종인지 아닌지 미리 확인한 후 예약해야 한다.

③ 환불 정책, 체크인 시간 확인

무료 취소가 가능한지, 무료 취소가 언제까지 가능한지, 체크인 시간은 언제인지 반드시 확인하고 예약을 진행해야 한다. 여행 일정이 바뀌어 취소를 하는 경우가 생길 수도 있고, 체크인이 늦어질 경우 예약한 옵션의 방을 받지 못하는 경우도 있기 때문. 체크인이 늦어질 경우 호텔에 미리 알리는 것도 방법.

④ 할인 코드 및 이벤트 확인

대부분의 호텔 예약 사이트는 할인 코드를 제공하고 있으니 검색 후 코드를 활용하면 더 저렴하게 예약할 수 있다. 호텔 예약 사이트의 할인 코드를 꼭 검색해 보고 예약하자.

⑤ 숙소 사이트 회원가입이나 멤버십 가입

브랜드 호텔을 이용할 경우 각 호텔 사이트를 통해 예약하는 것을 추천한다. 호텔 멤버십을 가입하면 가입비는 무료이고 등급이 높을수록 무료 조식이나 객실 업그레이드, 이용 횟수와 결제 금액에 따른 리워드 프로그램 등 더 많은 혜택을 받을 수 있으니 챙겨보자.

6. 여행 경비-환전과 현지 결제

여행에서 사용할 경비는 환전을 하거나 카드를 준비해야 한다. 환전과 결제의 스마트한 대안이 요즘 핫한 트래블 카드다. 게다가 해외에서 결제 가능한 곳이 많아진 페이도 있다. 여행 경비를 어떤 방법으로 사용할 것인지 잘 계획해서 안전하고 스마트한 여행을 준비해 보자.

현금 환전

스페인 여행 시 여행 경비로 현금을 사용하려면 여행을 떠나기 전 은행에 직접 가서 유로(EUR)로 환전해야 한다. 은행마다 우대 환전 수수료가 다르니 확인해 보고 가면 수수료를 절약할 수 있고, 모바일 앱을 통해서는 90%까지 우대받을 수 있다. 바르셀로나는 카드 사용이 가능하기 때문에 현금은 소액으로 환전해 가고, 트래블 카드로 현지에서 환전해서 쓰는 방법을 추천한다. 수수료도 절약할 수 있고, 실시간 환율로 환전이 가능하다.

현지 결제-트래블 카드

해외여행 시 결제를 위해서는 현금과 카드가 필요하다. 대부분 비자나 마스터 기반 신용카드나 체크카드를 준비해 가는데, 요즘은 환전과 결제가 모두 가능한 트래블 카드가 인기다. 트래블 카드는 은행 계좌를 앱과 연결해 앱에서 환전과 결제를 할 수 있는데, 심지어 환전 수수료도 무료이거나 저렴하고, 실시간 환율로 24시간 환전이 가능하다. 결제는 실물 카드와 모바일 카드 모두 가능한데, 실물 카드는 앱에서 카드 신청을 할 수 있으니 여행 전에 미리 만들어두면 된다. 현금이 필요할 경우 현지 ATM에서 인출해서 사용하면 되고, 인출 수수료도 무료(현지 ATM 사용 수수료는 제외)다. 바르셀로나에서도 Visa나 Master 기반 ATM기에서는 사용 수수료가 무료인 곳이 있으니 트래블 카드 홈페이지를 확인하거나 관련 정보를 찾아보자. 가능하면 은행 ATM기를 사용하는 것이 좋다.

또한 트래블 카드는 다양한 외화를 충전할 수 있고, 결제 활성화 기능도 있어 실물 카드를 잃어버려도 앱으로 직접 조정할 수 있다. 교통카드 결제 기능도 있는데, 바르셀로나에서는 버스에서 사용 가능하다.

① 트래블 페이 카드

트래블 월렛 앱을 통해 충전한 외화를 해외 현지에서 사용하는 방식으로, 현지 통화를 직접 환전하고 결제할 수 있다. Visa 카드 기반. 모든 은행 계좌 연결이 가능하다. 바르셀로나에서 사용하는 유로는 무료 환전이 가능하니 필요한 만큼 그때그때 충전해서 사용할 수 있어 편리하다.

② 트래블 로그 카드

하나머니 앱으로 충전하고 직접 환전해서 쓴다. 트래블 로그 체크카드도 모든 은행 계좌 연결이 가능하다. Master 카드 기반. 수수료 면제 금액을 확인할 수 있어 얼마나 아꼈는지 쉽게 확인할 수 있다. 트래블 로그 카드는 카드 디자인이나 체크카드와 신용카드 중 선택할 수 있다. 달러(USD), 유로(EUR), 엔화(JPY), 파운드(GBP)는 상시 무료 환전이며, 이벤트를 통해 다양한 통화의 환율 우대 서비스를 제공하고 있다. 환전하기 전에 이벤트를 꼭 확인하자.

트래블 카드 사용 시 주의 사항

♥트래블 카드는 충전 한도나 결제 한도, ATM 인출 한도가 각각 다르니 꼭 확인해야 한다.
♥해외 ATM에서 현금을 인출할 경우 일반적으로 비자, 마스터 무료 인출이 가능한 ATM이나 은행을 이용하자. 사설 ATM은 기기 사용 수수료가 포함되니 가급적 피하는 것이 좋다.

해외 원화 결제 차단 서비스를 사용하자

해외에서 사용할 신용카드나 체크카드를 신청할 경우 카드사로부터 해외 원화 결제(DCC) 차단서비스 이용 여부를 꼭 챙겨야 한다. 해외 원화 결제(DCC) 차단 서비스는 해외 가맹점에서 현지통화가 아닌 원화로 결제되는 경우 카드 사용 승인이 거절되는 서비스로 사용자가 해외에서 카드 이용 시 원치 않는 해외 원화 결제(DCC) 수수료를 부담하지 않도록 한 것이다.

7. 여행 안전

해외여행 중에는 여러 가지 문제나 사건 사고가 발생할 수 있다. 이럴 때 당황하지 않도록 미리 대비해 두어야 할 것들을 살펴보자.

① 여행자보험 가입

여행자보험은 여행 중에 발생할 수 있는 여러 위험 요소들을 보장해 주는 보험이다. 여행 중 아프거나 도난 사고가 발생하는 등 예기치 못한 문제가 생겼을 때 여행자보험이 도움이 될 수 있기 때문에 중요하다. 여행은 안전하게 다녀오는 것이 가장 좋지만, 만일의 상황을 대비해 여행자보험은 망설이지 말고 꼭 가입하는 것을 추천한다. 가능하면 최대한 보장받을 수 있는 상품으로 가입하자.

② 비상 연락망 정리

여행 중 긴급 상황이 발생할 경우를 대비해 비상 연락망을 준비해 두는 것이 좋다. 현지에서 도움을 받을 수 있는 영사 콜센터나 대사관 등 관련 기관의 주소와 연락처를 미리 메모해 둔다. 그리고 현지에서 국내로 쉽게 연락이 가능한 가족이나 지인들의 전화번호를 잘 챙기고, 여행 사실을 미리 알려두도록 하자.

③ 클라우드 활용하기

여행 중 여권과 같이 꼭 필요하고 분실하면 안 되는 것들은 클라우드에 저장해 두고 활용해 보자. 여권 사진이나 여권 사본, 신분증, 비자 등을 클라우드에 따로 저장해 두면 안전하게 보관하고, 안정적으로 백업도 되기 때문에 필요할 때 언제든 사용할 수 있다.

④ 휴대 물품 및 캐리어 관리

해외여행 시 고가의 물품(귀중품이나 고가의 카메라 등)을 가지고 출국했다가 입국 시 다시 가지고 입국하려면 휴대 물품 반출신고를 해야 한다. 휴대 물품을 가지고 출국할 때 여행자는 인터넷으로 세관에 사전신고(unipass.customs.go.kr)하거나 공항 세관에 신고하여 '휴대 물품 반출신고서'를 발급받고, 입국 시에 세관에 자진 신고해야 관세를 면제받아 통관할 수 있다.

여행 시 필요한 짐이 들어있는 캐리어는 파손이나 도난의 우려가 많다. 도난 방지를 위해 캐리어용 열쇠를 따로 준비하거나 파손을 대비해 캐리어 벨트나 커버를 이용해 보자. 만약 수하물로 부친 캐리어가 파손되었을 경우에는 보상을 받을 수 있다. 여행자보험을 들었다면 여행자보험에서 보상받을 수 있고, 보험을 들지 않았다면 항공사에서도 보상받을 수 있다. 이때 항공사 규정은 조금씩 다르니 수하물 규정을 확인해 두자. 혹 배상 한도를 초과하는 수하물을 위탁하는 경우에는 수하물 위탁 시 가격을 신고하면 신고한 한도 내에서 배상을 받을 수 있다. 수하물에 이상이 생기면 도착 공항 수하물 벨트에서 확인한 후 직원에게 바로 접수하는 것이 좋다.

⑤ 비상금

여행을 하다 보면 분실이나 도난의 위험은 언제나 있기 마련이다. 만약 소매치기의 위험이 높은 나라를 여행한다면 특히 조심해야 한다. 비상용으로 사용할 돈과 신용카드 하나 정도는 숙소 캐리어에 넣어두고, 여행 시 현금은 2~3군데 나누어 보관하자. 소매치기 위험이 높은 곳이라면 따로 작은 지갑에 현금을 조금씩 꺼내 사용하고, 지갑은 속주머니나 눈에 잘 띄지 않는 곳에 보관하는 것이 좋다. 사용하는 배낭이나 가방에 작은 열쇠를 사용하는 것도 추천한다. 바르셀로나는 소매치기가 빈번히 발생하는 도시이므로 한꺼번에 많은 돈을 가지고 다니지 말아야 한다. 안전을 위해 필요한 만큼만 소액을 들고 다니고, 외부 일정이 있을 시 가능하면 여러 군데로 나누어 현금을 보관할 것을 추천한다.

❻ 분실 사고 대처법

해외여행 중 가장 자주 발생하는 문제는 분실사고다. 여권이나 항공권, 휴대폰이나 개인 물품 등을 잃어버리거나 도난당하는 일이 일어날 수 있다. 이런 일이 발생하면 현지에서 당황하지 않도록 미리 대처 방법을 알아두도록 하자.

TIP ❶ 여권 분실

여권을 분실했다면 즉시 가까운 현지 경찰서를 찾아가 상황 설명을 하고 여권 분실 증명서를 발급받아야 한다. 미리 챙겨간 신분증(주민등록증, 여권 사본 등)과 경찰서에서 발행한 여권 분실증명서, 여권용 사진, 수수료 등을 지참해 현지 재외공관을 방문해 필요한 여행증명서나 긴급 여권을 발급받도록 하자.

❷ 수하물 분실

수하물을 분실한 경우에는 화물인수증(Clam Tag)을 해당 항공사 카운터에 보여주고, 분실 신고서를 작성하면 된다. 공항에서 짐을 찾을 수 없을 경우 항공사에서 배상한다.

❸ 여행 중 물품 분실

현지에서 여행 중 물건을 분실했을 경우 현지 경찰서에 가서 신고하면 된다. 여행자보험에 가입했다면 현지 경찰서에서 도난 신고서를 발급받은 후 귀국 후에 해당 보험사에 청구하면 보상받을 수 있다.

❹ 지갑 분실이나 도난으로 현금이나 카드가 없을 경우

가까운 우리나라 대사관이나 영사관을 찾아가 그곳에서 신속 해외송금을 신청하면 된다. 서류를 작성해 제출하면 외교부 지정 계좌로 송금해 필요한 현금을 수령할 수 있다.

여행 실전 준비

여행 전에 할 일

여행은 공항에서부터 시작되는 것이 아니라 여행을 준비하는 그날부터 시작된다. 누구나 처음에는 다 막막하다. 그러나 걱정 대신 열정으로 하나하나 날짜에 맞춰 여행 준비를 시작해 보자. 열심히 준비한 만큼 여행은 알차진다.

여행 90일 전
여행 일정을 계획하고 항공권을 확보하자

여행지와 여행의 형태를 결정하자. 먼저 여행지를 선정하고, 자신의 스타일에 맞게 자유여행을 할 것인지 패키지여행을 할 것인지 결정한다. 출발일과 여행 기간이 정해지면 대략적인 일정을 잡자. 항공권은 최소 두세 달 전에는 구매하는 것을 추천한다. 여러 항공사 홈페이지와 항공권 가격 비교 사이트를 체크하고, 프로모션 이벤트 등을 주시하면서 늦어도 여행 출발 3개월 전에는 항공권을 확보하자.

여행 80일 전
여행 예산을 짜자

여행 예산을 짤 때는 항공권, 숙박비, 식비, 교통비, 입장료, 투어 비용, 비상금 등을 고려해야 한다. 예산을 절약할 수 있는 다양한 방법들을 잘 살펴 알찬 여행을 완성해 보자.

여행 60일 전
여권과 비자를 확인하자

여행을 떠나기 전 여권 확인은 필수다. 여권 유효 기간이 6개월 미만이라면 꼭 재발급을 받도록 하자. 또한 무비자 여행국인지, 비자가 필요한지, 전자 여행 허가제가 필요한 나라인지 꼭 미리 확인해서 준비해야 한다.

여행 50일 전
여행 정보를 수집하자

여행지의 역사와 문화, 풍습 등 다양한 정보들이 있으니 살펴보자. 홀리데이 가이드북을 정독하고 관광청 홈페이지와 유튜브 등을 통해 자세한 정보를 알아두자. 카페나 블로그, 구글 검색도 이용해 볼 수 있다. 알고 가면 여행의 수준이 달라질 것이다.

여행 40일 전
숙소와 투어를 예약하자

숙소는 일정에 따라 교통이 편리한 곳에 정하고 예약하자. 도보로 이동이 가능하거나 역 주변이면 이동이 편하다. 또 투어나 액티비티, 공연 관람 등을 계획하고 있다면 미리 알아보고 예약해 두는 것이 좋다. 온라인 예약이 꼭 필요하거나 할인 패스 등이 있다면 정보를 알아보고 준비해 두자.

여행 30일 전
여행자보험에 가입하자

여행자보험을 가입하자. 인터넷이나 여행사, 출발 전 공항에서 가입할 수 있다. 공항에서 가입하는 보험이 가장 비싸니 미리 가입해 두는 것이 좋다. 보험증서, 비상 연락처, 제휴 병원 등 증빙 서류는 여행 가방 안에 꼭 챙겨두자. 여행 시 문제가 생겼다면 보험 회사로 연락해 귀국 후 보상금 신청을 하면 된다. 미리 보상 절차를 알아두자.

여행 20일 전
각종 증명서를 발급받자

여권을 잃어버렸을 때를 대비해 여권 사본과 여권 사진 두 장, 현지에서 운전할 계획이라면 국제 운전면허증을 미리 발급받아 두어야 한다. 국내 운전면허증도 함께 챙겨두자. 학생인 경우 국제 학생증을 발급받아 각종 학생 할인과 무료입장의 혜택을 받도록 하자.

여행 15일 전
환전과 결제 준비를 하자

현지에서 사용할 현금은 미리 현지 화폐로 환전을 해서 준비해 두자. 요즘 핫한 트래블 카드로 환전해 사용할 예정이라면 미리 트래블 카드도 발급받고, 관련 앱도 설치해 두는 것이 좋다. 여행지에서 사용 가능한 페이가 있다면 미리 카드등록을 해두자. 해외에서 결제 가능한 신용카드도 챙겨두면 유용하다.

여행 7일 전
여행 짐을 꾸리자

아무리 완벽하게 짐을 꾸려도 현지에 도착한 후 생각나는 경우가 많다. 미리 체크리스트를 작성해 두고 참고해서 짐을 꾸리면 깜빡 잊어버리는 일을 줄일 수 있다. 여행에 꼭 필요한 각종 서류들도 다시 한 번 체크해 두자. 여권, 항공권, 숙소 예약 티켓, 각종 증명서나 사본, 교통편 확인 체크, 로밍이나 현지 데이터 사용 방법을 확정해서 준비해 두자.

여행 당일
출국과 여행지 입국하기

출국을 하려면 최소 출발 2시간 전에는 공항에 도착해야 한다. 면세품을 인도받아야 한다면 넉넉히 3시간 전에 도착하는 것이 좋다. 출국 24시간 전부터 온라인 체크인이 가능할 경우 원하는 좌석 선택과 항공권 출력을 해두자. 출발 시 꼭 여권을 챙기자.

여행 스케줄표 만들기

여행지에서 할 일과 이동 시 교통편, 숙소나 항공, 여행비 등을 함께 일목요연하게 정리해 두면 여행 시 필요한 내용을 한눈에 볼 수 있고, 체크할 수 있어서 좋다. 여행 일정을 체크하면서 여행 스케줄표를 미리 만들어 보자. 여행 스케줄표는 각자 여행의 목적이나 인원 등에 따라 항목을 만들면 된다. 엑셀 파일로 정리하거나 여행 일정 앱을 사용하면 훨씬 편리하고 효율적으로 활용할 수 있고 공유도 할 수 있다.

여행 스케줄표 작성 Tip

♥ 항목은 각자 편리한 대로 만들면 되는데, 교통비나 숙박비 등 여행 시 사용할 비용도 함께 만들어두면 금액이 한눈에 들어와 예산을 파악하는 데도 도움이 된다.

♥ 엑셀 항목은 날짜/ 나라(도시)/ 일정(할 일)/ 교통편/ 교통비/ 숙박/ 숙박비/ 입장료/ 기타 등으로 나누어 스케줄표를 짜 보자. 여행 일정이 한눈에 들어와 편리하다.

♥ 엑셀로 정리한 여행 스케줄표는 현지에서 매일 일정별로 한 장씩 들고 다닐 수 있도록 프린트해 가면 편리하다. 하루 일정표를 작성할 때 이동 교통편을 자세히 정리해 두면 도움이 된다.

여행 준비 체크리스트

☐ 여권 및 여권 사본, 여권 사진
☐ 국제 운전면허증, 국내 운전면허증
☐ 신분증, (필요한 경우) 국제 학생증
☐ 항공권 e-티켓 인쇄
☐ 숙소 바우처 인쇄
☐ 각종 티켓이나 바우처
☐ 여행자보험 인쇄
☐ 여행 스케줄표 인쇄
☐ 통신사 확인(해외 로밍 등)
☐ 해외 사용 앱 다운로드
☐ 환전 / 해외 결제 카드
☐ 지갑
☐ 교통패스 구입
☐ 멀티 어댑터
☐ 보조배터리 / USB 허브
☐ 핸드폰 충전기
☐ 캐리어 / 보조 백
☐ 비상약
☐ 옷(양말, 속옷, 잠옷, 여벌 옷, 수영복 등)
☐ 모자
☐ 신발(샌들, 슬리퍼, 운동화 등)
☐ 접이식 우산
☐ 휴지(물티슈 등)
☐ 세면도구(칫솔, 치약, 샴푸, 린스, 바디워시, 샤워타월, 클렌징, 면도기, 손톱깎이 등)
☐ 화장품(스킨, 로션, 선크림, 기타 화장품 등)
☐ 선글라스(안경)
☐ 카메라 및 관련 물품
☐ 셀카봉
☐ 방수팩
☐ 지퍼백(비닐 팩 등)
☐ 비상식량
☐ 여행용 파우치

INDEX

📷 SEE

구엘 공원	077, 236, 310
구엘 별장	077, 311
구엘 저택	076, 236
그란비아	205
달트 빌라	219
디시-텐	223
디아망 광장	312
라 빌라 올림피카	340
레이나 소피아 국립미술관	208
레이알 광장	076, 083, 238
레티로 공원	207
리세우 극장	083, 238
마드리드 왕궁	204
마리아 루이사 공원&에스파냐 광장	215
마요르 광장&산 미겔 시장	206
메트로폴 파라솔	215
몬주익 마법 분수	297
몬주익성	295
밀랍 인형 박물관	084, 239
바르셀로나 대성당	085, 241
바르셀로나 동물원	245
바르셀로나 아쿠아리움	326
바르셀로나 현대문화센터	246
바르셀로나 현대미술관	097, 246
보케리아 시장	082, 132, 237
비레이나 광장	312
사그라다 파밀리아 성당	076. 272
사그라트 코르	201
산 안토니오	224
산 파우 병원	275
산 프란시스코 엘 그란데 성당	207
산타 마리아 델 마르 성당	087, 244
산타 마리아 델 피 성당	082, 239
산타 에우랄리아 & 에스 카나 히피 마켓	222
산타 카테리나 시장	085, 132, 243
산타 크루스 지구	217
살라 몬주익	296
선셋 스트립	224
세비야 대성당	214
솔 광장	313
스페인 마을	295
시벨레스 광장	205
시우타데야 공원	245
아그바르 타워	339
알카사르 왕궁	214
오에스테 공원&데보드 신전	209
왕립 마에스트란사 투우장	216
왕의 광장	086, 243
월드 트레이드 센터 바르셀로나	
존 레논 광장	313
카사 데 캄포	208
카사 밀라	076, 274
카사 바트요	077, 273
카사 비센스	077, 311
카사 아마트예르	275
카이샤포룸	294
카탈루냐 광장	082, 237
카탈루냐 국립미술관	096, 294
카탈루냐 역사박물관	087, 324
카탈루냐 음악당	085, 242
캄프 누	093
코스모카이샤	314
콜세로라 탑	201
토프 벨&골론드리나스	325
티비다보	198
티비다보 놀이공원	200
파르케 델 포룸	341
파우 광장	084
포르텐테라	222
포트 올림픽	344
푸에르타 델 솔	204
프라도 미술관	206
프레데릭 마레 박물관	087, 240
플라야 덴 보사	220
피카소 미술관	086, 096, 244
해양박물관	084, 240
호안 미로 미술관	297
호안 미로의 모자이크	083
황금의 탑	216

▶ ENJOY

그라시아 거리 축제	103
디아고날 마르	345
라 베르세 축제	102
라 테라사	100, 298
라즈마타즈	099, 344
로스 타란토스	091, 248
마카레나 클럽	100
무그	084, 247
바르셀로나 쿠킹	117
산 조르디의 날	102
살라 아폴로	099, 247
소나르 페스티벌	103
암네시아	226

엘 타블라오 데 카르멘 아마야		밤부 비치 바	346	콰트르 가츠	141, 261
	091, 298	보 데 베	333	퀴멧 앤 퀴멧	129, 300
오피엄	327	보케리아 시장	132	타파스24	283
우슈아이아 이비사 비치 호텔		보틴	210	타파스 이비사	227
	223	부보 본	140, 259	토사	130, 281
카페 델 마르	225	블라이 9	302	파브리카 모리츠	145, 261
카페 마룰라	100, 249	블라이 투나잇	303	페데랄 카페	264
카페 맘보	225	블랙랩 브루하우스 앤 키친		피크닉 레스토랑	148, 262
쿡 앤 테이스트 바르셀로나	117		144, 333	하드 록 카페	227
타블라오 플라멩코 코르도베스		블러디 메리 칵테일 라운지	286	한인정	134, 282
	090, 248	비아 베네토	151, 316		
파챠	220	비어캡	145, 285		
팔라우 달마세스	090, 249	사가스 농부와 요리사들	265		
프리빌리지	226	샴푸 샴파니	138, 258	🛒 **BUY**	
		시에테 포르테스	126, 330		
		싱크 성티스	151, 282	고딕 시장	255
		아박	151, 317	그라시아 거리	157, 276
🍴 **EAT**		안티구아 파스틸레리아 델 포소		더 아웃포스트	175, 278
			211	동전과 우표시장	255
그란자 둘시네아	148, 263	에스파이 수크르	148, 262	디아고날 마르	169
노르테	286	엘 레이 데 라 감바	126, 331	라 로카 빌리지	173
도스 파리요스	135, 257	엘 보타니코	210	라 마누알 알파르가테라	254
라 비나테리아 델 칼	138, 258	엘 소르티도르	301	레프티스	174
라 비냐 델 세뇨르	138, 258	엘스 소르티도스 델 파를라멘트		리야 디아고날	168, 278
라 세르베세라 아르테사나			138, 259	마레마그눔	168, 329
	145, 285	엘체	303	마리아 로크	315
라 코바 푸마다	130, 332	추레리아	086, 257	마시모 두티	164, 277
라 플라우타	287	치링기토 에스크리바	347	망고	161, 277
라센소르	141, 260	카사 루시오	211	메르카 데 라 바르셀로네타	329
로베야 네그라	140, 259	카사 데 타파스 카뇨타	301	버쉬카	162, 252
마가리타 블루	141, 333	카페 드 로페라	263	베르디 거리	315
마유라	134, 287	카페 코메타	300	부	280
모멘츠	151, 284	칸 마요	125, 330	브랜디 멜빌	279
밀크	148, 262	칸 솔레	125, 331	비 스토어	281
바르 알팔파	217	칼 펩	129, 332	산 안토니 벼룩시장	255
바르 파스티스	083, 257	캘더콜드	260	산타 에우랄리아	276

INDEX 363

INDEX

세포라	251
소울	256
솜 멀티에스파이	174
스카치 앤 소다	176, 279
스트라디바리우스	162, 253
아레나스 데 바르셀로나	167, 299
앤아더 스토리즈	164, 252
엘 코르테 잉글레스	167, 250
오이쇼	165, 278
올랄라	256
우먼시크릿	165, 253
웨스트필드 글로리스	345
자라	161, 251
코스	164, 280
트레이트 스토어	299
푸리피카시온 가르시아	176, 279
풀 앤 베어	162, 253
핀토스 델 피 예술품 시장	255
컬렉션	188
호텔 브루멜	185
호텔 유로파크	183
호텔 재즈	183
호텔 퓰리처 바르셀로나	189
호텔 프락틱 비노테카	185

🛎 SLEEP

360 호스텔 바르셀로나	192
비 호텔	184
산 조르디 그라시아	192
세이프티 바르셀로나 고딕	193
아예그로 바르셀로나	184
에이치 10 큐빅	188
오펠리아스	189
올라 호텔	187
카사 그라시아	191
카사 캠퍼	187
코튼 하우스 호텔, 오토그래프	

꿈의 여행지로 안내하는 친절한 길잡이

최고의 휴가는 **홀리데이 가이드북 시리즈**와 함께~